¿QUÉ ES LA MODA?
UN ENSAYO DESDE
LA SOCIOLOGÍA

Colección
MODA

Director
Guillermo García-Badell

Pedro Mansilla

¿QUÉ ES LA MODA? UN ENSAYO DESDE LA SOCIOLOGÍA

Colección: Moda

DEXTRA

Consulte la página www.dextraeditorial.com

© Pedro Mansilla Viedma

© Dextra Editorial S. L.
c/ Arroyo de Fontarrón, 271, 28030 Madrid
Teléfono: 91 773 37 10
info@dextraeditorial.com

Diseño de cubierta: Álvaro Bernis

ISBN: 978-84-10026-25-4
Depósito Legal: M-10243-2025
Impreso en España-*Printed in Spain*

Índice

Una sociología de la moda por Pedro Mansilla: sociólogo, periodista, crítico; y ¡doctor en Moda!

Gillermo García-Badell

¿Qué debemos, o qué podemos esperar de este libro? Presentar este libro no es fácil, como tampoco lo ha sido editarlo, o ni siquiera ponerle título. Porque este libro es muy particular. Primero debemos destacar lo obvio, que es un intento de establecer un marco académico sobre sociología de moda. Tenemos que recordar que la sociología se ha interesado muchas veces por la moda, pero las grandes referencias están escritas en inglés, francés o alemán, y aquí tenemos un primer gran intento de hacerlo en español.

Es por lo tanto un título académico original y necesario y, sin embargo, no es un título académico al uso. El estudio se rige en muchos pasajes por la disciplina científica, trata de ser objetivo distanciándose el autor de lo escrito, pero, por suerte, no lo consigue. No se trata en efecto de un tratado sociológico clásico, se trata de "una" visión, una idea muy personal, de un sociólogo muy particular. El autor es siempre indisociable de la obra, aquí especialmente por su larga trayectoria profesional previa, y porque ha sido testigo en primera persona de los fenómenos que trata de teorizar, de los cambios que ha sufrido la moda y el sector textil en nuestro país (y en el mundo) a finales del siglo XX y principios del XXI. Este texto que presento es por lo tanto particular en la medida en que relaciona los histórico con lo sociológico a través de esa experiencia personal del autor.

Por lo tanto, al estar el libro tan ligado a su autor, presentarlo debería ser tan fácil (y tan difícil) como presentar a su autor: Pedro Mansilla. Él es "sociólogo, periodista, y crítico de Moda". Así me lo presentaros hace ya más de diez años cuando lo conocí, y yo así lo presento desde entonces cada vez que le hago de "telonero" en un acto, sobre todo en actos académicos en mi caso.

Pedro Mansilla es sociólogo. Es sociólogo de formación, y no es el primer sociólogo que se interesa por la moda. La palabra moda aparece en la Real Academia de la Lengua Española desde las primeras ediciones del Diccionario de Autoridades en el siglo XVIII, como el "uso, modo, o costumbre (…) que es nuevamente introducido, y con especialidad en los trajes y modos de vestir". La moda es por lo tanto una disciplina fuertemente ligada con las costumbres y, por lo tanto, es un recurso muy útil y recurrente de historiadores y sociólogos para intentar saber cómo nos comportábamos en un lugar y momento determinados (incluidos nuestros días). Sin embargo, como veremos, Pedro Mansilla no puede considerarse un sociólogo interesado por la moda, es más bien un apasionado por la moda en primer término, que encuentra en la sociología una disciplina capaz de explicar muchos de los fenómenos que él percibe.

También es común que filosofía y sociología se toquen cuando hablan de moda, y especialmente en el último medio siglo. Sin entrar mucho en profundidad, la filosofía, como conjunto de los pensamientos que nos organizan, ha visto en la moda la materialización de un sistema, y se ha interesado entonces por ello. Rolland Barthes es el filósofo de referencia en esta línea, y a partir de ahí, autores como Gilles Lipovetsky o Zygmunt Bauman han mezclado la parte filosófica y sociológica en su obra, para tratar de explicar la moda como fenómeno particularmente interesante en las sociedades contemporáneas.

Pedro Mansilla es sociólogo de formación, y probablemente se sienta ligado intelectualmente a esta corriente de filósofos-sociólogos interesados por la moda, pero hay que decir que Pedro llega a la sociología como especialidad de la licenciatura de Ciencias Políticas, y se nota en su trabajo porque para él la moda no deja de ser un acto reivindicativo, una posibilidad de posicionarse (incluso políticamente) en el mundo.

Mansilla es sociólogo, y es periodista, ejerciendo la profesión con seriedad y rigor, y con notable éxito, colaborando con todos los medios que, en los últimos más de treinta años se han interesado en la moda en España: con *Elle, Vogue, Woman, Vanidad, Nox, Gentleman, El Mundo,* Telemadrid, Antena 3, Tele 5, TVE, La 2, la Cadena SER, Onda Madrid y un largo etcétera. Es, por lo tanto, una voz autorizada en el medio, es lo que podríamos llamar un "prescriptor", pero sobre todo gracias a su profesión ha sido testigo directo, y activo, de todos los acontecimientos que han rodeado al sector en estas décadas.

En tercer lugar, Pedro Mansilla es crítico. Y creo que esto es muy importante en su personalidad y, sobre todo, en la personalidad de este libro. Pedro es incapaz de no tener una opinión, y mucho menos de guardársela. Su conocimiento, su cultura, y su experiencia, buscan eso, tener un criterio. Es un convencido de que la moda es cultura, incluso a veces trata de convencernos de que nuestra cultura contemporánea es directamente moda. Él cree entonces que sólo existe moda cuando se alcanza un nivel cultural, y por lo tanto exige distinguir lo que consigue esa transcendencia de lo que no. Pedro por lo tanto es crítico en todo lo que hace y hacia todo lo que analiza, y creo que esa visión personal es lo más valioso de este volumen: en un momento histórico en el que parece que todas las opiniones valen lo mismo, Pedro Mansilla nos da una visión realmente valiosa, experimentada, y experta.

El autor es por lo tanto sociólogo, periodista, y crítico, pero además recientemente es doctor, doctor en moda. La moda no siempre ha sido bien entendida en la universidad, especialmente en España. Paradójicamente en un país como el nuestro, donde el sector cubre cerca del 3% del producto interior bruto, con empresas líderes a nivel mundial económicamente, pero también en cuanto al talento y a la innovación, la moda se ha considerado muchas veces como algo superficial, algo poco serio. Es sólo recientemente cuando, desde la Universidad Politécnica de Madrid hemos terminado de construir la carrera académica completa de grado, máster y doctorado, dando salida a carreras investigadoras que se dirigían hacia otras disciplinas, o que se mantenían en el ámbito profesional sin opción de desarrollarse en la academia. Pedro Mansilla es un ejemplo, con una formación intelectual impecable, una experiencia y criterio acreditados, y una voluntad y rigor propios de la investigación científica, hasta hace poco no ha podido desarrollar su tesis doctoral en moda, en un ámbito que es el suyo, y que como hemos mencionado toca lo industrial, pero también lo filosófico y lo sociológico en este caso. Este libro es deudor de esos esfuerzos por abrir camino a la moda en la academia, y de la investigación doctoral del autor, que no hace más que ordenar toda la experiencia mencionada según las formas exigidas en lo académico.

* * *

Presentado el autor, cabe introducir algunas cosas sobre su libro.

Lo primero es comentar el aspecto formal más llamativo, la extensión de las notas a pie de página. Al empezar esta colección, mantuve muchas conversaciones con el editor, con Alfredo Molina, en las que coincidíamos en casi todo, y sobre todo en una cosa: debíamos conseguir mantener la seriedad y profundidad académicas sin renunciar a una lectura fluida. ¡Debíamos evitar las notas a pie de página!

Personalmente me siento muy agradecido de la confianza de Pedro Mansilla para publicar su texto. Presumo a menudo de mantener cierta amistad con él y es probablemente fruto de esa simpatía que me ha dejado incluir su libro en esta colección sobre moda. Por encima de todo lo dicho sobre el autor está mi admiración hacia su trabajo y, tanto Alfredo como editor, y yo como Director de la colección, no dudamos ni un momento en la oportunidad. Sin embargo, con esa idea de simplificar lo académico, intentamos eliminar, o al menos reducir, todas esas notas. Fue imposible. Porque en el caso de Mansilla las notas a pie de página no son añadidos al texto, explicaciones, matizaciones o aclaraciones al mismo, ni referencias bibliográficas que pudieran desplazarse a un apartado específico. En el caso de Pedro Mansilla las notas a pie de página son todo lo anterior, pero sobre todo son una cuestión estilística sin la cual su texto perdería toda identidad, perderíamos esa personalidad del autor que tan interesante hace su texto.

En segundo lugar, es necesario hablar de la estructura del libro, para introducir así sus dos capítulos: "Sociología de la moda, un punto de vista privilegiado", y "Una definición de Moda, de qué hablamos cuando hablamos de moda hoy".

En el primero de esos capítulos el autor intenta sentar las bases para construir una sociología de moda. Y digo intenta porque la tarea es difícil, y más para alguien para el que la moda está en el centro de la cultura, relacionada con la sociología, pero también con la filosofía, con la psicología, con la antropología, y por supuesto con el arte y su historia. En realidad aquí, más que nunca, se nos presenta la sociología como una estructura de relaciones, relaciones interdisciplinares que abarcan toda actividad humana pero que sobre todo nos presentan enlazados a los autores más relevantes para entender algo la disciplina que nos ocupa, la moda.

El segundo capítulo se enuncia como la búsqueda de una definición concreta y, sin embargo, una vez más, el trabajo de Pedro Mansilla se envuelve en la paradoja, la paradoja en este caso de definir sin definir, introduciendo en este caso lo que limita la moda en nuestros días: el lujo, el low cost, la sostenibilidad y el arte. Intentar concretar lo que es moda con estos conceptos parece a primera vista un ejercicio inteligente pero imposible, y probablemente lo sea. Inteligente porque esos cuatro conceptos están en boca de todo el que se dedica a la moda. Imposible porque hablar de cosas tan aparentemente distintas no haría más que ampliar el ámbito de estudio en lugar de concretarlo. Efectivamente el texto de Pedro Mansilla demuestra ambas cosas. Por un lado, es una visión muy clara e incisiva que limita la moda y su industria explicando su dependencia actual de esos factores: cualquier firma o actividad puede situarse en relación a esos ejes. Por otro lado, es una mirada que no sólo no limita el alcance de la moda, sino que lo amplia llegando a proponer, como ya hemos adelantado, que la moda no sólo es cultura, sino que la propia cultura contemporánea es moda.

* * *

Por último, quisiera comentar una última anécdota formal de libro, algo posiblemente menor pero que termina de explicar mucho del autor y de la obra. Descubrirá el lector un intento gráfico de definir la moda, una serie de "nubes de palabras" donde la moda se localiza entre otros conceptos que se desarrollan casi a modo de caligrama. Son esquemas de palabras que ayudan a visualizar las ideas del libro, esquemas sencillos, pero me consta que muy pensados, y difíciles de editar para conservar la sensibilidad y las manías del autor. Debo decir, y confío que no se lo tomará a mal, que Pedro Mansilla es un "esteta". No hay más que verle, con su personalísimo bigote y casi siempre vestido de negro para saber que ejerce la estética como acto casi de reivindicación. Es un enamorado del arte y particularmente de la pintura. Es, de hecho, pintor aficionado cuya obra expresa una profunda y atractiva sensibilidad artística educada en su conocimiento de la historia del arte, y muy particularmente en las salas del Museo del Prado. De hecho, he tenido recientemente la suerte de coincidir con él en el Museo y comprobar cómo su mirada siempre crítica se acerca a las obras de Van der Weyden, de Tintoretto, o de Velázquez. Es una mirada culta que nunca se desprende de su interés por la moda, una mirada muy personal que espero que disfrute el lector en esta, "su" sociología de la disciplina.

Prólogo
El discreto encanto de la moda

Enrique Loewe

Conocí a Pedro Mansilla hace cuarenta años. Yo era entonces el rey de Loewe. Enrique IV, como me llamaban los íntimos más irreverentes. Lideraba un grupo de profesionales encantado con su trabajo y fieles a quien dirigía su destino. Había heredado de mi padre una gran Casa, con un enorme patrimonio intangible y lo tenía que preservar de las muchas amenazas que le asediaban. Las copias, la crítica interesada, las diferencias familiares, las turbulencias financieras tras la expropiación de Rumasa.

Me lo presentó Carmen Valiño, chispeante directora de relaciones públicas de la Casa por aquel lejano entonces. Interesada en que abriésemos nuestra puertas a otros periodistas y otros *influencers*.

Me engatusó para que apoyase, en la medida de nuestras posibilidades, que fueron muchas, el Centro Superior de Diseño de Moda de Madrid. Desde entonces no hemos dejado de acercar la piel a los alumnos interesados en cursar los estudios de nuestra especialidad y su especialización.

Me acompañó en muchas presentaciones, en muchos desfiles, alguno emblemático de nuestra casa, Pat Cleveland en el Museo del Ferrocarril, el quinteto de las top más top del mundo mundial en los jardines de Cecilio Rodríguez del Retiro, en algún centenario de la Casa, el 150 exactamente y, sobre todo, en muchas conversaciones *tête à tête* en momentos muy agradables y muy duros de mi vida profesional.

Me acompañó en las ediciones del Premio Infanta Elena de piano, que él se empeña en reivindicar, porque como todo poeta cree en la mala suerte, así que la maneja aceptándola. Y en todos los premios Loewe de poesía. Treinta y seis años de amigos comunes. Incluso en la fundación de la ACME, durante un prodigioso Festival Internacional de Música y Danza de Granada del verano de 1999, en el que reunimos a la *crème de la crème* de la moda española para que, a la sombra de la belleza, hablasen de sus cosas. Que eran también las nuestras.

Lo he recomendado a muchos sitios, con poco éxito, pero él insiste en no quitarse el bigote de Nietzsche con el que espanta a mis amistades. IED, IEBS, ISEM, incluso mi propio LOEWE.

Lo he protegido siempre que ha estado de mi mano. Como dice un egregio personaje de la excelente adaptación cinematográfica de Barry Lyndon, le guardo amistad por encima de cualquier consideración.

Siempre me interesó su trabajo, las cosas que hacía, las mesas redondas que organizaba, las exposiciones, el periodismo, la radio, la televisión. Creo que nunca le he dicho que no a nada que me haya pedido. Y reconozco que él me ha pagado con la misma moneda. Excepto aquella vez que me conminó a participar en un homenaje a nuestro amigo común Elio Berhanyer y me dejó tirado, con el piano y la pianista puestos, para irse a la China. Ahí está otra amiga común, la duquesa de Fernandina y ahí estaba hasta hace poco Josefina Figueras para confirmarlo

Comparto su interés por la moda, su interés profundo por la moda, y por esa derivada tan racional de ella que es el lujo. Hemos discrepado de nuestras visiones, pero siempre disfrutando de las cosas que nos unen y hasta de las que nos separan. Creo que hemos leído los mismos libros, al menos sobre el tema que aquí nos interesa. Y aunque yo miro la moda desde arriba, como él diría, y él desde abajo, como yo le replicaría, sentimos un profundo respeto por lo que ambos nos aportamos reflexivamente. Nos une Walter Benjamín. Charles Baudelaire, Stéphane Mallarmé.

Terminada esta lista de cosas innecesarias pero agradables de recordar siempre, vamos con aquella en la que estamos, con el libro que tenemos entre manos.

Se trata de los dos primeros capítulos de su tesis doctoral que, por razones de eficacia editorial, aparecen separados de los otros cinco capítulos siguientes. El primero es una defensa, apasionada, como él lo hace siempre, de la Sociología de la Moda, de esa mirada en la que él insiste, diferente, profunda, que su especialidad académica ejerce sobre el fenómeno social total que es la moda. La cita es de Marcel Mauss. Quiere creer que la moda, más allá de diseñadores y consumidores, de artistas y artesanos, de medios de comunicación y estrategias de marketing, es un juego social, un fascinante juego social por el que los individuos de todas las sociedades jugamos a vestirnos de lo que somos y de lo que no somos, y en ese prodigioso laberinto de espejos nos encontramos con esa figura siempre interesante de los límites, de los actores sociales en los límites de su puesta en escena. Vestidos de lo que somos, o de lo que queremos ser, siempre, en algunos momentos especiales, ante alguna persona o acontecimiento sobresaliente, vamos vestidos de lo que queremos, de lo que no queremos pero nos obligan a ir, para que se nos reconozca.

El flamante doctor Mansilla en ese capítulo nos repite lo que ya sabíamos, haciéndole los honores a todos aquellos prodigiosos antecesores que lo escribieron para nuestro uso y disfrute: Alison Lurie, Roland Barthes, Jean Baudrillard, Max von Bohen, Pierre Bourdieu, Thomas Carlyle, Yvonne Deslandres, Gillo Dorfles, Umberto Eco, Joanne Entwistle, Guillaume Erner, J. C. Flügel, Frédéric Godart, René König, Marie-Pierre Lannelongue, James Laver, Giacomo Leopardi, Gilles Lipovetsky, Frederic Monneyron, Bruno Remaury, Marie Claude Sicard, Nicola Squicciarino, Lars Svenson, Thortein Veblen, y así hasta la saciedad. Eso sí, poniéndolos al día, releyéndolos con nuestro tiempo, iluminado siempre por esa verdadera *spécialité de la maison* que consiste en hacer grande a la moda, en mirarla como una cosa seria, que diría Ortega, y no parar hasta desmigajar un todo compacto que tantas veces pasa desapercibido para mucha *fashion victim* que no alcanzan a ver la moda más allá de un mero juego de las apariencias.

Siempre anda buscando las leyes de ese fenómeno tan frívolo, aparentemente frívolo, otra vez Nietzsche, que lo relacionan con esas mismas leyes en una dimensión de conocimiento superior. Se diría que vive obsesionado con reducir todo lo que sabemos sobre moda a una frase. Encontrar, a imagen y semejanza de Albert Einstein, esa ley que rige la moda, como el premio nobel la encontró en su celebérrima ecuación $E = mc^2$.

En su segundo capítulo, ¿A qué llamamos moda hoy? despliega un prodigioso esfuerzo de más de cien páginas por dejarnos dicho eso que el DRAE, y cualquier otro diccionario, reducen a poco más de diez palabras ¿Por qué es necesario sacar tanto los pies del tiesto?, ¿ser tan ambicioso?, Él cree que porque merece la pena, porque hay que sacar la moda de ese deprecio absurdo al que lo han sometido y lo siguen sometiendo las mentes más preclaras de la cultura de nuestro país, bochornosamente distantes en esto de nuestros ilustrados vecinos franceses, italianos, ingleses y hasta alemanes, que de ahí viene precisamente la vocación científica por leer en la Moda su escondida esencia detrás de su obvia presencia y, de ahí también, muchos de los textos sagrados sobre la materia. Karl Marx, Max von Bohen, Georg Simmel, Joseph Alois Schumpeter, Theodor Adorno, Walter Benjamin, René König, Jurgen Habermas.

01 Sociología de la moda, un punto de vista privilegiado

> *La sensación de estar de acuerdo con la moda*
> *da al hombre una seguridad que la religión*
> *jamás le podrá proporcionar.*
>
> Herbert Spencer (atribuida)[1]

> *La sensación de estar de acuerdo con la moda*
> *da al hombre una seguridad que solo una religión*
> *le podría proporcionar. Esta.*
>
> Pedro Mansilla

---

[1] La cita, que podría ser perfectamente de Oscar Wilde* –por ejemplo de su ensayo *La verdad de las máscaras*– o de Thomas Carlyle–de su desconcertante *Sartor Resartus***–, es probablemente también de Herbert Spencer según otras atribuciones, aunque lamentablemente no respaldadas por J. C. Flügel en su *Psicología del vestido*. Ni en los capítulos "Insignias y vestimentas", "Otras distinciones de clases", "Modas", "Pasado y porvenir del ceremonial", ni en ningún otro de los que componen su obra *Instituciones Sociales****, donde parecería lógico hallarla, hemos encontrado rastro de ella. Según Paz Gago, la famosa cita se encuentra en el ensayo *Las Maneras y la Moda* incluido en el libro *Ética de las prisiones* (pp. 416 a 479), una obra de Spencer publicada, en traducción castellana de Miguel de Unamuno, por la editorial La España Moderna de Madrid entre 1894 y 1915, pero sintiendo mucho decepcionarles en esas interesantes 63 páginas tampoco está. John Carl Flügel: *The Psychology of Clothes*. The Hogarth Press Ltd. London, 1930. International Universities Press, Inc. New York, 1969. En la edición española: *Psicología del Vestido*. Editorial Paidós. Buenos Aires, 1964. Editorial Melusina. Santa Cruz de Tenerife, 2015.

*"… *The terror of society, which is the basic of morals, the terror of God, which is the secret of religion, –these are the two things that govern us. And yet*". [El terror a la

2

¿Qué es la moda? Un ensayo desde la sociología |

Este podría parecer un título interesado, al ser nosotros juez y parte –sociólogos que hablan de Sociología–, y efectivamente lo es, puesto que estamos interesados en demostrar que el "punto de vista sociológico" dirigido sobre la moda resulta ser algo más que "un punto de vista más". En una primera aproximación muy superficial, no habría muchas resistencias en aceptar que el punto de vista sociológico está ahí, es uno de los muchos posibles. Igual que podemos opinar del color, de las formas o de los tejidos, elementos que se constituyen reiteradamente en los componentes fundamentales del traje y, por lo tanto, de su posible análisis como un "objeto de arte", podríamos opinar de un cuarto elemento, de su "contexto" o de su trasfondo histórico o social y de la posible o inevitable "interiorización" de su contexto, de su trasfondo social. E incluso añadir, cómo el objeto, todo objeto –artesanal o industrial–, también el objeto de moda, puede contener un "sentido", un "discurso", una "filosofía" y, por consiguiente, explicarse en ellos. Nos gustaría pensar que donde primero decimos traje también después diremos moda.

sociedad, que es la base de la moral y el terror a Dios, que es el secreto de la religión, son las dos cosas que aún nos gobiernan]. Oscar Wilde: *The picture of Dorian Gray* (1890). (Capítulo II. página 21) en *The Complete Works of Oscar Wilde*. Oxford University Press. En la edición española: *El retrato de Dorian Gray* (Traducción de Julio Gómez de la Serna). Obras Completas. Aguilar de Ediciones. Madrid, 1943 y 1967.

**Thomas Carlyle: *Sartor Resartus*. *The Life and Opinions of Herr Teufelsdröckh. In three books.* Chapman and Hall. London, 1900. En la edición española: *Sartor Resartus*. Editorial Fundamentos. Madrid, 1976. Alba Editorial. Barcelona, 2007.

***Herbert Spencer: "Ceremonial Institutions" Parte IV de *Principles of Sociology* (*The First Portion of* Vol. II). D. Appleton and Company. New York, 1896 (Edición en dos volúmenes). D. Appleton and Company. New York, 1897-1898 (Volúmenes I, II y III de una edición en siete volúmenes). D. Appleton and Company. New York and London, 1904 (volúmenes III, IV, V y VI de una edición en nueve volúmenes). D. Appleton and Company. New York and London, 1910 (*Estudios de Sociología*, Tomo VI en una edición en seis volúmenes). En la edición española: *Instituciones Ceremoniales* y *Principios de Sociología* (2 Vols.). La España Moderna. Madrid, 1894 y 1915.

****José María Paz Gago: *El Octavo Arte. La moda en la sociedad contemporánea*. Hércules de Ediciones. A Coruña, 2016.

Se trata de dos planos de significación (otra inevitable cita a Barthes) distintos, aunque íntimamente ligados, claro está. El traje es un "sustantivo" que implica substancia, realidad material, la moda es un adjetivo, que solo requeriría realidad virtual. La Historia del Traje incluye la Historia de la Moda por cuanto esta es posterior históricamente y menor ontológicamente que aquella, pero eso no implica que, aun así, esta no siga siendo inmensa, hay mucha Historia de la Moda, por cuanto hay más de un siglo y medio de moda, *stricto sensu*, sobre la mesa de la especialidad y, además, ese siglo y medio, ya largo, está infinitamente más documentado que aquella. Es más fácil reunir un museo del traje o una biblioteca de nuestro siglo XX que una del siglo XX antes de Cristo. De los últimos hay muchísimos ejemplos al alcance de la mano en nuestros propios armarios, de los primeros casi nada, más allá de sus reproducciones en soportes que soportan mejor el paso del tiempo, metales grabados o piedras esculpidas. Además, La Historia del Traje es una especialización a caballo entre la Antropología, concretamente la Etnografía, y la Historia, y su metodología está condicionada por una fuerte dependencia del objeto real o de su imagen analizada formalísticamente. La Historia de la Moda, sin embargo, está a caballo entre la Historia y la Sociología, porque es tanto el material físico, y reproducido, que tenemos de ella que resulta inevitable insistir en ver más, en ver más allá de sus objetos inmediatos. Incluso admitiendo que hubiese moda *stricto sensu* en Roma, Grecia, Babilonia o Egipto, su historia, con ser más grande en el tiempo, incluiría menos cambios, cambios más lentos, cambios más privativos de menos personas, en definitiva, mucha menos información. Habiendo más años, no solo hay menos moda, también hay menos "Traje", aunque lo sea sencillamente porque hay menos trajes. El tiempo ha hecho estragos. Los tejidos más antiguos que han llegado a nuestras manos pertenecen a la Alta Edad Media. No hay nada más allá en ningún museo del mundo. Nos diferencia pues una metodología específica, más allá de un acotamiento temporal. Hay fenómenos sociales detrás del traje, por supuesto, pero estos son menos complejos y están menos documentados que los fenómenos sociales que se hallan detrás de la Moda. Antes de 1802 también se viajaba, pero la aparición del ferrocarril permitió viajar más a más gente, también hacerlo más deprisa. ¿Cómo cambia un dato cualitativo tantos cuantitativos?

Los elementos del análisis

Comparándonos con la Teoría de las Bellas Artes, de quien muchas veces se ha intentado "aprender" un modelo común de fundamentación teórica o epistemológica, resulta evidente que tanto la Historia del Arte, como su Teoría, se han enfrentado a un cuadro o a una escultura empezando por la valoración de su color. De ello se obtiene no solo una descripción precisa, con su exclusiva denominación incluida, sino también una "filiación", que nos lleva hasta las escuelas, autores o épocas, en las que ese color se dio con profusión. Lo mismo cabe hacer con las siluetas o sus composiciones, e incluso con las materias primas utilizadas en su realización. Una primera lección de Historia del Arte o Teoría del Arte se ocuparía de desplegar toda su erudición haciéndonos ver que ese rojo no es un rojo cualquiera, sino un rojo muy preciso, llamado precisamente "rojo bermellón" (del francés *vermillon*), conocido desde el Neolítico y obtenido del cinabrio, tanto molido naturalmente como posteriormente sintetizado (sulfuro de mercurio obtenido por sublimación). Un rojo anaranjado de saturación intensa, que fue muy apreciado por todas las culturas desde la china a la holandesa –responsables de sus dos tonos más reconocidos– tanto por su alto precio como por su fascinante semejanza con la sangre. Como escribe Vasari en su *Vida de los más excelentes pintores, escultores y arquitectos italianos*, los artistas flamencos a partir de Jan van Eyck obtenían un resultado más brillante que los italianos empleando un tipo especial de pigmento al óleo sobre la tabla o el lienzo que superaba milagrosamente los colores conseguidos por los frescos, al huevo, de sus compatriotas (técnica llevada a Nápoles por Antonello da Messina). El pintor Cennino Cennini en su obra *El Libro del Arte*[2] describe con precisión la técnica de los "tres tonos", empleada desde Giotto por los pintores italianos, frente a la pintura por capas que podían permitirse los flamencos gracias al lento secado de su *nueva* pintura. Que ese color fuese además inevitablemente de los hermanos van Eyck o de sus alumnos más brillantes, como Rogier van der Weyden, por poner solo dos ejemplos ejemplares –perdonen la deliberada redundancia–, de toda la escuela flamenca del siglo xv –por influencia del Ducado de Borgoña– es materia suficiente para otra tesis[3].

Una Historia del Arte o una Teoría del Arte incipientes o elementales podrían contentarse con encerrar en sus campos académicos una visión del Arte, o de la Moda, con esos tres elementos constitutivos y sus "correspondientes" reflexiones, en el sentido que Baudelaire le daba a la palabra correspondencia[4]. Pero a veces no se tiene

---

[2] El pintor del primer Renacimiento Cennino Cennini (1370-1440) describía en su obra *El libro del Arte* que el bermellón –cinabrio o sulfuro de mercurio– se obtenía de un mineral casi negro, llamado "etíope", que al ser pulido y diluido en agua adquiría su característico tono rojo anaranjado. El bermellón era conocido por los chinos desde la antigüedad y muy valorado en la Roma de los césares, donde, según escribió Plinio el Viejo, se vieron obligados a fijar por ley el precio de este mineral por su alta especulación. Como demuestran las pinturas rupestres el bermellón natural debió ser muy valorado desde el Neolítico. El bermellón holandés, un poco más claro que el bermellón chino, fue el rojo por antonomasia en la pintura de occidente hasta su sustitución por el rojo cadmio. Cennino Cennini: *El libro del Arte*. Ediciones Akal. Madrid, 1988.

[3] Erwin Panofsky: *Early Netherlandish Painting. Its Origins and Character*. Harvard University Press. Cambridge Massachusetts, 1953, 1958, 1964 y 1966. En la edición española: *Los primitivos flamencos*. Editorial Cátedra. Madrid, 2016.

[4] En su muy citado poema *Correspondences*, Baudelaire, padre indiscutible de la poesía simbolista y de muchas vanguardias del siglo xx, sugiere la correspondencia entre algunas cualidades de diferentes naturalezas como los colores y los olores.

"La naturaleza es un templo donde vivos pilares / dejan salir a veces su confusa palabra; / por allí pasa el hombre entre bosques de símbolos / que lo observan atentos con familiar mirada.

Como muy largos ecos de lejos confundidos / en una tenebrosa y profunda unidad / vasta como la noche, como la claridad, / perfumes y colores y sones se responden.

bastante para explicar el "encanto", el "misterio", la "genialidad" o la "excepcionalidad" de una obra de arte recurriendo a esas partes evidentes del objeto y explicándonoslas. Se busca entonces un sentido diferente, a veces más profundo, y no solo porque está detrás, sino también porque desde ese "detrás" establece unas relaciones "reflexivas" –dicho en el sentido matemático estricto extrañamente no recogido en el DRAE– con la parte que está delante, esto es, con el "cuadro". Lo reflexivo vendría a decir aquí, como en Álgebra, que "una cosa es igual a sí misma", pero permitiéndonos la licencia de cambiar sus planos de significado. El cuadro que vemos habla con el que no vemos, que también está ahí.

Los dos cuadros son idénticos, de hecho son el mismo cuadro, pero dos personas situadas frente a él pueden ver dos cuadros totalmente diferentes. Los hará diferentes el punto de vista –situado frente a él pero fuera de él, ajeno a él, incluso insustancial para él–, la "calidad intelectual" de la mirada, por decirlo así. De hecho, una persona, aunque sea profundamente conmovida por la obra, puede ser incapaz de nombrarla, atribuirla, situarla en su contexto histórico y construir la relación de sus influencias anteriores y posteriores. La otra persona, podrá hablar durante horas sobre el cuadro, ha realizado su tesis sobre él. ¿Cómo van a ver esos dos espectado-

---

Hay perfumes tan frescos como carne de niños, / dulces como el oboe, verdes como praderas, / y hay otros corrompidos, ricos y triunfantes que la expresión poseen de cosas infinitas, / como el almizcle, el ámbar, el benjuí y el incienso, / que cantan los transportes del alma y los sentidos."

Charles Baudelaire: *Les Fleurs du mal* (1857, 1861, 1866 y 1868). *Œuvres Complètes*. Bibliothèque de la Pléiade. Éditions Gallimard. Paris, 1976. En la edición española: *La flores del mal*, Hiperión. Madrid, 2016. *Le peintre de la vie moderne*. *Œuvres Complètes* Bibliothèque de la Pléiade Éditions Gallimard. Paris, 1976. En la edición española: *El pintor de la vida moderna*. Introducción de Antonio Pizza y Daniel Aragó. Edición del Colegio de Aparejadores y Arquitectos Técnicos de la región de Murcia, 1995 (Pág. 63). *"Les Salons de 1845, 1846 y 1859"*. En *Œuvres Complètes*. Bibliothèque de la Pléiade. Éditions Gallimard. Paris, 1976. En la edición española: *Salones y otros escritos sobre arte*. La balsa de la medusa. Madrid, 2017.

res el mismo cuadro, aunque este sea tan obvio como la Gioconda? No hablamos de sensibilidad *frente* a conocimiento, sino de sensibilidad *sobre* conocimiento. De cómo aquella, aunque no queramos, se retroalimenta con esta, y, en espiral, estos conocimientos van retroalimentando infinitamente la sensibilidad. Todo sin contar con el "Síndrome Baudrillard": saberlo todo del cuadro y no ver lo importante.

El cuarto elemento: lo social

Cada vez que un cuadro, o una escultura, intentan "explicarse" con explicaciones que van más allá de lo evidente, se recurre a nuevos "sentidos" y, en ese sentido, se dan entrada a unas artes o a unas ciencias más complejas. Así aparece la Geometría para explicar, por ejemplo, la perspectiva; así aparece la Hermenéutica para explicar las ideas ocultas; así aparece la Iconografía para desvelar símbolos[5] y, para conclusión, así aparecen primero la Filosofía –donde estaba contenida antiguamente, por obra y gracia de Alexander Baumgarten, la Estética[6]– y luego la

---

[5] Karin Hellwig: "Interpretaciones iconográficas de Las Hilanderas hasta Aby Warburg y Angulo Íñiguez". *Boletín del Museo del Prado.* Tomo XXII. Número 40. Madrid 2004.

[6] Alexander Baumgarten: *Aesthetica*, 2 Vols; 1750-1758; reimp. en un vol., 1961. Vol. 1, A-D (Pág. 298).: ESTÉTICA. En tanto que derivada de αἴσθησιζ, sensación, Kant llama «Estética transcendental» a la «ciencia de todos los principios *a priori* de la sensibilidad» (*K. r V.*, B 35 / A 21). En la «Estética transcendental» así entendida, considera Kant, en primer lugar, la sensibilidad separada del entendimiento, y, en segundo término, separa de la intuición todo lo que pertenece a la sensación, «con el fin de quedarnos solo con la intuición pura y con la forma del fenómeno, que es lo único que la sensibilidad puede dar *a priori*» (*op.cit.* B 36 / A 22). La «Estética trascendental» se distingue de la «Lógica trascendental», que examina los principios del entendimiento puro, y poco tiene, por tanto, que ver con lo que en la actualidad se llama estética, ciencia de lo bello o filosofía del arte. En este último sentido, el término "estética" fue empleado por Alexander Baumgarten y desde entonces la estética ha sido considerada como una disciplina filosófica sin que ello excluya la existencia de reflexiones y aun de sistemas estéticos

Sociología[7]. Más allá de las apariencias más evidentes, el resto del cuadro requiere ser explicado con unas relaciones entre "causa" y "efecto" más profundas y, por lo tanto, más escondidas; más complejas y, por lo tanto, más difíciles de descubrir o de probar. Se recurre a la Sociología, porque detrás de toda obra de arte hay un artista y, al fondo mismo de todo artista –igual da que hablemos de la exaltación fascista de la vanguardia italiana que de la apología socialista del realismo so-

---

en la anterior filosofía. El problema capital de la estética en el sentido de Baumgarten, es, en efecto, el de la esencia de lo bello. Según Baumgarten, la estética, en cuanto *theoria liberalium artium, gnoseología inferior, ars pulchre cogitandi, ars analogi rationis,* es la *scientia cognitionis sensitivae (Aesthetica,* § 1). Es decir, el fin de la estética es la *perfectio cognitionis sensitivae, qua talis (ibid.,* § 14). El problema fue ya dilucidado en la antigüedad especialmente por Platón, Aristóteles y Plotino, quienes, al lado de consideraciones estéticas más o menos «puras», siguieron la antigua tendencia a la identificación de lo bello con lo bueno en la unidad de lo real perfecto, y, por lo tanto, subordinaron en la mayor parte de los casos, al tratar de definir la esencia de lo bello y no simplemente de averiguar en detalle los problemas estéticos, el valor de la belleza a valores extraestéticos y particularmente a entidades metafísicas. La identificación de lo bueno con lo bello es propia asimismo de la filosofía inglesa del sentimiento moral, en particular de Saaftesbury, y se encuentra en algunas direcciones del idealismo romántico.". Vol. 2, E-J (Págs. 1031 a 1035). José Ferrater Mora: *Diccionario de Filosofía.* Vols. 1 y 2. Alianza Editorial. Madrid, 1979. VV AA: *"Aesthetics"* (or esthetics). *"May be vaguely defined as the philosophical study of beauty and taste".* [Puede ser vagamente definido como el estudio filosófico de la belleza y el gusto]. *Encyclopaedia Britannica. Macropaedia. Volume 13, Page 9.* Encyclopaedia Britannica, Inc. Chicago, 1998.

[7] René König (und Peter Willy Schuppisser): *Die Mode in der menschlichen Gesellschaft.(Mit einem Geleitwort von Christian Dior).* Modebuch-Verlags Gesellschaft. Zurich, 1958. (Págs. 101 a 221). *Die Mode in der menschlichen Gesellschaft.* Carl Hanser Verlag München Wien, 1968. En la edición española: *Sociología de la Moda.* [con Referencias Bibliográficas] Ediciones Carlos Lohlé. Buenos Aires, 1968 (XXIV capítulos). *Macht und Reiz der Mode.* Econ Verlag. Düsseldorf, 1972. En la edición española: *Sociología de la Moda.* [con Referencias Bibliográficas]. a. redondo editor. Barcelona, 1972 (27 capítulos). *Menschheit auf dem Laufsteg. Die Mode im Zivilisationsprozeß.* [La Humanidad en la Pasarela. La Moda en el Proceso de la Civilización]. Carl Hanser Verlag München Wien. 1985. En la edición española: *La moda en el proceso de la civilización.* Instituto de Estudios de Moda y Comunicación. Valencia, 2002. Capítulo II. "A favor y en contra" (Págs. 31 a 38).

viético– hay una sociedad y, lo que es más grave, en su particular acepción de más interesante que compartimos con Ortega, esta perspectiva también se da hacia delante. Porque siempre delante de la obra de arte hay un hombre –llamémosle espectador o consumidor– y, más adelante de él, una sociedad. Explicar pues una superficie, la superficie de un cuadro, la superficie de un vestido, es ir a buscar una "perpendicular" a ese cuadro, a ese vestido. Una mirada llena de interés, de intereses –seguramente "materiales"– de un artista y de una sociedad y, también esta vez delante de ellos, la mirada y el interés –también seguramente "materiales"– de un crítico y de su sociedad.

Escribía Lionello Venturi en su obra *La Historia Crítica del Arte*[8] que esta debía consistir "en la ilustración de las relaciones entre arte

---

[8] Todo el mundo entiende que las «partes» de la antinomia croceana (la crítica de arte parece enredarse en antinomias, semejantes a las que ya Immanuel Kant tuvo que formular. Por un lado, la tesis: «una obra de arte no puede ser juzgada ni comprendida si no es haciendo referencia a los elementos que la componen»; seguida de su perfecta demostración que, si no se hiciera de este modo, una obra de arte se convertiría en algo desarraigado del conjunto histórico al que pertenece y perdería su verdadero significado. A cuya tesis se contrapone, con igual fuerza, la antítesis: «Una obra de arte no puede ser comprendida ni juzgada si no es por sí misma»; y sigue, asimismo, la demostración: si así no se hiciera, la obra de arte no sería obra de arte ya que los distintos elementos de ésta están presentes aún en los espíritus de los no artistas, y artista es solo quien encuentra la nueva forma, es decir, el nuevo contenido que es además el alma de la nueva obra de arte. [...] La solución de la antinomia que acabamos de exponer es la siguiente: una obra de arte posee, ciertamente, valor por sí misma, sin embargo, éste en sí no constituye algo simple, abstracto o una unidad aritmética, es ante todo algo complejo, concreto y viviente, un todo compuesto de partes. Comprender una obra de arte es comprender el todo en las partes y las partes en el todo. Ahora bien, si el todo no se conoce si no es mediante las partes (y aquí reside la verdad de la primera proposición), las partes no se conocen si no es a través del todo (y ésta constituye la justificación de la segunda proposición). La antinomia es de tipo kantiano; la solución hegeliana. [...] Dicha solución establece la importancia de la interpretación histórica para la crítica estética, o, mejor, establece que la verdadera interpretación histórica y la verdadera crítica estética coinciden*) son los elementos del gusto, del que se ha hablado más arriba. Y por esta razón la historia crítica del arte consiste en la ilustración de las relaciones entre arte y gusto en cada uno de los artistas, de la acción del arte sobre el gusto y de las reacciones del gusto sobre el arte.

y gusto en cada uno de los artistas, de la acción del arte sobre el gusto y de las reacciones del gusto sobre el arte". No es por pretender sacar ventaja de nuestra privilegiada posición, pero no hay mejor manera de introducir la Sociología en el Arte y, por comparación, en la Moda que esta, ya que para establecer la primera relación aludida por Venturi –las relaciones entre arte y gusto en cada uno de los artistas– quizás baste con la Psicología, pero para la segunda y la tercera relación se exigirá la mirada de la Estética cuando no de la Sociología.¿Quién si no explicará mejor que una Sociología del Arte las relaciones entre la obra de arte y su sociedad?[9]. Lo subrayaremos

---

*. Benedetto Croce: *Estetica come scienza dell'espressione e lingüística generale. Teoria e Storia.* Sandon Verlag. Milano, Palermo, Napoli, 1902; Gius Laterza & Figli. T. E. L. Bari, 1910 (pp. 42 y siguientes) y 1949. En la edición española: *Estética como ciencia de la expresión y lingüística general. Teoría e historia de la estética.* Biblioteca Moderna de Filosofía y Ciencias Sociales de la Editorial Francisco Beltrán. Madrid, 1926 (Prólogo de Miguel de Unamuno).[También hay una versión de la Editorial de Nueva Visión. Buenos Aires, 1969]. Edición Crítica *Estética come sciencza dell'espressione.* A cargo de Felicita Audisio. Bibliopolis. Nápoles, 2014 en 3 Vols.

Lionello Venturi: *Storia della critica d'Arte.* Giulio Einaudi Editore. Turin, 1964. En la edición española: *La Historia Crítica del Arte* [con Referencias Bibliográficas] GG Arte. Editorial Gustavo Gili. Barcelona, 1979. Introducción. *Historia del arte y crítica de arte.* (Págs. 34 y 32-33).

[9] Contra el prestigioso paradigma del arte por el arte, *L'art pour l'art*, de Théophile Gautier (Victor Cousin, Benjamin Constant y Edgard Allan Poe) aparecieron, lógicamente, las reacciones "sociologistas" de Hippolite-Adolphe Taine en *Filosofía del arte* de 1865-1869, de Jacob Burckhardt en *La cultura del Renacimiento en Italia* de 1860, de Jean-Marie Guyau en *El arte desde el punto de vista sociológico* de 1888 o de Lev Tolstói *¿Qué es el arte?* de 1898 como precedentes áulicos de nuestra mirada sobre el Arte. Siguiendo esa perspectiva, ya en el siglo XX, Georgi Plejánov publicó *Arte y vida social* en 1912, György Lukács *Historia y conciencia de clase* en 1925, Pierre Francatel *Pintura y sociedad* en 1951, Vytautas Kaulys *La expresión artística: un estudio sociológico* en 1968, René König *El artista y la Sociedad* en 1974, Rudolf Wittkower *Nacido bajo el signo de Saturno* en 1963, Francis Haskell *Patrones y pintores* en 1963, Peter Burke *El Renacimiento italiano* en 1972, Theodor Adorno *Teoría Estética* en 1970, Arnold Hauser *Sociología del arte* en 1974, Omar Calabrese *La era neobarroca* en 1987, Valeriano Bozal *Historia de las*

especialmente si esta "obra de arte" es un vestido que ha de llevar, más allá que sus nobles "ascendentes" del Arte, la necesidad, no ya de lo "público" o de lo "universal" que comparte con ellos, sino la necesidad de lo "inmediato", de lo "efímero" y, sobre todo, de lo "socialmente aceptado" aquí y ahora, que tanto los diferencia[10]. Pues en la Moda, la "aceptación inmediata", que no es exigible a las otras manifestaciones del arte, se convierte en un requisito, *sine qua non*, de su existencia.

Un artista de la Pintura, la Música o la Literatura quizás puede ser descubierto después de su época, un diseñador de moda, seguramente no. No creemos necesitar ningún argumento de autoridad para convencer de esta característica, pero si fuese necesario invocarla, René König recoge también este exclusivo requisito[11]. La interesantísima

---

ideas estéticas en 1999, Umberto Eco *Historia de la Belleza* en 2004 y Vicenç Furió *Sociología del arte*" en 2012. Hay más referentes pero estos son indiscutibles.

[10] "Hasta ahora se ha señalado como rasgo básico del comportamiento basado en la moda únicamente un rasgo esencial de su apariencia exterior, esto es, la brevedad de sus cambios. Al mismo tiempo, se apuntó que este cambio está sujeto a cierta regulación social. Esto nos da acceso a una definición del comportamiento basado en la moda, como la que ha dado el holandés Sebal Rudolf Steinmetz: "*La moda es un cambio periódico de estilo de carácter más o menos compulsivo*". Esta es una definición puramente descriptiva, que evita intencionadamente cualquier intento de explicación. Simplemente constata que, en el caso de la moda, no se trata de un cambio solamente efectivo, sino que sería un cambio condicionado socialmente.". René König: *Menschheit auf dem Laufsteg. Die Mode im Zivilisationsprozeß.* [La Humanidad en la Pasarela. La Moda en el Proceso de la Civilización]. Obra citada (Nota 7) En la Ed. del IEMC. Cap. V. "Cambio y permanencia" (Pág. 56).

[11] "Por lo demás, se comprende que la propagación de la moda va estrechamente unida a la existencia de un cierto escenario, en el cual exhibir las novedades. La exhibición y la presentación son parte esenciales de la moda; y las maneras de propagación de la moda cambian según las diferentes formas de exhibición y presentación. Una moda en secreto no existe: la moda siempre quiere salir al mundo. Quiere ver y ser vista; lleva en sí un claro rasgo de exhibicionismo. Aunque en sus formas de aparición sea extremadamente cambiante, como se pretenderá demostrar, siempre se repite el elemento de la "pasarela", que se convierte en el símbolo de la exhibición elemental. Así, en la Antigüedad clásica, son el foro y el

palabra "Moda", que en el resto de las artes puede funcionar como adjetivo, como epíteto de un sustantivo cambiante –Pintura de moda, Arquitectura de moda, Literatura de moda, incluso "Teatro a la moda"[12]–, solo en las relaciones del vestido con su sociedad no puede

---

ágora los que desempeñan la función de escenario para la moda, como Horacio que, durante sus paseos, advierte las peculiaridades del ambiente: "*Ibam forte via Sacra, sicut meus est mos, nescio quid meditans nugarum totus in illis: accurrit quidam notus mihi nomine tantum arreptaque manu 'quid agis, dulcissime rerum?'*" [Solía ir, como es mi costumbre, por la vía Sacra...]. El equivalente al ágora de la Antigüedad sería en la Edad Media y el Renacimiento, hasta finales del siglo XVIII, la corte; ésta puede ser más o menos central. En la época feudal propiamente dicha, con sus cortes grandes y pequeñas, encontramos en Europa toda una serie de modas locales y regionales, que a menudo se inspiran en los trajes regionales o que, a su vez, influyen en éstos. Pero también aquí pronto aparecerán determinadas cortes que destacan por su brillo propio, como por ejemplo la corte de Provenza del siglo XI al XIII o la de Borgoña, que a mediados del siglo XV, bajo Felipe el Bueno y Carlos el Temerario, influyeron con la moda borgoñesa en toda Europa. Pero el futuro no pertenecía a estas culturas regionales, sino a las grandes cortes centrales del absolutismo en Francia, Inglaterra y España, que, con sus grandes escenarios, extendían su influencia primero por todo el país, después por toda Europa, para finalmente incluso cruzar el Atlántico.". René König: *Menschheit auf dem Laufsteg. Die Mode im Zivilisationsprozeß.* [La Humanidad en la Pasarela. La Moda en el Proceso de la Civilización]. Obra citada (Notas 7 y 10) En la edición del IEMC. Capítulo V. "Cambio y permanencia" (Págs. 58 y 59).

[12] "Teatro a la moda" es una frase hecha que ha gozado de enorme éxito desde que el aristócrata veneciano Benedetto Marcello (1686-1739), un extraordinario músico *dilettante*, publicase hacia 1720 una irónica descripción del mundo del melodrama barroco de su época con ese título. Al exagerar deliberadamente en su panfleto los defectos de aquel mundo lleno de esplendor artístico y miserias narcisistas de sus protagonistas consigue no solo hacer un atractivo retrato de su mundo, sino también poner de moda la frase "a la moda" para despreciar la tentación de seguir la moda o caer en ella de los "géneros serios". La obra se sitúa en el intermedio entre la decadencia de una ópera noble, solo para señores, con temas "grandes" (mitología) y una ópera burguesa, con temas más vulgares y tramas argumentales y musicales más sencillas, precisamente para satisfacer los gustos de una nueva clase que accede al poder y a sus atributos. Benedetto Marcello: *Ill teatro alla moda, sia Metoda sicuro, e facile per ben comporre, ed esequire l'opere italiane in música all'uso moderno, nel quale si danno avvertimenti utili...* Napoli, Vinc, Manfredi. Venaccia, 1720, 1761. Edición española: *El teatro a la moda.* Alianza Música Nº 76. Alianza Editorial. Madrid, 2001.(Traducción Stefano Russomanno).

hacerlo como adjetivo, puesto que necesita mantenerse como sustantivo. Aquí, en la Moda queremos decir, para poder designar universalmente "el cambio organizado del gusto, y de los objetos que lo satisfacen" no necesita ningún nombre del que constituirse en adjetivo calificador. Aquí el adjetivo comodín es el sustantivo por antonomasia. También hay Moda "de moda", pero aquí, para evitar la redundancia, se sustituye por el consabido adjetivo ordinal "último". La Moda "de moda" o "la moda de" la Moda vendrían a ser "lo último en Moda" o "la última Moda". Aunque dada la complejidad de matices que ha terminado adquiriendo el término "moda" durante los últimos dos siglos, nada impediría que hubiese triunfado ya la etiqueta "la moda de moda" (quintaesencia de la Moda, por cuanto concluye, *contrario sensu*, que puede haber "moda no de moda").

El ejemplo de la primera etiqueta podría ser el YSL de Stefano Pilati (2005-2012), de Hedi Slimane (2012-2016) o de Anthony Vacarello (2016-), el de la segunda Lanvin tras la marcha del diseñador israelí Albert Elbaz (2001-2015). En sentido contrario podríamos mencionar el ejemplo de los últimos años de *Mademoiselle* Chanel (1968-1973) frente al de André Courrèges (1968-1973), sugerido por Roland Barthes en su artículo "La contienda Chanel-Courrèges" publicado por *Marie-Claire* en 1967[13]. Chanel ya

---

[13] "Si en el día de hoy abrieran ustedes una historia de nuestra literatura, deberían encontrar el nombre de un nuevo autor clásico: Coco Chanel. Chanel no escribe con papel y tinta (salvo a ratos perdidos), sino con telas, formas y colores. Ello no impide que habitualmente se le atribuya la autoridad y la bravura de una escritora *grand siècle*: elegante como Racine, jansenista como Pascal (a quien cita), filósofa como La Rochefoucauld (a quien imita ofreciendo máximas al público), sensible como madame de Sévigné e irreverente como la Gran Damisela cuyo seudónimo y función recupera (véanse sus recientes declaraciones de guerra a los modistos). Se dice que Chanel contiene la moda a orillas de la barbarie y la colma de todos los valores del orden clásico: la razón, lo natural, la permanencia, el gusto por complacer en lugar de sorprender; a Chanel se la aprecia mucho en *Le Figaro*, donde junto a Cocteau ocupa los márgenes de la buena cultura mundana.

¿Qué se puede oponer radicalmente al clasicismo si no el futurismo? Se dice que Courrèges viste a las mujeres del año 2000, que son ya las niñas de hoy. Mezclando, como en toda leyenda, el carácter de la persona con el estilo de las obras, a Courrèges

sería un estilo, un estilo "conformado", no de moda –precisamente por eso– y Courrèges un estilo, un estilo "conformándose", pero sí de moda –también precisamente por eso–. Ascensión y caída de un mito que no incluye los años de su regreso triunfal (1954, gracias a su traje "cuatro bolsillos") y a su muerte anunciada (1964), fecha bisagra señalada por la minifalda, a la que Chanel se oponía irracionalmente[14] y Courrèges se adelantaba "prometeicamente"[15]. Tam-

---

se le confieren las cualidades fabulosas del innovador absoluto: joven, tempestuoso, galvánico, virulento, fanático del deporte (y del más abrupto: el rugby), amante del ritmo (la presentación de su colección se hizo a los sones del jerk), temerario hasta la contradicción, ya que inventa un vestido de noche que no es un vestido (sino un *short*); la tradición, el sentido común y el sentimiento –sin los cuales no hay en Francia héroe que valga– en él aparecen dominados, y sólo asoman con discreción en los rincones de su vida privada: le gusta pasear a orillas de su torrente natal, dibuja como un artesano y envía el único vestido negro de su colección a su madre, en Pau.

Esto significa que en todas partes se tiene la sensación de que algo importante separa a Chanel de Courrèges, algo quizá más profundo que la moda o que al menos só la emplea como mera circunstancia de aparición. ¿El qué?" Roland Barthes: *Système de la Mode*. Éditions du Seuil. Paris, 1967. Edición española: *El Sistema de la Moda y otros escritos*. Editorial Paidós Ibérica. Barcelona, 2003. *La contienda Chanel-Courrèges* (Pág.421 y 422). [Publicado en *Marie-Claire*. París, 1967].

[14] Probablemente el cenit de ese icono de la moda de todos los tiempos, por supuesto estrella de su década, está en la imagen que recorrió todas las televisiones del mundo de Jacky Kennedy vestida casualmente con esa prenda el día del asesinato del Presidente en Dallas. Su Chanel rosa, manchado con la sangre de su marido, añadía a la marca la magia que solo otorgan las tragedias. Aquel *look* constituía entonces el uniforme oficial de todas las mujeres del poder que, como era preceptivo protocolariamente, tenían prohibido enseñar las rodillas. Es conocida la aversión que *mademoiselle* le tenía a esa parte del cuerpo de la mujer, de la que pensaba que era demasiado fea para enseñarla en público, pero también hay que tener en cuenta que hasta la llegada de la minifalda, la rodilla de las mujeres sencillamente no se enseñaba. Era el límite del "saber estar".

[15] Jugamos irónicamente con la metáfora de Prometeo revelando el fuego, o sea el poder, a los hombres contra la voluntad expresa de Zeus con esta revolución de la minifalda que entregaba el poder a las mujeres o, al menos, desencadenaba una "toma de conciencia" que terminaría imponiendo su libertad sexual. Que un hombre (Courrèges) le entregase la minifalda a una mujer era la metáfora perfecta de la entrega simbólica del poder. Yo, que soy el poder, te hago libre. Eres libre mujer.

bién en su caso, su fracaso por el nuevo cambio de paradigma (1973) no impedía reconocer el éxito mundial de su estilo "espacial" (1964-1968).

Diacronía y sincronía

La sospecha de que la mirada de la Sociología sobre la Moda pudiera ser importante estaba ya vislumbrada desde los años sesenta del siglo pasado, aunque solo fuese por ese difuso empleo que todos los hombres medianamente cultos de Occidente –diseñadores de Moda incluidos– hacían de la coletilla "que nos lo expliquen los sociólogos" cada vez que algo, que no se entiende del todo bien, se da con algún éxito en el ámbito de la Moda. La que no estaba advertida era la duplicidad de su presencia. La Sociología no solo aparece en el campo que podíamos llamar "horizontal" –explicando la Moda–, sino también en el que podíamos llamar "vertical" –originando la Moda[16]– (de una manera similar a como la Sociología pudo crear el socialismo o la Psiquiatría la enfermedad mental). Todos aceptamos que las relaciones entre una sociedad y un artista podrían caer en el ámbito académico de la Psicología, que también podría explicar la manera en la que un artista concibe, es decir "interioriza voluntariamente", su sociedad y la plasma consciente o inconscientemente en su obra[17].

---

[16] "Moda". Pedro Mansilla. En: Román Reyes (Coordinador): *Terminología Científico Social. Aproximación crítica*. Editorial del Hombre Anthropos. Barcelona, 1988.

[17] La Psicología del arte, cuyos precedentes muy sucintamente enumeraríamos con Gustav Fechner, Sigmund Freud, Rudolph Arnheim (toda la escuela Gestalt), Lev Vygotski y Howard Gardner, insiste en la percepción, la emoción o la memoria como procesos básicos de la disciplina general, pero también en otros más complejos como la personalidad, el lenguaje y hasta la psicopatología. Leónidas Mansilla: *Psicología del arte*. Ediciones Paidós. Barcelona 1956. Martin Schuster y Horst Beisl: *Psicología del arte: cómo influyen las obras de arte*. Editorial Blume. Barcelona, 1982.

Lo que pretendemos decir es que la Sociología puede hacer lecturas, *a posteriori*, de los "cambios de moda" –la moda como disciplina diacrónica– como podrían hacerlos una Historia del Traje o del Arte

---

"Es enorme la cantidad de estudios psicológicos que pueden y deben llevarse a cabo en la esfera del arte. Muchos de ellos son tan sencillos que podría realizarlos, al menos en las fases preliminares, cualquier estudiante inteligente y esmerado con tal que su profesor no le obligara a repetir esos experimentos de cuaderno de prácticas incapaces de despertar ni su curiosidad creativa ni la de sus alumnos. Trataré de enumerar al azar algunos de estos problemas en distintos campos de la psicología.

Empecemos con la motivación. Algunos psicólogos siguen dándose por contentos con la explicación de que el arte se produce y consume porque resulta «satisfactorio» o «placentero»; pero la teoría hedonista lo explica todo y nada a la vez, pues mientras no nos preguntemos *por qué* una actividad es placentera ni siquiera habrá dado comienzo la investigación. La única teoría específica de la motivación artística que se presenta con coherencia y vigor es la psicoanalítica. Pueden formularse objeciones muy serias a esta teoría, pero no tiene sentido criticar las opiniones de los analistas sobre el proceso artístico sin reconocer que lo absurdo de tal teoría deriva de su unilateralidad, y que esa unilateralidad existe porque ninguna teoría alternativa de suficiente solidez ha sido capaz de mantener vivo el proceso dialéctico de ataque y contraataque. Carentes de esa posibilidad de contraste, los movimientos van desarrollándose sin ser sometidos a prueba hasta convertirse en caricaturas de sí mismos.

Otra teoría de la motivación que ha llegado al absurdo por la vía de la unilateralidad es la que afirma que la obra de arte expresa y transmite emociones. Me parece que a los psicólogos les sería posible poner la casa en orden en la medida en que acertaran a distinguir el componente emotivo de la actividad mental de sus aspectos emocional y cognitivo. Una vez admitido que la emoción no es más que la tensión que acompaña a prácticamente todos los procesos psíquicos, el psicólogo deberá estar en condiciones de demostrar que la emoción no puede ser el contenido de una obra de arte, sino tan solo un efecto secundario de ese contenido, y que el arte no es más emotivo de lo que pueda serlo cualquier otra actividad humana razonablemente interesante.

Otra cuestión que merece la pena investigar es la de los aspectos sociales de la motivación artística. En el punto en que nos encontramos, los que no son artistas siguen repitiendo que el artista crea para comunicar algo a los demás, mientras muchos artistas hacen caso omiso de esta motivación o la rechazan explícitamente. Urge la recopilación crítica de los datos existentes en relación con este punto. […]

En los últimos años se ha venido elaborando una interesante teoría sobre la motivación humana, basada en el concepto de equilibrio e inspirada por fuentes tan diversas como el principio de entropía de la física, la homeostasis de la fisiología y la ley de la simplicidad de la psicología gestaltista. Creo que la aplicación de este

influidos por las corrientes de orientación *psicologista* (Fechner, Freud, Vygotski, Gardner, Arnheim y toda la escuela de la Gestalt) y *sociologista* (Antal, Hauser, Francastel, Read, Haskell, Baxandall, Burke o

fructífero punto de vista al proceso artístico no sólo dotaría a la psicología del arte de los fundamentos de que actualmente carece, sino que aclararía notablemente los mecanismos generales de la motivación. [...] Pasemos ahora al problema de la percepción visual. No se ha efectuado ningún intento sistemático de aplicar los principios de la organización visual a las artes, con lo que la teoría de la estructura de los esquemas sigue en el punto en que Max Wertheimer la dejó hace ya casi treinta años. El arte ofrece el material más a propósito para el análisis de formas complejas. En tal investigación deberían incluirse los problemas de reconocimiento e identificación, es decir, las condiciones concretas que hacen que un espectador acepte un esquema como imagen de otra cosa, pongamos de una figura humana. ¿Cuál es la psicología del escorzo y del traslapo? ¿Y cuáles son los criterios perceptuales de la distorsión, ese factor tan esencial en buena parte del arte moderno? [...] Está luego la percepción de la profundidad. El estudio de la pintura parece ideal para que la psicología salga del estancamiento provocado por el empirismo, porque al pintor de nada le sirve que le digan que el efecto tridimensional se basa en las experiencias pasadas. Lo que quiere saber es precisamente aquello que el psicólogo está en condiciones de averiguar: qué configuraciones concretas de líneas, formas, colores, etc., ayudan a crear las dimensiones espaciales. Sin embargo, los recientes trabajos de James J. Gibson sobre gradientes de textura han sido la única aportación desde los estudios fundamentales de Kurt Koffka y Hertha Kopferman. Tampoco hay razón para que la teoría de la figura y el fondo deba seguir en la situación en que la dejó Edgar Rubin en 1915. Más todavía, ¿cuáles son los efectos psicológicos de la perspectiva central por contraposición a la isométrica? ¿Y qué distingue el principio de aspectos múltiples de los egipcios del procedimiento similar de los cubistas? [...] Pasemos al color. ¿Ha examinado alguien sistemáticamente las observaciones sobre el comportamiento de los colores que han recogido informalmente artistas como Kandisnky? ¿Qué hay sobre la influencia del color sobre el estado de ánimo descrita en el Farbenlehre de Goethe y puesta de relieve recientemente por experiencias prácticas llevadas a cabo en hospitales para enfermos psíquicos? ¿Y sobre las relaciones del color con el sexo y la estructura de la personalidad descubiertas, según se afirma, en obras pintadas con los dedos, arte infantil, etc. ¿Qué ocurre con las valiosas recetas empíricas perfeccionadas por los diseñadores industriales y de modas, por los escenógrafos y por los decoradores de interiores? ¿De qué manera encaran los pintores de diferentes épocas los fenómenos de contraste y constancia y el efecto de profundidad de matiz y la luminosidad? Todo ello es *terra incognita*.". Rudolf Arnheim: *Nueve ensayos sobre psicología del arte*. Alianza Editorial. Madrid, 1989. *Hacia una psicología del arte y entropía: Ensayo sobre el desorden*

Argan), pero también, y aquí la novedad, puede crearlos expresamente *a priori* –la moda como disciplina sincrónica– al formularlos (al modo de una profecía autocumplida). La influencia de la Sociología durante los años sesenta extendiéndose imparable por todos los campos del conocimiento social (Parsons, Adorno) pudo ayudar a crear el prestigio intelectual de ese enfoque. Los sociólogos eran los nuevos filósofos, estaban de moda *ergo* tenían la capacidad de poner de moda cuanto tocasen (Barthes, Eco). Pero también pudieron hacerlo las características de una década que se enfrentó con fenómenos que no conocía o que no conseguía explicar satisfactoriamente. A nuestros efectos precisos la aparición del feísmo o cuanto menos la rebelión contra las formas de la elegancia burguesa representada en las modas de la minifalda, los *jeans*, el pelo descuidado o incluso el mal gusto de lo llamativo, retroalimentándose entre fans y estrellas del cine o la canción. No hablamos de la prenda o del estilismo, hablamos de la onda expansiva, de la identificación social con un signo tan deliberadamente frágil como los que proponía la moda y tan eficaz políticamente (del *"Imperio de los signos"* de Barthes al *"Imperio de lo efímero"* de Lipovetski). La aparición de los jóvenes desconcertó, como décadas antes lo había hecho la aparición de la las masas a la filosofía (Ortega). El ascenso del fascismo puede llegar a obsesionarse con una explicación psicoanalítica. De la misma manera, la irrupción de los jóvenes en una sociedad "desencantada" exigía una disciplina nueva para un problema nuevo. El éxito de la Sociología lo hizo todo sociológico.

Percepción objetiva de la realidad

Sin negar la pertinencia de todas las reflexiones posibles de la Psicología, especialmente después de enriquecer nuestra mirada con los

---

y el orden. Alianza. Madrid, 1980. I. *Orden del día para la psicología del arte.* (Págs. 30 y 31). *Art and visual percepcion: A psicology of the creative eye.* University of California Press. Berkeley, 1954. *El pensamiento visual.* Ediciones Paidós. Barcelona, 1986. *El cine como arte.* Ediciones Paidós. Barcelona, 1986.

"subjetivos" puntos de vista de la "Historia del Arte" de Ernest Gombrich[18], las "Psicología del Arte" de Rudolph Arnheim[19], Liev Semionovich[20], Martin Hors Beisl[21] o el "Psicoanálisis del Arte" de Sigmund Freud[22], querríamos añadir todo aquello que excede al ámbito de lo interiorizado voluntariamente y abundar en lo coercitivo del conocimiento, en lo que podríamos llamar, siguiendo la tesis de Berger y Luckman[23], "la percepción objetiva de la realidad".

---

[18] Ernst H. Gombrich: *The Story of Art*. The Phaidon Press. London, 1950. Phaidon Publisher Inc. New York, 1951. En la edición española: *Historia del Arte*. Alianza Forma Nº 5. Alianza Editorial. Madrid, 1979.

[19] Rudolf Arnheim: *Art and Visual Perception A Psychology of the Creative Eye*. University of California. 1954. Edición española: *Arte y percepción visual. Psicología del Ojo Creador*. Alianza Ed. Madrid, 2002.

[20] Liev Semionovich Vigotski: *The Psychology of Art and The Actor under the Direction of Perezhivanie*. MIT. Cambridge US, 1971. En la edición española: *Psicología del Arte*. Seix-Barral. Barcelona, 1965. *Teoría de las emociones. Estudio Histórico Psicológico* (1931). Akal Editorial. Madrid, 2004. *Thought and Language*. MIT Press. Cambridge US, 1986. En la edición española: *Pensamiento y lenguaje* (1934). Paidos Ibérica. Barcelona, 2010.

[21] Martin Schuster: *Psychologie der bildenden Kunst. Eine Einführung.* [Psicología de las Bellas Artes. Una introducción].Asanger Roland Verlag. Kröning, 1999. En la edición española: *Psicología del Arte*. Editorial Blume. Barcelona, 1981.

[22] Sigmund Freud: Eine Kindheitserinnerung des Lenardo da Vinci (1910); "Der Moses des Michelangelo" (1914); "Der Wahn und die Träume in W. Jensens «Gradiva»" (1907); "Eine Kindheitseriennerung aus Dichtung und Wahrheit" (1917); "Dostjewski und die Vaterttötung" (1928). Sigmund Freud Copyright Ltd. London, 1966. En la edición española *Psicoanálisis del Arte*. Alianza Editorial. Madrid, 2005. E. H. Gombrich: "Freud's Aesthetics". ENCOUNTER, Vol. XXVI, Nº 1, enero 1966.

[23]"Tan pronto como se observan fenómenos específicamente humanos, se entra en el dominio de lo social. La humanidad específica del hombre y su socialidad están entrelazadas íntimamente. El *homo sapiens* es siempre, y en la misma medida, *homo socius*.'"

---

* La íntima conexión entre la humanidad del hombre y su socialidad fue formulada más agudamente por Durkheim, especialmente en la sección última de *Formes élémentales de la vie religieuse*. (Las formas elementales de la vida religiosa). Editorial Schapire. Buenos Aires, 1968. Berger y Luckman: *The Social Construction of Reality: A Treatise in the Sociolgy of Knowledge*. Doubleday & Co. NY, 1966. En la edición española: *La construcción social de la realidad*. Ed. Amorrortu. Buenos

20

¿Qué es la moda? Un ensayo desde la sociología |

Hasta nuestros gustos más íntimos estarían determinados por nuestra formación, y esta, salvo excepcionales casos geniales, por nuestras posibilidades materiales, siempre hay excepciones pero nos referimos a la generalidad (Wolfgang Amadeus Mozart pudo, genéticamente, haber nacido en Holanda pero no en Madagascar, allí su padre no habría sido violinista, ni haberlo hecho en el siglo anterior, pues su música entonces no habría gustado en la corte de Salzburgo). Los influyentes teóricos "materialistas" Georg Lukács[24] o Arnold Hausser[25] (tan admirados como despreciados por las consecuencias ideológicas de sus compromisos políticos) e, incluso, el "idealista" Max Scheler[26] ya sugirieron infinitamente mejor que nosotros tales aparentes "determinaciones" (dicho con toda la precaución anti dogmática que nos sea posible) entre estructuras económicas y superestructuras sociales, políticas o culturales[27].

Aires, 1968. II. "La sociedad como realidad objetiva". 1. "Institucionalización. a) Organismo y actividad". (Pág 72).

[24] Georg Lukács: *Ästhetick. Die Eigenart des Ästhetischen*. Obras completas. Luchterhand Verlagsauslieferung. Neuwied, 1963. En la edición española: *Estética* I. 1, 2, 3 y 4 (Edición de Manuel Sacristán y Jacobo Muñoz). Editorial Grijalbo. Barcelona, 1966.

[25] Arnold Hauser: *Soziologie der Kunst*. C. H. Beck. Munich, 1974. En la edición española: *Sociología del Arte*. Ediciones Guadarrama. Madrid, 1975.

[26] Max Scheler: *Die Wissensformen und die Gesellschaft* [Formas de conocimiento y sociedad]. *Probleme Einer Soziologie des Wissens* [Problemas de una sociología del conocimiento]. Der Neue-Geist Verlag. Leipzig, 1926. En la edición española: *Sociología del saber*. (Traducción de José Gaos). Revista de Occidente. Madrid, 1935. (Primera Edición). Ediciones Siglo Veinte. Buenos Aires, 1973.

[27] Creemos nuestro deber mantener un respetuoso equilibrio entre la opinión de Benjamin y la de Clark. Ambos tienen razón: no puede negarse ni la presión ideológica de toda estructura de poder sobre el arte de su tiempo ni la incontrovertible genialidad en "último término" (dicho aquí contra su generalizada utilización marxista) del creador de la obra de arte.
"El arte es, en sus partes esenciales, el revestimiento idealizado del estado social propio del momento pues es una ley eterna…, que todo estado político social dominante tiende a idealizarse para justificar moralmente su existencia." (Págs. 98 y 99). Walter Benjamin: 3. *Historia y Coleccionismo. Eduard Fuchs. Discursos Interrumpidos* 1". Turner Ediciones. Madrid, 1973 (Pág. 101). *Eduard Fuchs colec-*

Cuando miramos un vestido podemos hacer, si así lo queremos, solo de observadores superficiales, y conmovernos con sus "evidencias". Mirar su color y disfrutar sabiendo que ese rojo se llama púrpura, y que está ahí desde la civilización romana, y que era el reservado a la "aristocracia" (*sic*), seguramente porque se obtenía del carísimo tinte que producían unos moluscos escasos[28]. Si miramos su forma, volveremos a disfrutar en similar sentido, "sabiendo que sabemos" que esa silueta se llama *garçons,* y que es característica de Jean Patou, y que está ahí desde 1920[29]. Finalmente, si

---

cionista e historiador. Obras. Libro II. Vol. 2. Abada Editores. Madrid, 2009. (Págs. 68 a 109).

"Por tanto, vuelvo a mi postura del principio. Aunque son muchos los significados que se conglomeran alrededor de la expresión obra maestra, se trata sobre todo de la obra de un artista genial que ha sido absorbido por el espíritu de la época de tal forma que su experiencia personal se convierte en universal. Si tiene la suerte de vivir en un momento en que circulan muchas ideas pictóricas conmovedoras, sus posibilidades de crear una obra maestra serán muy superiores. Digámoslo crudamente: si los temas pictóricos aceptables son temas serios, que nos afectan en muchos niveles, estará bien encaminado. Pero, en último término, la obra maestra será la creación de su propio genio." Kenneth Clark: *What is a masterpiece?.* Edited with Notes by Haruhiko Fujii. The Ehiosha Ltd. 1979.Thames and Hudson. London, 1992. En la edición española: *¿Qué es una obra maestra?* Icaria Editorial. Barcelona, 1980. (Págs. 44 a 48).

[28] Ethel Lewis: *The romance of textiles. The story of design in weaving.* The Macmillan Company. New York, 1937. Edición española: *La novelesca historia de los tejidos.* Aguilar de Ediciones. Madrid, 1959.

En las *Metamorfosis* se cita, a propósito del padre de Aracne, la púrpura de Focea: "Y concentra su atención en el destino de la *meonia**Aracne, de la que se decía que, en el arte del tejido de la lana, no merecía menos elogios que ella misma. No fue aquella famosa por su patria o por los orígenes de su linaje, sino por su arte. Su padre, Idmón el colofonio, teñía la lana, empapándola en púrpura de Focea...".

*(*meonia* o *meoncia* antigua denominación de los ciudadanos de Lidia. Región situada entre Tracia, Medea y Cilicia y entre el mar Negro y el Mediterráneo (hoy Turquía). En su territorio estaban las ciudades de Mileto, Éfeso, Sardes, Esmirna y Troya). Publio Ovidio Nasón: *Metamorfosis* Libro VI, 1 *Aracne* (versos 109 y 110). Biblioteca Clásicos Gredos, Nº 400. Editorial Gredos. Madrid, 2008.

[29] Alexandre Jean Patou. (1880-1936) fue un innovador *couturier,* empresario, "diseñador" *avant la lettre* y exquisito perfumista francés, considerado un preceden-

tocamos su tejido, volveremos a disfrutar de una manera "elemental" al descubrir que sabemos que es seda, y que esa trama carac-

te obligado de la "revolución Chanel", por su comprometida defensa de una silueta "moderna", respetuosa con las líneas naturales de la mujer, cerca de los parámetros del deporte y la enorme influencia del mercado americano, autor por ejemplo de los famosos *sweaters* a rayas blancas y azules combinados con faldas plisadas, que "reinventó" Gabrielle Chanel. Además de su apuesta por las modelos americanas, es asociado a la imagen de la famosa tenista francesa Suzanne Lenglen, ganadora de seis torneos Wimbledon y seis Roland Garros, vestida con el icónico *look* de falda blanca plisada a la rodilla (ligeramente por debajo de la rodilla) y cárdigan sin mangas. Georgina O'Hara. Jean Patou: *The Encyclopaedia of Fashion*. Tames & Hudson Ltd. London, 1986. En la edición española: *Enciclopedia de la Moda*. Ediciones Destino. Barcelona, 1989.

Charlotte Seeling: *Mode: Das Jahrhundert der Designer 1900-1999*. Könemann Verlagsgesellschaft mbH. Köln, 1999. En la edición española: *Moda, el siglo de los diseñadores 1900-1999*. Könemann. Madrid, 2000. Caroline Rennolds Milbank: *Couture: The Great Designers*. Steward, Tabori & Chang Inc. Publisher. New York, 1985. Yvonne Deslandres et Florence Müller: *Histoire de la Mode au XXᵉ siècle*. Éditions Somogy. Paris, 1986. ISBN: 2-85056-182-7.

"Raymond Barbas has always had a good eye for design talent. He has employed, among others, Christian Dior, who used to sell him sketches in the thirties, Gérard Pipart, now of Nina Ricci, Michel Goma, Marc Bohan and Karl Lagerfeld, who by some irony has now become the designer at Chanel. It is as if the spirit of Patou, perhaps standing in some window embrasure, hovering over the fabrics in the studio, pervades the whole house, nearly fifty years after his death.

Patou's concepts have spread to a completely new generation of designers who look again at his sports-influenced designs of the twenties. The cubist sweaters are from time to time revived, particularly in Italy, and his sweater-and-skirt combination crops up every season in one form or another.

There are few Patou clothers in costume collections, perhaps because their original owners wore them out, but also because Jean Patou has been consistently underestimated by fashion historians. Wedding dresses, because worn only once, survive in the Metropolitan Museum in New York. There are evening clothes in the Brighton Museum of Costume, and in the Centre de la Documentation de la Couture Française in Paris. The most valuable sources of information are the archives at the couture house itself. Year by year, season by season, the sketches of the finished collections, executed by many hands, are filed; so are photographs of the clients, and many record photographs of the clothes themselves.

Raymond Barbas has maintained a remarkable consistency of style over the years. Every designer who has worked for Patou has produced clothes which in some sense echo Patou in his great days.

terística se llama Mikado, y que se hacía originariamente en Japón para su familia imperial[30].

Jean Patou was lucky with his family's strict adherence to his guiding principles. In their guardianship of his reputation they have made sure that the name 'Patou' still stands for quality. Jean de Mouy, now president of the company, is already carrying the business into a third generation. The house of Patou survives and is firmly built on those few inspirational years that spanned the 1920s.

The world of Hispano Suizas, green cloche hats, cubist sweaters and tea at the Ritz has vanished forever. But the name of the man who was one of the few to understand the mood of the first really modern decade of the twentieth century survives. Every time a woman buys a bottle of Joy, every time a striped V-necked sweater is pulled down over a pleated skirt, every time real sports clothes are used as an inspiration for fashion design, Patou survives. It is no bad legacy." Meredith Etherington-Smith: PATOU. Hutchinson. London, 1983. Epilogue (Págs. 138 y 139).

Bettina Ballard: *In My Fashion.* Secker & Warburg. (First edition) London, 1960. Éditions Séguier. Paris, 2016. Michael and Ariane Batterberry: *A Social History of Fashion.* Holt, Rinehart & Winston. Austin, 1977. Cecil Beaton: *The Glass of Fashion.* Weidenfeld & Nicolson. London, 1979. *Selected Diaries, 1926-1974".* Weidenfeld & Nicolson. London, 1979. Yvonne Brunhamer: *Lo Stile 1925.* Fratelle Fabbri Editore. Milano, 1966. Madge Garland: *The Indecisive Decade.* Macdonald & Co. Publishers. London, 1968. Elsie de Wolfe: *After All.* William Heinemann Published. London, 1935. John Lardner: *The Aspirin Age*, 1919-1941. (Isabel Leighton Ed.). Simon and Schuster. New York, 1949. Penguin Books. London, 1996. James Laver: *Between the Wars.* Vista Books. 1961. *The Jazz Age.* Hamihs Hamilton. London, 1964. Ruth Lynham (ed.): *Paris Fashion.* Michael Joseph. London, 1972.Victor Marguerite: *La Garçonne.* Éditions Gallimard. Paris, 1923. En la edición española: *La Garçonne.* Gallo Nero Ediciones. Madrid, 2015. Maurice Sachs: *La Décade de l'Illusion.* Éditions Gallimard. Paris, 1932. *Gazette du Bon Ton-Art, modes, frivolité.* Published by the Librairie Centrale de Beaux-Arts. 1913 to 1915. Published by Condé Nast from 1920 to 1925.. *Vogue*, New York, Paris, London. Published by Condé Nast. *Harper's Bazaar.* New York, London. Published by Heart.

[30] Mikado, literalmente "Puerta exaltada", era el nombre usado antiguamente para referirse al Emperador de Japón y que fue ampliamente utilizado en occidente desde el siglo XIX, gracias a la popularidad de la ópera cómica "El Mikado" o "La ciudad de Titipu" de Arthur Sullivan y W. S. Gilbert, pero que rara vez se utiliza en Japón, donde se usa el término "Tenno", que significa Hijo del Cielo. El Mikado es un tejido denso de seda, con ligamento sarga y con un tacto bastante rígido, de aspecto menos brillante que el satén de seda y más mate que el crepé de seda. Hoy se utiliza habitualmente para trajes de novia y ceremonia.

Si con todos esos "gustos reunidos" nos atrevemos a identificar la obra concreta con un "aquí y ahora", podemos llegar a descubrir su firma, es decir, quién creó ese vestido, quién lo hizo ideal y materialmente posible. O, si ustedes prefieren decirlo así, su Marca, es decir su propiedad intelectual. De la misma manera que nos preguntamos ¿de quién es ese cuadro? y nos respondemos con seguridad de tal autor o, en caso contrario, intentamos suponerlo haciendo "la prueba de su autoría" interrogándonos a la inversa, así podemos hacerlo también con un vestido. "No puede ser un 'Chanel', porque 'Chanel' nunca hizo vestidos así. Tal vez sea un "Dior. En esa época era Jacques Fath quien hacía siluetas muy parecidas a las presentadas por este vestido". Alguien podría pensar que reproducimos literalmente una conversación entre dos expertos en Arte que hablan de la posible autoría de un cuadro perdido en una almoneda. "¿Es un Velázquez? ¿Puede ser un Ribera? ¿Por qué no puede ser un Zurbarán?"

La paradoja de la percepción

A veces un cuadro contiene una información, inherente al cuadro, pero que lo trasciende. Cuando Velázquez refleja escenas mitológicas, degrada físicamente a los personajes para hacerles parecer vulgares hombres de la calle, rompiendo así con una tradición de la pintura que sublimaba los personajes que han de parecer divinos. Los dioses de Velázquez, como los santos de Ribera, rompen esa tradición "idealizante" de representarlos como los mejores. ¿Imponderables del mismísimo cansancio del barroco romano o "marca de la casa" contra el admirado Rubens italianizante, donde los dioses, aunque también son humanos, al menos aparecen aristocratizados? Alfonso E. Pérez Sánchez nos explicará, acaso mejor que nadie, ese misterio[31]. Cuando nos preguntamos por qué algo inherente al cua-

---

[31] Antonio Domínguez Ortiz, Alfonso E. Pérez Sánchez, Julián Gallego: *Velázquez*. Harry N. Abrams Inc. Publishers. New York, 1990. José Manuel Pita Andrade: *Corpus velazqueño. Documentos y textos*. 2 Vols. Ministerio de Educación

dro, o al vestido, no está satisfactoriamente descrito "superficialmente", entramos en esa "Metafísica del Arte", en ese "más allá" de lo físico del Arte, en el que entra "lo que no está ahí pero se ve, porque se sabe" o "se ve perfectamente, pero no se sabe".

En ambos casos, cuando se ve, pero no se sabe o se sabe, pero no se ve (recuérdese la genial explicación de Panofsky al pelícano sobre el Cristo crucificado de Gil de Siloé en el Retablo del Convento de las Huelgas Reales)[32] nos interrogamos con ansiedad sobre el prodi-

Cultura y Deporte. Secretaria de Estado de Cultura. Madrid, 2000. Diego Angulo Iñíguez: "La fábula de Vulcano, Venus, Marte y 'La Fragua' de Velázquez". ARCHIVO ESPAÑOL DE ARTE. CSIC. Instituto Diego Velázquez. Madrid, 1960 Nº 30 (pp. 149-181). Charles de Tolnay: "Las pinturas mitológicas de Velázquez". ARCHIVO ESPAÑOL DE ARTE. CSIC. Instituto Diego Velázquez. Madrid, 1961 (pp. 31-45). Rosa López Torrijos: *La mitología en la pintura española del Siglo de Oro*. Editorial Cátedra. Madrid, 1985. (p. 336). Enrique Lafuente Ferrari: *Velázquez y lo velazqueño*. Exposición III^{er} Centenario. D. G. de BB AA. Madrid, 1960.

[32] Erwin Panofsky: *Meaning in the Visual Arts*. Doubleday & Company, Inc. New York, 1955. En la edición española: *El significado de las artes visuales*. Alianza Editorial. Madrid, 1979.

Capítulo 1. *Iconografía e iconología:* "Introducción al estudio del arte del Renacimiento".

"Sin embargo, el que Duccio y Giotto trataran de resolver su problema por métodos opuestos no oscurece, sino que por el contrario, arroja una luz especialmente intensa sobre el hecho de que era el mismo problema: el de crear lo que nosotros solemos llamar un «espacio pictórico». Y ese problema era tan nuevo –o, mejor dicho, había estado tan absolutamente ausente del panorama europeo occidental durante tantos siglos– que los que por primera vez lo volvieron a suscitar merecen todavía el nombre de «padres de la pintura moderna».

Se puede definir un espacio pictórico como un ámbito aparentemente tridimensional, compuesto de cuerpos (o pseudocuerpos, como las nubes) e intersticios, que parece extenderse indefinidamente, aunque no siempre infinitamente, por detrás de la superficie pintada, objetivamente bidimensional; lo cual quiere decir que esta superficie pintada ha perdido esa materialidad que poseía en el arte altomedieval. Ha dejado de ser una superficie de trabajo opaca e impenetrable -dada por una pared, una tabla, un trozo de lienzo, una hoja de pergamino o de papel, o fabricada mediante las técnicas propias del tejedor de tapices o del maestro vidriero- y se ha convertido en ventana a través de la cual nos asomamos a una sección del mundo visible. «Deben saber los pintores –dice Leone Battista Alberti–

gioso "error óptico" por el que admiramos la Piedad *Villeneu-ve-les-Avignon* de Enguerrand Quarton, las "Giocondas" de Leonar-

---

que con sus líneas recorren una superficie plana y que, al rellenar de colores las zonas así delimitadas, lo único que se trata de conseguir es que las formas de las cosas vistas aparezcan sobre esta superficie plana como si fuera de vidrio transparente»; y, de manera aún más explícita: «Trazo un rectángulo del tamaño que quiera, el cual imagino ser una ventana abierta por la que miro aquello que dentro de él haya de ser pintado»*.

Comparar de este modo una pintura a una ventana es atribuir, o exigir, al artista una captación visual directa de la realidad: una *notitia intuitiva* (o, más brevemente, un *intuitus*), por citar la expresión favorita de aquellos nominalistas que –emulando la hazaña de Duccio y Giotto por las mismas fechas, pero en campo, lugar y ambiente cultural distintos– hicieron extremecerse los cimientos del pensamiento altomedieval al conceder existencia «real» sólo a las cosas externas que conocemos directamente a través de la percepción sensorial y a los estados o actos internos que conocemos directamente a través de la experiencia psicológica. Ya no se cree que el pintor deba operar «a partir de la imagen ideal de su alma», como había afirmado Aristóteles y mantuvieron Tomás de Aquino y el maestro Eckhart, sino a partir de la imagen óptica de su ojo [...].

En principio, esta construcción geométrica exacta –inventada, con toda probabilidad, por Filippo Brunelleschi hacia 1420 y transmitida por Alberti con modificaciones que afectan más al procedimiento que a la sustancia**– sigue estando fundada sobre dos premisas que tanto la óptica clásica como la medieval tuvieron por axiomáticas: la primera, que la imagen visual es producida por unas líneas rectas («rayos visuales») que unen el ojo con los objetos vistos (independientemente de que esos rayos se creyeran procedentes del ojo, del objeto o de ambos), formando así la configuración entera de lo que se denominaba «pirámide visual» o «cono visual»; la segunda, que el tamaño y la forma de los objetos tal como aparecen en la imagen visual vienen determinados por la posición relativa de los «rayos visuales». Lo que es fundamentalmente nuevo es el supuesto –ajeno, como se verá, a todos lo teóricos anteriores a Brunellesch– de que todos los puntos que integran la imagen visual se sitúan sobre una superficie que no es curva, sino plana: en otras palabras, que sólo se puede obtener una representación perspectiva correcta proyectando los objetos sobre un plano de intersección de la pirámide o cono visual (*intersegazione della piramide visiva*, como lo expresa Alberti).

Esta proyección –central por definición y perfectamente análoga a la que se produce en una cámara fotográfica– se puede construir por métodos geométricos elementales; y una representación basada en esta construcción –quizá el ejemplo clásico podría ser el famoso dibujo de Leonardo para la *Adoración de los Magos* de los Uffizi– se puede definir como transformación proyectiva exacta de un

do y su escuela, el *Cristo Yacente* de Mantegna[33], *Las Bodas de Caná* de Tintoretto o *El retrato de Inocencio X* de Velázquez. ¿Es solo un

sistema espacial caracterizado precisamente por esas dos cualidades que distinguen al *quantum continuum* del *quantum discretum*. La infinitud va implícita –o, mejor dicho, visualmente simbolizada– en el hecho de que cualquier conjunto de líneas paralelas, independientemente de su ubicación y dirección, converja hacia un único «punto de fuga» que por lo tanto viene a ser literalmente un punto en el que las paralelas se encuentran, es decir, un punto situado en el infinito; lo que, con escaso rigor, llamamos «*el* punto de fuga» de un cuadro no tiene otro privilegio que el de estar situado exactamente frente al ojo y constituir así el foco de sólo aquellas paralelas que son objetivamente perpendiculares al plano pictórico, y el propio Alberti afirma explícitamente que la convergencia de estas «ortogonales» indica la sucesión y alteración de las cantidades «*quasi persino in infinito*». La continuidad, por otra parte, va implícita –o, mejor dicho, visualmente simbolizada– en el hecho de que cada uno de los puntos de la imagen perspectiva viene exclusivamente determinado, como el *corpus generaliter sumptum* cartesiano, por tres coordenadas; y de que, mientras que una serie de magnitudes objetivamente iguales y equidistantes que se sucedan unas a otras en profundidad se transforman en una serie de magnitudes decrecientes separadas por intervalos decrecientes, esa misma disminución es constante y puede ser expresada mediante una fórmula recurrente."

---

* Alberti. *De la pintura*, ed. Janitschek, pág. 69, ed. Mallé, pág. 65.
** Sobre la construcción de Filippo Brunelleschi tal como se ilustra en la il. 3 (conocida con el nombre de *costruzione legittima*), véase, por ejemplo, Panofsky, «Die perspective als symbolische Form», pág. 258 ss.; *idem, The Codex Huygens and Leonardo da Vinci's Art Theory* (Studies of the Warburg Institute, XIII), Londres, 1940, pág. 93 ss.; *idem Albrecht Dürer*, pág. 249 ss. Véase ahora el brillante análisis de R. Krautheimer (en colaboración con T. Krautheimer-Hess) en *Lorenzo Ghiberti*, Princeton, 1956, pág. 229 ss. Erwin Panofsky: *Renaissance and Renascences in Western Art*. Alqvuist & Winksel/Gebers Förlag AB. Stockholm, 1960. En la edición española. *Renacimiento y renacimientos en el arte occidental*. Alianza Editorial. Madrid, 1975. Capítulo 3. *«I primi lumi»*: La pintura del trecento italiano y su impacto sobre el resto de Europa. II (Págs. 182 a 191).
[33] Prodigio de la perspectiva iniciado por Giotto, Brunelleschi y Palladio, inclusión de Uccello por Wolfflin* aparte.Humbert Damisch: *The Origin of Perspective*. The MIT Press. Cambridge. Massachusetts, 1994. En la edición española: *El origen de la perspectiva*. Alianza Editorial. Madrid 1987.
("Avasallador el descubrimiento por parte de Paolo Uccello de la perspectiva"*).
Heinrich Wolfflin: *Die Klassische Kunst*. Munich, 1899. Incluido por Walter Ben-

capricho del juego de las seducciones deslumbrantes de un pintor para el que todo preciosismo está al alcance de su ojo, de su mano o de su inconmensurable talento?

No sabemos si el famoso cuadro de Johannes Vermeer van Delft que refleja a Clío, la musa de la Historia, así lo atestiguan la trompeta, el libro y la corona de laurel –¿Cómo saber si no que es ella?– no contiene aún un misterio superior[34]. El cuadro, titulado *El arte de la pintura* o la *Alegoría* de la pintura, pintado en 1666 y que hoy pertenece al Museo de Historia del Arte de Viena, mirado en "su silencio", implica, desde luego, una evidente erudición de Vermeer, al que se le supone que conocía esta alegoría por la visión de otros cuadros que reprodujeron anteriormente el tema tratado o, incluso, que lo habría conocido directamente en alguna obra sobre la Iconología de las Musas[35] de Cesare Ripa, pero el detalle de la precisión escalofriante en el mapa de las diecisiete Provincias Unidas de los Países Bajos que aparecen pintados al fondo de la pared de la habitación a su vez pintada en el cuadro ¿qué implicaría?, ¿qué explicaría? Esa precisión no solo nos habla de su capacidad para pintar un cuadro dentro de un cuadro, exactamente un cuadro hiperrealista dentro de un cuadro hiperrealista, esa precisión nos habla más bien

---

jamin en: *Historia y Coleccionismo. Eduard Fuchs*. (Nota pie de página 18). *Discursos Interrumpidos* 1. Turner Ediciones. Madrid, 1973. (Pág. 106).

[34] "Se ha intentado interpretar la cosas que están sobre la mesa con la personificación de algunos aspectos de la teoría italiana del arte: el cuaderno de bocetos personifica el *disegno*, la máscara de yeso la *imitazione*, el libro responde a la *buona regola* y las telas de seda podrían significar el *decoro…*". El conjunto de las cosas (Pag. 18). Hermann Ulrich Asemissen: *Jan vermeer, die malkunst, aspecte eines berufsbildes*. Fischer Taschenbruch Verlag. 1988. Edición española: "*Jan Vermeer. El arte de pintar. Un cuadro de los oficios*". Siglo XXI. México, 1994. Lourdes Cirlot: *Vermeer. Kunstistorisches*. Museos del Mundo. Tomo 11. Espasa. Madrid, 2007. Catálogo de la Exposición *Johannes Vermeer. The Art of Painting*. National Gallery of Art. Washington, 1999.

[35] Cesare Ripa: *Iconología*. Venecia, 1643. En la edición española: *Iconología*. Akal Editorial. Madrid, 2007. Juan Pérez de Moya: *Philosophia secreta*. Editor Francisco Sánchez. Madrid, 1585. Ediciones de la Fundación José Antonio de Castro. Madrid, 1996.

de la condición material que lo hace posible. Ese cuadro parece pintado con la ayuda de un microscopio o, al menos, de una potente lupa. ¿Fue pintado con lupa para que los detalles, al ser vistos desde lejos, nos produzcan el inequívoco efecto de los cuadros pintados con lupa? Es decir, ¿puede pintarse una miniatura con tal precisión sin lupa? Seguramente no. Entonces, ¿se pintó con lupa para conseguir esa precisión? Pero, ¿para qué se quería conseguir tal precisión, si con muchísimo menos habría sido suficiente? ¿No sería que se quería pintar tan superiormente para demostrar algo? ¿Una especie de superioridad técnica, tecnológica? Y una, tan sutil, apología de la superioridad en la observación, ¿qué nos querría decir? ¿No estaría reflejando, como lo hace con la balanza que pesa las perlas en otra obra igualmente genial, *La tasadora de perlas*[36], una apología de una sociedad regida por el cumplimiento maniático de ciertas "virtudes protestantes" como lo podían ser la palabra de ho-

---

[36] *Joven pesando perlas* óleo sobre lienzo de Johannes Vermeer pintado alrededor de 1665, es denominado desde su reciente estudio microscópico como *Mujer con balanza* (*Wrow met Weegschaal*) pues, paradójicamente, ese aumento artificial de una obra de 42 x 35.5 cm., que se conserva en la National Gallery of Art de Washington, ha confirmado que los platillos de la balanza no contienen ninguna perla. La balanza vacía estaría relacionada más con el *Juicio Final* que cuelga en la pared tras la protagonista. El confuso sentido de la acción de Catharina Vermeer, la esposa embarazada del pintor que protagoniza la escena, es pura alegoría sobre la *vanitas*, máxime si se tiene en consideración el espejo situado en la pared de su frente, símbolo recurrente de la reflexión sobre sí mismo. Es evidente que la asociación de la balanza con el Juicio Final, más que con las monedas o las perlas sobre la mesa, cambia profundamente el sentido y significado atribuidos anteriormente al cuadro. Más que una estampa alegórica al comercio burgués parece referirse a la banalidad de la vida frente a la muerte. Si no estuviese acreditada la pertenencia a la iglesia protestante de Vermeer, la obra aún podría seguir sorprendiéndonos.
Lourdes Cirlot: *National Gallery of Art*. Colección Museos del Mundo, Nº 30. Editorial Espasa Calpe. Madrid, 2007. (Págs. 190 y 191). Hermann Bauer: *Los maestros de la pintura occidental*. Taschen GmbH. Köln. *El Barroco en los Países Bajos* (Pág. 332).
Kunsthistorik, Eine kritische Einführung in das Studium der Kunstgeschichte. C. H. Beck'sche Verlagsbuchhandlung. Munich, 1976. En la edición española: *Historiografía del Arte*. Taurus Ediciones. Madrid, 1980 y 1983.

30

¿Qué es la moda? Un ensayo desde la sociología |

nor de un hombre de comercio?[37] ¿Solo el catolicismo hacía pedagogía con su pintura? Es curioso observar cómo el dogma iconoclasta inherente a la religión reformista sacó esa pedagogía de las iglesias y lo llevó a los espacios civiles, incluidos, claro está, el estereotipado domicilio burgués.

Lo específico de la mirada sociológica

Cuando se introducen "apologías" en un cuadro o en un vestido, se está haciendo un guiño, y un guiño es, por definición, la apelación a un pacto, y los pactos obedecen siempre a una mentalidad, a un compromiso civil, social, de significado sociológico, ya que solo una sociedad puede establecer y vigilar el exacto cumplimiento de sus "reglas de juego". Cada vez que en una obra de arte, o en un vestido, se dan esos guiños que trascienden a la mera realización material para adentrarse en el campo simbólico de "lo otro" que las formas también significan –lo que las formas significan más allá de su inmediato significado–, se está insistiendo en la reclamación de una "explicación sociológica". Porque ese significado obedece a lo social, porque ese significado se forma y se deforma en el complejo entramado simbólico de lo que significa socialmente. Hacemos Sociología de la Moda porque la misma palabra Moda, el mismo sentido de su utilización en el vestido, es sociológico. La Moda es un intangible, por más "tangibilizado" que lo queramos poseer, que se basa en un pacto social. Tan sociológico por la manera en la que se descubre –porque ha de ser forzosamente sociológico algo explicado sociológicamente–, como por la manera en la que se produce. ¿Qué mejor manera de explicarnos algo sociológico que recurrir a la Sociología para hacerlo? La Moda no es solo sociológica porque la Sociología sea un instrumento científico

---

[37] Max Weber: *Die Protestantische Ethik und der Geist des Kapitalismus*. Archiv für Sozialwissenschaft und Sozialpolitik, 1905. Edición española: *La ética protestante y el espíritu del capitalismo*. Ed. Península. Barcelona, 1969. Fondo de Cultura Económica. México, 2011 (Edición crítica de Francisco Gil Villegas).

para analizarla, es sociológica sobre todo por su origen mismo, por su manera de ser social, por el pacto rápido, vertiginoso, caprichoso, imparable, inabarcable, inconfundible, "democrático"[38], que la origina, que se requiere "inexorablemente" para que se origine. Como en muchos otros ámbitos de la disciplina se podría incluso decir que la Moda era un "fenómeno sociológico" antes de que existiese la Sociología misma. Porque desde siempre su origen no está tan basado en fenómenos individuales, como podrían serlo la "creatividad" o la "seducción", como en fenómenos colectivos, como pueden serlo la "imitación" o la "prohibición". Sucede algo parecido a lo ocurrido con las primeras formas del Arte que, al ser anteriores a la misma "mirada artística", pueden haber producido objetos de Arte persiguiéndose solo objetos religiosos, mágicos, militares o sencillamente tribales. Por eso sugerimos que, incluso antes de la toma de conciencia de la Sociología como un instrumento científico, o al menos teórico, de análisis de la Moda, esta "mirada", por decirlo en términos de Rafael Argullol, ya era sociológica (como Marte o Venus eran planetas, antes de ser nombrados mitológicamente por los hombres que los descubrieron gracias a los telescopios sobrevenidos a su primitiva formación, y a su elegante denominación). Los sociólogos Georg Simmel[39] con *Filosofía de la Moda*, René König[40] con *Sociología de la moda*, Roland Barthes[41], con *El Sistema de la moda*

---

[38] Bruno du Roselle: *La crise de la mode. La révolution des jeunes et la mode.* Librairie Arthème Fayard. París, 1973.

[39] Georg Simmel: *Die Mode* (1905). *Philosophische Kultur. Gesammelte Essais.* No se cita la edición original (1911). Ed. española: "Filosofía de la moda". REVISTA DE OCCIDENTE. Número I. Madrid, julio 1923. (Edición facsímil de 1973). También reproducido como "Filosofía de la moda" (fragmentos). REVISTA DE OCCIDENTE, N° 366. Madrid. Noviembre, 2011. *Moda-El poder de las apariencias* (Jorge Lozano comp.). Casimiro Libros, Madrid, 2015.

[40] René König (und Peter Willy Schuppisser): *Die Mode in der menschlichen Gesellschaft. (Mit einem Geleitwort von Christian Dior). Menschheit auf dem Laufsteg. Die Mode im Zivilisationsprozeß.* [La Humanidad en la Pasarela. La Moda en el Proceso de la Civilización]. Obra citada (Notas 7, 10 y 11).

[41] Roland Barthes: *Système de la Mode.* Obra citada (Nota 13).

y Bruno du Roselle[42] con *La crisis de la moda* lo han advertido antes y mejor que nosotros. Nuestro trabajo solo aspira a continuarlos en el tiempo. Antes de saberlo los hombres, de ser "conscientes" de ello, estos ya se vestían de una manera social. "maneras" al gusto de Claude Lévi-Strauss[43] que primero pareció explicar satisfactoriamente la Historia, la Filosofía o la Antropología Cultural y que ahora comparten la responsabilidad de abordarla como algo propio con la Sociología. La Moda es pues "doblemente" sociológica, lo es por haber sido motivo preferente de las reflexiones del psicólogo austriaco Sigmund Freud[44] (aunque solo sea indirectamente a través de la construcción del yo —*Tres ensayos sobre teoría sexual* y *Psicopatología de la vida cotidiana*—, o de la represión que la cultura opera sobre los instintos —*El malestar en la cultura*—), y de los sociólogos alemanes Georg Simmel[45] o René König[46] y los franceses Roland Barthes[47] o Gilles Lipovetsky[48] sobre unas pautas de conducta simbólica muy especial.

[42] Bruno du Roselle: *La crise de la mode. La révolution des jeunes et la mode.* Obra citada (Nota 38).

[43] Claude Lévi-Strauss: *Mithologiques 3. L'Origine de les manières de table.* Éditions Plon. Paris, 1968. En la Ed. española: *Mitológicas* III. El origen de las maneras de mesa. Ed. Siglo XXI. México, 1970.

[44] Sigmund Freud: *Zur Einführung des Narzissmus* (1914). Sigmund Freud Copyrights, Ltd. London, 1966. En la edición española: *Introducción la narcisismo y otros ensayos.* Alianza Editorial. Madrid, 1973.

[45] Georg Simmel: *Die Mode* (1905). *Philosophische Kultur. Gesammelte Essais.* No se cita la edición original (1911). En la edición española: *Cultura femenina y otros ensayos.* Espasa Calpe. Madrid, 1961. 6ª edición. Alba Editorial. Madrid, 1999. Obra citada (Nota 39 en las diferentes ediciones).

[46] René König (und Peter Willy Schuppisser): *Die Mode in der menschlichen Gesellschaft. (Mit einem Geleitwort von Christian Dior). Menschheit auf dem Laufsteg. Die Mode im Zivilisationsprozeß.* [La Humanidad en la Pasarela. La Moda en el Proceso de la Civilización]. Obra citada (Notas 7, 10, 11 y 40).

[47] Roland Barthes: *Système de la Mode.* Obra citada (Notas 13 y 41).

[48] Gilles Lipovetsky: *L'Empire de l'éphémère. La mode et son destin dans les sociétés modernes.* Éditions Gallimard. Paris, 1987. En la edición española: *El imperio de lo efímero: la moda y su destino en las sociedades modernas.* Editorial Anagrama. Barcelona, 1990.

Pero sobre todo lo es porque la Moda obedece a una "ley de comportamiento", tan estrechamente vinculada con lo social, que no parece que sea posible ninguna "forma de Moda" –llamémosle efecto– sin alguna –llamémosle causa– "forma de sociedad" que la produzca o la posibilite. El vestido, el traje, la ropa –aquí entendidos, sin que sirva de precedente, como sinonimos–, vendrían a ser la máscara, una especie de personalidad impuesta por la sociedad a sus actores para entrar en escena.

Generalización y exclusividad

La Moda es social porque el hombre se viste, y porque solo se viste el hombre. Porque todos los hombres se visten, y porque todos los hombres se han vestido. La Moda es social porque nos describe con una infinidad de detalles de altísimo valor social –detalles capaces de hacer las delicias del más deslumbrante psicoanálisis– los sexos, las desviaciones sexuales o parafilias, dicho aquí en términos estrictamente estadísticos[49] (no fisiológicos, etiológicos o patológicos utilizados, según

---

[49] Nos referimos estrictamente a la "desviación estándar" en Estadística, no al sinónimo de comportamiento sexual desviado, invertido, según la terminología homófoba utilizada popularmente en muchos idiomas durante los siglos XIX y XX, seguramente por influencia del concepto científico y su generalizada utilización en Patología sexual. En Estadística, la "desviación típica", también conocida como desviación estándar y representada de manera abreviada por la letra griega minúscula sigma σ o la letra latina s, así como por las siglas SD (*standard deviation*), es una medida que se utiliza para cuantificar la variación o la dispersión de un conjunto de datos numéricos.Una desviación estándar baja indica que la mayor parte de los datos de una muestra tienden a estar agrupados cerca de su media, también denominada "valor esperado", mientras que una desviación estándar alta indica que los datos se extienden sobre un rango de valores más amplio.

Según el DSM-IV *Diagnostic and Statistical Manual of Mental Disorder (Manual diagnóstico y estadístico de los trastornos mentales)*, editado por la American Psychiatric Association, que prefiere llamarlos "parafilias", se definirían así, en la práctica clínica, los comportamientos sexuales caracterizados por la excitación del sujeto ante objetos o situaciones que no forman parte de los patrones sexuales

el DSM-IV, en el diagnóstico clínico), la edad real, las apariencias engañosas de la edad, los países, las clases sociales, las profesiones, las aproximaciones del gusto, etc., etc. Leamos otra vez si creen que exageramos *La robe, essai psychanalytique sur le vêtement* de Eugénie Lemoine-Luccioni[50]. La Moda transpira sociedad, sociabilidad, por todos los poros. Lo que no es "manifiesto" es "latente" y lo que no es por "pertenencia" lo será por "adscripción". Pierre Bourdieu hace una envidiable aportación a nuestro tema en *La distinción. Criterio y bases sociales del gusto*[51] y, de una manera más elemental pero no menos interesante, también Marc Alain Descamp en su *Psicosociología de la Moda*[52]. Aún podríamos añadir los recientemente publicados *Sociología de las Tendencias* de Guillaume Erner[53], *50 respuestas de moda* de

---

normativos, con el objetivo de conseguir su satisfacción sexual plena. Matizando exquisitamente la enorme ambigüedad psicológica y legal de las diferentes parafilias –exhibicionismo, voyeurismo, *frotteurismo*, fetichismo y travestismo fetichista, paidofilia, pedofilia, sadismo masoquismo, zoofilia, coprofilia, necrofilia, etc.– cualquiera de sus supuestos niveles patológicos estarían siempre relacionados con la libre voluntad de los sujetos que las practican. Amparo Belloch, Bonifacio Sandín y Francisco Ramos: *Manual de Psicopatología*. McGraww-Hill. Madrid, 1999 y 2008.

[50] Eugènie Lemoine-Luccioni: *La robe. Essai psychanalytique sur le vêtement*. Éditions du Seuil. Paris, 1983. En la edición española: *El vestido, ensayo psicoanalítico del vestir*. IEMC. Valencia, 2003.

[51] Pierre Bourdieu: *La distinction. Critique sociale du jugement*. Les Èditions de Minuit. Paris, 1979. Edición española: *La distinción. Criterio y bases sociales del gusto*. Taurus Ed. Madrid, 1988.

[52] Marc Alain Descamp: *Psychosociologie de la mode*. PUF. Paris, 1979. Edición española: *Psicosociología de la Moda*. Fondo de Cultura Económica. México DF, 1986. *(Citado en la nota 221 del capítulo VIII: *La construcción de un punto de vista privilegiado*).

[53] Guillaume Erner: *Sociologie des tendances*. Presses Universitaires de France. Paris, 2008. En la edición española: *Sociología de las tendencias*. Editorial Gustavo Gili. Barcelona, 2010.

Frédérick Monneyron[54], *Kate Moss Machine* de Christian Salmon[55] y *Sociología de la moda* de Frédéric Godart[56].

La condición necesaria, el traje y la suficiente, la moda

Durante mucho tiempo apostamos por establecer un criterio que separase meridianamente la Moda y el Traje, porque creemos que, aunque estén reflexivamente relacionados, no son la misma cosa. El vestido es algo material, aquellas ropas con las que nos vestimos, y la moda es algo inmaterial, aquella información con la que sabemos de qué vamos vestidos. Creemos que siempre hubo vestidos y que siempre hubo modas, pero que la correlación entre uno y otro mundo no fue siempre la misma. En algún punto preciso del tiempo ocurrió algo que cambió para siempre nuestra percepción de la Moda, porque cambió definitivamente nuestra percepción del Traje. Ese momento preciso pudo ser la entrada, tras la Revolución Industrial, de la burguesía en el "negocio de la moda", ya que, al introducir de sus manos el "espíritu capitalista" en la mecánica gremial de la moda, dinamizó el ciclo por el que esta aparece y desaparece[57]. Si el capitalismo tiene una diferencia sustancial con la producción gremial esta es la de introducir la "serialización" (*sic*)[58]. Donde el mo-

---

[54] Frédérick Monneyron: *La mode et ses enjeux*. Klincksieck. Paris, 2005. En la edición española: 50 *Respuestas sobre la Moda*. Editorial Gustavo Gili. Barcelona, 2006.

[55] Christian Salmon: *Kate Moss Machine*. Éditions La Découverte. Paris, 2010. En la edición española: *Kate Moss Machine*. Ediciones Península. Barcelona, 2010.

[56] Frédéric Godart: *Sociologie de la mode*. Éditions Le Découverte. Paris, 2010. En la edición española: *Sociología de la moda*. Edhasa. Buenos Aires, 2012 [Edición muy difícil de encontrar].

[57] Stéphane Mallarmé: *Écrits sur l'art. L'objet et la dernière mode*. Éditions Flammarion. Paris, 1998. Jean-Pierre Lecercle. *Mallarmé et la Mode*. Librairie Séguier. Paris, 1989.

[58] Más allá de su sentido estricto en Ciencias de la Computación, utilizamos el neologismo "serialización" (*marshalling*), no está recogido en nuestro diccionario, como una expresión que nos remite a la Revolución Industrial. La construc-

delo gremial entregaba el "original" y se quedaba con la "memoria del ideal", el modelo industrial produce la "copia" y se queda con el "prototipo original". La producción misma de copias en serie perfecciona esa "serialización"[59].

Hasta esa fecha se podía admitir que la Moda aparecía y desaparecía por causas desconocidas, o incluso conocidas pero no controladas, como llega a sugerir Georg Simmel. La conquista militar de un pueblo, o ser conquistados por él, ponían en contacto dos formas de vestir que, por fuerza, se iban a mirar y, quizás, a admirar. El descubrimiento de un nuevo tejido, de un color o incluso de una civilización perdida, ejercía una fascinación arrolladora sobre lo ya conocido. Así pasó con el descubrimiento de América, las excavaciones de Pompeya o las conquistas napoleónicas de Egipto. Pero, hasta entonces, la Moda siempre nos vestía de una manera desinteresada, o incluso "deterministamente interesada", según las reglas básicas que obedecen inexorablemente todas las culturas situadas aún en la frontera de las economías de subsistencia o con poca acumulación de excedentes. A periodos de esplendor seguían modas que buscaban alambicadamente la novedad y, cuanto más se prolongaba la decadencia de esa sociedad, más se curvaban las curvas, y más raros se buscaban los colores, y más absurdas se volvían las conven-

---

ción en serie, gracias a la cadena de montaje de los productos industriales, rompe con el sentido de creación integral de los objetos que era propio en el procedimiento artesanal de los gremios. La máquina impone su ritmo al trabajador(a los diferentes trabajadores que participan en el ensamblaje de los productos), a diferencia del artesano imponiendo su ritmo a la herramienta.

[59] Insistimos en el neologismo "serialización" para definir la producción de objetos en serie, uno de los puntos culminantes del proceso de producción capitalista. Esa producción de objetos en serie permitió la velocidad de la producción de la copia, o reproducción de esta, su abaratamiento y la extensión progresiva de su demanda (Adam Smith), eliminando progresivamente el error, tanto humano como de la máquina del proceso. Cuando el sistema alcanzó la "perfección", los objetos que producía eran también "perfectos", porque esta finalidad de la oferta (regla básica de la Economía Política) había retroalimentado la perfección del proceso mismo. La máquina define (diseña) el objeto, pero el objeto define (diseña) así mismo a la máquina.

ciones[60]. Por el contrario, todos los estados de emergencia, de carencia, de peligro o de insuficiencia, se caracterizan por el empleo de ropas básicas, que volvían a buscar la máxima limpieza de las líneas, y la gama de color más primaria, siendo el más primario de todos los colores el negro, por su discreción y, por lo tanto, por su capacidad "milagrosa" para evitar tanto el desgaste físico como el cansancio psicológico[61]. Simmel es el primer sociólogo que nos lo advierte. (Suponemos su atenta lectura de Goethe)[62].

Solo la entrada en esta actividad "artesanal" del capitalismo, como hizo en tantos órdenes de la vida material, y también espiritual –recuérdense las reflexiones al respecto de Max Weber[63] en su obra, incansablemente citada desde su publicación en 1905, *La ética del*

[60] Georg Simmel: *Die Mode* (1905). *Philosophische Kultur*. Verlag Klaus Wagenbach. Berlin (West). Obra citada en otras ediciones (Notas 39 y 45*). En la edición española: "Filosofía de la Moda". Incluido en el libro: *Sobre la aventura. Ensayos filosóficos*. Epílogo de Jürgen Habermas. Colección *Homo Sociologicus*. Ediciones Península. Barcelona, 1988. *Sobre la aventura. Ensayos de Estética*. Epílogo de Jürgen Habermas. Ed. Península. Barcelona, 2002.

[61] Georg Simmel: "Die Mode" (1905). *Philosophische Kultur. Gesammelte Essais* (1911). Kröner. Leipzig, 1919. Obra citada (Notas 39, 45* y 60 en las diferentes ediciones).

[62] "Más populares que sus teorías fueron las consideraciones de Goethe sobre el "efecto sensible-moral" de los colores en la "Parte didáctica" de su *Teoría de los colores*. Por efecto sensible-moral entiende Goethe el efecto psicológico y simbólico de los colores y el simbolismo de los mismos socialmente establecido. [...] Goethe no parte de efectos cromáticos innatos. [...] Por eso establece reglas para la combinación de colores en la vestimenta. De hecho, la teoría de los colores tuvo su repercusión más duradera en la moda." Eva Heller: *Wie Farben auf Gefühl und Verstand wirken*. Droemer Verlag. Múnich, 2000. En la edición española: *Psicología del color. Como actúan los colores sobre los sentimientos y la razón*. Editorial Gustavo Gili. Barcelona, 2004.. La influencia de Goethe en el gusto alemán (Pág. 285). Johann Wolfgang von Goethe: *Zur Farbenlehre* (1810). En la edición española: *Teoría de los colores*. Edición del Colegio de Aparejadores y Arquitectos Técnicos de Murcia. 1992.

[63] Max Weber: *Die Protestantische Ethik und der Geist des Kapitalismus*. Obra citada (Nota 37).

protestantismo y el espíritu del capitalismo, seguidas por las de W. Sombart[64], Joseph Schumpeter[65] o Georg Simmel[66]–, estimuló una "racionalidad de medios y fines" que, en la Moda, permitió que la circulación de mercancías obedeciese a unas leyes "absolutamente predecibles", con las ventajas, no ya la de proponer nuevas mercancías de manera rápida, sencilla y barata, sino, sobre todo, de prever también la retirada de las mercancías usadas, aprovechando ciertas costumbres tomadas del calendario católico[67].

La racionalidad impone su modelo

La "obsolescencia programada", concepto ahora asociado a objetos altamente tecnológicos, después de haberlo estado durante décadas al automóvil o los electrodomésticos, apareció quizás por primera vez como una "característica" inherente a la producción y consumo de trajes. Una vez más, una racionalidad nueva aprovechó elementos

---

[64] Werner Sombart: *Luxus und Kapitalismus* (1912). *Studien zur Entwicklungsgeschichte des modernen Kapitalismus.* Duncker & Humblot. München und Leipzig, 1913. En las ediciones españolas: *Lujo y capitalismo.* Alianza Editorial. Madrid, 1979. Ediciones Sequitur. Madrid, 2009.

[65] Joseph Schumpeter: *Capitalism, Socialism and Democracy.* Harper & Brothers. New York, 1942.En la edición española: *Capitalismo, Socialismo y Democracia.* Ediciones Aguilar. Madrid, 1968.

[66] Georg Simmel: *Philosophie des Geldes.* Dunker & Humblot. Berlin, 1958. Ed. española: *Filosofía del dinero.* Instituto de Estudios Políticos. Madrid, 1977 (R. García Cotarelo).Editorial Comares. Granada, 2003. Capitán Swing Libros. Madrid, 2013. Editorial Paidós. Barcelona, 2016.

[67] El refranero español es testigo de la tradición, posiblemente medieval, de estrenar vestidos u otras prendas de vestir en determinados días del año, por tratarse de fechas señaladas en el santoral católico. "Domingo de Ramos, quien no estrena no tiene manos". José Calvo Tello: *Refranario.com: Diccionario de refranes.* Facultad de Filología. UNED. Madrid, 2013. María Josefa Canellada: *Refranero español. Refranes clasificación, significación y uso.* Editorial Castalia. Madrid, 2001. Delfín Carbonell Basset: *Diccionario panhispánico de refranes: de autoridades e ideológico, basado en principios que demuestran cuándo se ha utilizado un refrán, cómo se ha empleado.* Editorial Herder. Barcelona, 2002.

anteriores a su favor. De la misma manera que la Iglesia había convertido fiestas y calendarios paganos a su conveniencia, por no hablar de esos nombres o de esos rituales que nos recuerda la excelente novela de Thornton Wilder *Los idus de marzo*[68], ahora el capitalismo, como máquina pensante, como "sistema" al gusto de Hegel (la metáfora perfecta del Estado como encarnación de lo "absoluto"), o como "burocracia" al gusto de Franz Kafka, Robert Musil o Elias Canetti[69], se aprovechó de las fiestas religiosas, y de sus costumbres medievales, para decretar el principio y el fin de los ciclos en los que estaba vigente una moda. Había muerto la moda *a posteriori*, y su correspondiente ciencia, la Indumentaria, la Historia del Traje, así nos lo certificaban, y nacía la moda *a priori*, y su posible ciencia, la Sociología de la Moda[70]. El objeto de su reflexión era el mismo, cambiaba, necesariamente, el punto de vista sobre él.

Durante mucho tiempo nos vestimos siguiendo un meticuloso discurso social que proclamaba de qué teníamos que vestirnos en

---

[68] Thornton Wilder: *The Ides of March*. Harper & Row. New York, 1948. En la edición española: *Los idus de marzo*. Alianza Editorial. Madrid, 1974.

[69] El concepto atribuido generalmente a Max Weber puede ser definido como "una estructura organizativa con procesos y procedimientos explícitamente fijados y formalizados, con división clara de responsabilidades y una elevada especialización del trabajo". Aunque el concepto "burocracia" comenzó asociado a la organización ideal de la actividad social del hombre, pronto sus propias virtudes degeneraron en sus mayores defectos, hasta el punto de empañar su antiguo prestigio intelectual. La burocracia terminó siendo la metáfora del poder absurdo o del poder absoluto en nombre de la ley. Franz Kafka, Robert Musil o Elias Canetti realizaron prodigiosas caricaturas de su *modus operandi*.

José María González García: "Jaulas, máquinas y laberintos (Imágenes de la burocracia en Kafka, Musil y Weber)". REVISTA OBSERVACIONES FILOSÓFICAS. Franz Kafka: *En la colonia penitenciaria* (1914). Muy influido por el relato de Alfred Weber (hermano de Max Weber), *Der Beante* [El funcionario], publicado en 1910. Robert Musil: *Der Man ohne Eigenschaften*. Rowolht. Berlin, 1930 y 1943 (*Erstes Buch*). Edición española: *El hombre sin atributos*. Seix Barral. Barcelona, 1973, 1982, 1993. Elias Canetti: *Masse und Macht*. Claassen Verlag. Berlin, 1960. En la edición inglesa: *Crowds and Power*. The Viking Press. New York, 1962. Edición española: *Masa y poder*. Muchnik Editores. Barcelona, 1981. Alianza Ed. Madrid, 3013.

[70] Roland Barthes: *Système de la Mode*. Obra citada (Notas 13, 41 y 47).

40

¿Qué es la moda? Un ensayo desde la sociología |

cada ocasión. Fue la Edad de Oro de las "revistas ilustradas". En ellas, y con ellas, conseguimos que esos "sueños de elegancia" fuesen verdad, al menos en forma de ilusión, para mayorías cada vez más inmensas. Es evidente que, desde la Revolución Industrial, la maquinaria de desecho de Occidente no ha parado de producir "excrementos" lujosos, frívolos o superfluos, como le gustaría denominarlos a Jean Baudrillard[71]. No solo no ha parado de acelerar su ciclo de desgaste y reposición sino, sobre todo, su capacidad de convencernos de nuestro derecho "democrático" a vestir, primero a más personas –fase de acumulación del primer capitalismo–, y luego a vestir mejor –fórmula empleada por el capitalismo en su fase "consumista"–. Primero buscamos desesperadamente tener más tejidos, luego tener más trajes y ahora estamos en la fase de tener más información de moda. Como consecuencia de esos discursos de consumo y acumulación, primero nos sobraron tejidos, tantos que nos olvidamos de "saber coser" nuestros propios vestidos. Luego tuvimos vestidos hechos, tantos que ya no nos caben en nuestro armario. Ahora estamos en la conquista más "intangible" de la Moda, la fórmula más sofisticada de la Moda, y característica exclusiva de nuestro tiempo, la de cansarnos de la Moda sin necesidad siquiera de ponérnosla encima de nuestros cuerpos, víctimas quizás del exponencial exceso de información visual que recibimos gratuitamente sobre ella[72].

---

[71] Jean Baudrillard: *Pour une critique de l'économie politique du signe*. Éditions Gallimard. Paris 1972. Edición española: *Crítica de la economía política del signo*. Siglo XXI Editores. México DF, 1974. *Le système des objets*. Éditions Gallimard. Paris, 1968. En la edición española: *El sistema de los objetos*. Siglo XXI Editores. México, 1969. *L'échange symbolique et la mort*. Éditions Gallimard. Paris, 1976. En la edición española: *El intercambio simbólico y la muerte*. *La moda o la magia del c*ódigo. Monteávila Editores. Caracas y Barcelona, 1980.

[72] Como de una profecía autocumplida los dos consumos advertidos por Barthes han terminado produciéndose para la mayoría de nuestros *fashion victims*. Ha sido necesario que la información de moda fuese tan abundante que saturase nuestra capacidad de seguirla. Si se sobrepasa la oferta –consumo simbólico– la demanda –consumo real–. se estancará. Roland Barthes: *Système de la Mode*. Obra citada (Notas 13, 41, 47 y 70).

Zara, por poner un ejemplo, al proponer la "caída de los dioses", aquella inaccesibilidad de la Moda garantizada por el alto precio de las prendas exclusivas de las grandes marcas internacionales de moda, está, de paso, a punto de conseguir nuestro "agnosticismo" en cuestiones de Moda. Sin la poesía de lo inalcanzable, la abundancia de sus "sucedáneos" –empleada esta palabra sin ningún ánimo despectivo– llegará a saciar nuestros deseos, a saturar irreversiblemente nuestro apetito. Antes la moda era el plus que diferenciaba y distanciaba la ropa antigua de la nueva, ahora solo lo es, nos atreveríamos a sugerir, el prestigio de la marca, ya que la moda, antes al alcance solo de las élites, ahora parece estar al alcance de todo el mundo. Ahora solo la "marca" podría encargarse de "marcar", de manera políticamente correcta, las elitistas eternas diferencias[73].

---

[73] El vestido en sí, y especialmente la moda, como ritual que determina el vestido más adecuado para cada ocasión (puede influir incluso sobre el protocolo), tiene reconocida su capacidad para resaltar los atractivos sexuales de ambos sexos. Pero más allá de hacer bello a un sexo para el otro, o para el mismo, también puede "clasificar socialmente" ese sexo.

Esa sutil relación entre sexo y clase es delicadamente recogida por Stoetzel en unas interesantes consideraciones: "Spencer, en sus *Instituciones ceremoniales*, señala particularmente el conformismo que la moda comporta. Si bajo ciertas consideraciones aparece como un ritual, se distingue, profundamente, sin embargo, de los comportamientos ceremoniales –como, por ejemplo, los regalos y las visitas– que hacen resaltar desigualdades y diferencias. La moda, por el contrario, produce semejanzas con los superiores. Es una imitación, e incluso una imitación de rivalidad (por oposición a la imitación de admiración). Tiende a producir la igualdad. [...] Las investigaciones empíricas sobre las disposiciones individuales con respecto a la moda parecen confirmar efectivamente los análisis precedentes*. De una parte, la preocupación de conformismo es fundamental en la elección de vestidos: en la encuesta de Hurlock, las tres cuartas partes de mujeres interrogadas declaran que, siguiendo la moda, buscan sobre todo no llamar la atención. Por otra parte, la intención conformista se une a la intención de "distinguirse", generalmente traducida en términos de "expresión de sí mismo" (personalidad). La moda psicológicamente está, pues, asociada a un cierto exhibicionismo, a una necesidad de resaltar, lo cual se debe comprender, dice Flügel, en un contexto de competición sexual y social a la vez (Flügel, *ob. cit.*, p. 138)."

Lo intranscendente y lo transcendente:
tradición y complejidad

Igual que ante la insatisfacción que nos proporciona analizar una obra de arte solo con los instrumentos de la visión inmediata –esa elegante erudición liberal que nombra, relaciona y critica las formas, el color y la textura del cuadro– y, por lo tanto, la consecuente necesidad de recurrir a esas otras disciplinas que nos dejan ver lo no evidente –desde la Iconografía o la Iconología[74] a los rayos X, Ultravioleta o el Carbono-14, por no hablar de las fuentes documentales que muchas veces permiten leer en los libros cosas sobre el cuadro que de otra manera permanecerían para siempre en las sombras–[75], así nos pasa también con el vestido, que más allá de los comentarios más brillantes sobre lo evidente, requiere explicaciones lógicas para lo latente. Entre estas explicaciones lógicas para lo latente queremos subrayar las sociológicas, pero no solo como un instrumento de análisis *a posteriori*, es decir, como un instrumento que indaga en los significados mediados socialmente del vestido, como lo haría una Historia de las Mentalidades[76] o

---

[*] Cf. Elizabeth B. Hurlock: "Motivation in fashion", *Arch. Psychol.*, 1929, núm. III. 71 p.; Estelle de Young Barr: "A psychological analysis of fashion motivation", *Arch. Psychol.*, 1934, 26, núm. 171, 101 p.; J. C. Flügel: "On the mental attitude to present-day clothes, *Brit. J. Psychol.* Medical Section, 1929, 9, 97-149. Joan Stoetzel: *La Psychologie Sociale.* Éditions Flammarion. Paris, 1966. En la edición española: "*Psicología social*". Editorial Marfil. Alcoy, 1970 y 1982. Capítulo VII. Los fenómenos de masa. 2. *Los fenómenos colectivos de la moda.* (Págs. 239 y 240).

[74] Erwin Panofsky: *Meaning in the Visual Arts.* Obra citada (Nota 32).

[75] Manuela Mena: *El bufón Calabazillas. Velázquez* (Págs. 297 a 334). Fundación Amigos del Museo del Prado. Madrid, 1998. Galaxia Gutenberg. Barcelona, 1998.

[76] La Historia de las Mentalidades es una corriente historiográfica surgida a mitad del siglo XX en la escuela de los *Annales* francesa que proponía una historia social o cultural que enriqueciese el método histórico con metodologías multidisciplinares tomadas de la Filosofía, la Sociología, la Psicología o la Historia del Arte. A partir de Braudel (*El Mediterráneo y el mundo mediterráneo en la época de Felipe II*), fueron sumándose destacados pensadores como Lucien Febvre, Georges Duby o Marc Bloch, muy influido por *Les règles de la méthode sociologique*, obra de otro de los padres de la Sociología francesa.

una Psicología del Gusto[77] (o Sociología del Gusto), sino como un instrumento que genera, *a priori*, la Moda. No hablamos de un telescopio para ver más cerca lo lejano, o de un microscopio para ver más grande lo pequeño, hablamos de la Sociología como un "catalizador", como un "aminoácido", es decir, como una "condición necesaria" para que se dé la Moda, puesto que si no se da lo social, puede darse el Traje, pero nunca se dará la Moda. Si no conociéramos sociológicamente podríamos descubrir el "Traje", dicho, no en sus inmensas connotaciones culturales (especialidad de la Etnografía y la Etnología) sino en el mínimo sentido de la necesidad primaria de proteger, de "arropar" («cubrir o abrigar con ropa» según recoge el DRAE que se concentra en las dos funciones más "pobres" históricamente consideradas del término) nuestro cuerpo desnudo[78], pero no la "Moda", la Moda necesita una complicidad inmediata, un contagio, una emulación, una imitación, un pacto social para existir. La moda necesita, *sine qua non*, el "espejo social", para tomar cuerpo, para "verse", más allá, por supuesto, del espejo físico, el psicológico o el psicoanalítico[79].

---

[77] Hablamos de Psicología del Gusto, obviamente sin referirnos al sentido del gusto (en la línea de una "Fisiología del Gusto" de Brillat-Savarin), sino a una Psicología de las elecciones o preferencias estéticas. Lo hacemos sin olvidarnos de la referencia absoluta sobre la materia desde la Sociología, la muy importante *"La distinction"*, pero reconociendo sus frágiles fronteras. Pierre Bourdieu: *La distinction. Critique sociale du jugement.* Obra citada (Nota 51).

[78] Es curioso comprobar cómo en su primera acepción en el DRAE, el término arropar (tapar o abrigar a una persona con ropa, en especial con ropa de cama) se asocie con tener frío, es decir, con vencer las adversidades del clima, el primero de los motivos, generalmente aceptados por los especialistas, por los que el *Homo sapiens* cubrió su cuerpo. Aunque hoy las preferencias se decanten por el tercero, el adorno, no conviene olvidar la polaridad clasista de ambos motivos, tener frío es de pobres y embellecerse es de ricos, aunque los pobres también se embellezcan y los ricos también puedan sentir frío. "Ande yo caliente. Y ríase la gente", el antiguo refrán ennoblecido por Luis de Góngora en sus letrillas reflejaría una tradición popular que reduce la sabiduría a poco más de un endecasílabo.

[79] Umberto Eco establece en su pequeño ensayo *L'habito parla il monaco* la necesidad que el ser humano contemporáneo tiene de mirarse en el espejo inmediatamente antes de salir de su casa, de abandonar su privacidad y encontrarse con

Un hombre puede jugar solo a las cartas, conformándose con hacer solitarios, pero para jugar al *bridge*, aunque sea un juego de cartas, se necesitan cuatro personas. Al tenis lo hacen las pelotas, las raquetas, la red, el árbitro y el uniforme blanco (legendaria etiqueta Wimbledon), pero no puede existir sin jugadores. Los jugadores del ajedrez no solo juegan, respetando las reglas, partidas apasionantes; sino que son capaces de llevar las posibilidades de su juego hasta el límite y, ahí, en el terreno de lo complejo, de lo contradictorio, de lo genial, de lo elevado a jugada maestra, a "clásico" de la especialidad, es donde se entiende en todo su sentido la diferencia entre el mero artista que hace vestidos y el "genio" que hace "el retrato inconfundible de su época", al desencadenar una espiral que le sobrepasa, no solo estilísticamente, sino también vital e incluso históricamente. ¿Hace la minifalda la revolución sexual o es al contrario? Inicialmente la minifalda parecía el efecto –Londres o París en la década de los sesenta–para luego convertirse en la causa, porque la onda expansiva puede invertir los términos en el tiempo y en el espacio de esa ecuación. En el epicentro, las mujeres consiguen primero la libertad de sus cuerpos, pura emancipación femenina, y por eso pueden desafiar el buen gusto dominante poniéndose la mini-

---

los otros, con lo que podríamos denominar su "publicidad", su público. Ese gesto inconsciente parece la antesala de otros muchos conscientes que se sucederán a continuación. Nos vemos en un espejo físico que requiere nuestra aprobación antes de enfrentarnos a un espejo social que igualmente se siente con el derecho de juzgarnos. Cuando el hombre moderno hace esa elección consciente o inconscientemente piensa en "su" espejo social favorito, es decir, en esa persona para la que nos vestimos, esa persona de la que esperamos especialmente su aprobación. Suponemos a partir de aquí que es innecesaria ninguna otra referencia a lo importante que el espejo es para la Psicología o el Psicoanálisis. Umberto Eco: *L'habito parla il monaco. Psicologia del vestire.* Casa editrice Valentino Bompiani & C. S. p. A. Milano, 1972. En la edición española: *Psicología del vestir.* Editorial Lumen. Barcelona, 1976. Jacques Lacan: "Le estade du miroir comme formateur de la fonction du Je". REVUE FRANÇAISE DE SYCHANALYSE, N° 4. Octobre-decembre, 1949 (Págs. 449 a 455). Presses Universitaires de France. Paris, 1949. En la edición española: "El estadio del espejo como formador de la función del yo". *Escritos 1.* Siglo XXI de Editores. México, 2009. (Págs. 99 a 105).

falda contra él. En la periferia, se imita primero el fenómeno y, como consecuencia, se produce la causa después. Las mujeres de los países del primer mundo se ponen la minifalda como consecuencia última de su "conciencia" de ser sujetos libres, las mujeres del tercer mundo se ponen la minifalda por puro fenómeno de moda, aunque esa "inocente" rebeldía estilística, banal si se quiere considerar así, les hace "tomar conciencia" de las posibles consecuencias de su gesto. La causa de la primera vez es ahora el efecto, y viceversa. Esa doble relación se da claramente con el paso del tiempo, pero también puede encontrarse casi simultáneamente en lugares diferentes.

Las causas sociales de una formalidad social

Si el hombre viviese solo, podría encontrarse fácilmente la razón a las "primeras causas" del vestido consagradas por Flügel en su imprescindible *Psicología del Vestido*[80], como vestirse, por ejemplo, para adecuar nuestro cuerpo a las inclemencias del tiempo, o para intentar esconder, por un efecto de pudor, especialmente en los rituales del amor, la mirada de los otros sobre nuestro cuerpo. Pero, ¿cómo explicar los otros fundamentos, como el de la sublimación de los órganos sexuales en el vestido para llamar la atención de los otros, la representación del status –el nacimiento del vestido como causa de diferenciación social, de distinción[81]– o, incluso la última de las causas fundamentales de la Moda, la de vestirnos de nuestra actividad profesional? ¿Qué sentido tendría vestirnos de militares, o de sacerdotes, o de médicos, o de figuras del espectáculo, si no viviése-

---

[80] John Carl Flügel: *The Psychology of Clothes*. Obra citada (Nota 1).

[81] Usamos la palabra "distinción" precisamente porque esa palabra es la que Pierre Bourdieu utiliza como título de su obra más influyente, sin duda ninguna seducido como toda su generación –lo sugiere Luis Enrique Alonso en la excelente Introducción de su traducción al español– por el descubrimiento de Edmond Gobolt, ya que *distinción* era una palabra clave en la nomenclatura de la burguesía francesa del siglo XIX.

mos en una sociedad, es decir, si no viviésemos rodeados de seres similares a nosotros que reciben una información privilegiada sobre nosotros –sobre quiénes somos– en la medida en la que saben leer en nuestro traje cosas concretas y darles la correcta explicación? Umberto Eco, Yvonne Deslandres, Margarita Rivière y Nicola Squicciarino *dixerunt*[82]. ¿Quién sería un general sin ejército, un sacerdote sin fieles, un conferenciante sin público? Tres "locos de remate", en la terminología popular –tres trastornos de personalidad en la terminología clínica–, disfrazados de lo que no son. Para los juegos, lo inevitable, resultará ser siempre la participación de los actores. Sin actores no hay juego[83].

Shakespeare quizás empieza haciendo solo teatro, y lo hace, pero, además, termina cambiando para siempre lo que todo el mundo entiende por teatro. Cervantes empieza escribiendo una novela más de caballería, y termina escribiendo eso, una excelente "novela de caballería", pero cambia, de paso, para siempre, lo que todo el mundo entiende por "novela de caballería"; por no decir que cambia para siempre lo que todo el mundo entiende por la "novela" misma[84]. Ri-

---

[82] Umberto Eco: *L'habito parla il monaco. Psicologia del vestire*. Obra citada (Nota 79).Capítulo primero. "El hábito hace al monje" (Págs. 7 a 23). (Citado en la nota 97 del capítulo VIII: *Sociología de la Moda. La construcción de un punto de vista privilegiado*). Yvonne Deslandres: *Le costume, image de l'homme*. Editions Albin Michel. 1976. En la edición española: *El traje imagen del hombre*. Tusquets Editores SA. Barcelona, 1985. Margarita Rivière: *"Moda. ¿Comunicación o incomunicación?*. Ed. Gustavo Gili. BCN, 1977. Nicola Squicciarino: *Il vestito parla*: *considerazioni psicosociologiche sulla indumentaria*. Armando Armando Srl. Roma, 1986. En la edición española: *El vestido habla. Consideraciones psico-sociológicas sobre la indumentaria*. Ediciones Cátedra. Madrid, 1990.

[83] Sin actores no hay juego", obviedad de la Lógica (desarrollada exhaustivamente por la "Teoría de los Juegos" que nos invita a considerar la reflexión de Lacan sobre la condición de "juego" de la sociedad misma en su conjunto. Si la sociedad es un juego, difícil resulta rebatir el silogismo: La moda es un juego social. Se trata de descender de lo general a lo particular. Oskar Morgenstern y John von Neumann: *Theory of Games and Economic Behavior*. Princeton Univerity Press. N J, 1947.

[84] Miguel García Posada añadiría gustosamente a Proust (como a Joyce) a la relación de escritores con esa capacidad. *"Una nueva y definitiva biografía de Mar-*

chard Wagner solo pretende escribir unas óperas diferentes, las suyas, y eso hace, pero, además, impone para siempre otra manera de entender la música en la ópera[85]. *Mutatis mutandis*, se podría decir que hay más de mil nombres en la Moda del siglo XX[86], pero los "años diez", de ese siglo proverbial para la Moda, quizás pertenecen a Paul Poiret, los "veinte" a Jean Patou, los "treinta" a Gabrielle Chanel, los "cuarenta" a Cristóbal Balenciaga, los "cincuenta" a Christian Dior, los "sesenta" a André Courrèges, los "setenta" a Yves Saint Laurent, los "ochenta" a Giorgio Armani, los "noventa" a Calvin Klein, los "dos mil" a Miuccia Prada[87]. Los otros novecientos noventa diseñadores eran artistas, pintores, figurinistas, escaparatistas o estilistas. Estos diez reseñados fueron además "sociólogos", porque supieron adivinar lo

---

cel Proust". (Biografía de Jean-Yves Tadié, editor de la *Recherche* en *La Pléiade*). EL PAÍS. Madrid, jueves 17 de octubre de 1996. [En Referencias Bibliográficas]. Lucien Goldmann: *Introduction aux problèmes d'une sociologie du roman*. REVUE DE L'INSTITUT DE SOCIOLOGIE. Universidad de Bruxelles. 1963. En la edición española: *Para una sociología de la novela*. Editorial Ayuso. Madrid, 1975. Roger Caillois: *Puissances du roman* [Poderes de la novela]. Éditions Sagittaire. Marselle, 1942. En la edición española: *Sociología de la novela*. Editorial Sur. Buenos Aires, 1942. *Œuvres*. Éditions Gallimard. Paris, 2008.

[85] La extraordinaria importancia de Richard Wagner en la Música, especialmente en la Ópera, ha sido objeto de innumerables ensayos, entre ellos nos parece imprescindible destacar el alegato en su contra, tras años de probada admiración, de Nietzsche. El filósofo, intérprete de piano y compositor de media docena de obras, sentía una profunda admiración por la música, que reflejó en varios ensayos, empezando por un fragmento inédito de 1871, que había titulado: "Sobre la Música y la Palabra". Friedrich Wilhelm Nietzsche: *Der fall Wagner*. Adelphi Edizioni, S. p. A., Milano, 1970 (Edición de Giorgio Colli y Mazzino Montanari). En la edición española: *El caso Wagner y Nietzsche contra Wagner*. Ediciones Siruela. Madrid, 2002. Eduardo Pérez Maseda: *El Wagner de las ideologías. Nietzsche-Wagner*. Ministerio de Cultura. Musicalia. Madrid, 1983.

[86] Charlotte Seeling: *Mode: Das Jahrhundert der Designer 1900-1999*. Könemann Verlagsgesellschaft mbH. Köln, 1999. En la edición española: *Moda, el siglo de los diseñadores 1900-1999*. Könemann. Madrid, 2000.

[87] En la nota 107 del capítulo séptimo de nuestra tesis ampliamos y precisamos la relación de esos nombres indiscutibles de la moda del siglo XX a los que hemos designado como "sociólogos" por su capacidad para captar la moda de su época.

que su tiempo les exigía, supieron leer claramente lo "importante" entre el atronador ruido de las cosas interesantes pero "intrascendentes" de su tiempo. Por eso, sin negar su apreciadísima condición de artistas, estos diez elegidos son además nuestros "diseñadores favoritos", nuestros ejemplos favoritos, "paradigmáticos" nos gustaría recalcar, de auténticos sociólogos de la Moda. Hicieron Sociología de la Moda porque hicieron moda *a priori*. Propusieron como moda lo que su sociedad requería. Nos gustaría sugerir, como el mago que saca un conejo de la chistera, que esa intuición es profundamente sociológica[88]. Adivinar en el "inconsciente colectivo", como antes lo hacía la Filosofía Moral[89], el futuro inmediato de su sociedad debiera ser nues-

---

[88] Carl Gustav Jung en su libro *Tipos psicológicos*, propuso la existencia de cuatro funciones principales en la conciencia: la función intuición, la sensación, el pensamiento y el sentimiento. Estas cuatro funciones son modificadas por dos actitudes principales: introversión y extraversión, dando lugar así a las ocho tipologías jungianas clásicas, ampliadas posteriormente por el indicador Myers-Briggs. Según Jung, la intuición es una función psicológica que transmite percepciones por vía inconsciente. Todo puede ser objeto de esa forma de percepción, tanto objetos externos como internos. En la intuición, un contenido cualquiera se presenta como un todo acabado, sin que al comienzo seamos capaces de indicar cómo ha llegado a constituirse. Sus contenidos tienen, como los de la sensación, el carácter de lo dado, al contrario de los contenidos del sentimiento y el pensamiento que tienen el carácter de algo "derivado" o "producido". Según Jean Piaget, sería ese conocimiento inmediato que nos permite nuestra memoria simbólica. Aplicado a la Sociología, vendría a ser la capacidad que la conciencia tiene de saber algo, sin saberlo conscientemente, de aquellos fenómenos que estudia específicamente. La intuición nos lleva al conocimiento científico planteando ideas susceptibles de ser verificadas empíricamente. Sin saber cómo sabemos por nuestro subconsciente. Carl Gustav Jung: *Psychologische Typen*. Rascher Verlag & Cie. Zürich, 1921. En la edición española: *Tipos psicológicos*. Editorial Sudamericana. Buenos Aires, 1945. Tomo 2. Capítulo X. "Descripción general de los tipos" (pp. 85-141). Fragmento 8. "La intuición" (pp. 178). *Obras completas*. Volumen 6. Editorial Trotta. Madrid, 2013.

[89] Aristóteles, Nicolás Maquiavelo, Thomas Hobbes, David Hume, John Locke, Immanuel Kant, Jean-Jacques Rousseau o Adam Smith podrían considerarse los ejemplos perfectos de esos filósofos morales que, más allá de su acepción estricta de éticos, practicaron *avant la lettre* la intuición sociológica en la medida que intentaron comprender como actúan los hombres. Max Scheler: *Vom Wesen der Philosophie. Der philosophische Aufschwung und die moralischen Vorbedingungen*. In

tro único propósito como científicos. Es famosa la disculpa que los economistas ponen para soslayar su capacidad de predicción excepto hacia atrás. Los sociólogos no quisiéramos ser menos ambiciosos.

Ya advierte Flügel que una cosa es que un diseñador pueda crear un vestido bello, nuevo, moderno o necesario, y otra muy distinta es que este sea una moda. Para aquello primero, solo se necesita su talento; para esto segundo necesita el *placet* de su sociedad. La intuición que hace posible ese acierto, ese encuentro entre el gurú y la tribu, es pura Sociología; pues, en el fondo, se trata de una anticipación, de captar lo que será el "aire de ese tiempo", de ver antes que nadie el vestido de una época, la "moda" de un *Zeitgeist*[90] concreto. Solo si intuimos, si nos anticipamos, si acertamos antes que nadie –como demuestra la rivalidad de André Courrèges y Mary Quant por la autoría de la minifalda– conseguiremos ser respetados, reconocidos como el diseñador más importante, que más importa –en genial aclaración, no recordamos ahora si de Dámaso Alonso, Lázaro Carreter o Julián Marías– de su década, de su generación, de su tiempo. Los tres intelectuales españoles, además del magisterio de sus obras o sus cátedras, eran colaboradores habituales en los periódicos, las revistas académicas, los semanarios y las revistas ilustradas de los años sesenta y setenta: *Sábado Gráfico*, *Gaceta Ilustrada*, *Cuadernos para el dialogo*, *Triunfo*, *Cambio* 16 o *Interviú*.[91]

Vom Ewigen im Menschen. 5 Aufl. Bern und München Francke Verlag 1968. Edición española: *La esencia de la filosofía y la condición moral de conocer filosófico*. Ed. Nova. Buenos Aires, 1962.

[90] *Zeitgeist* [Saitgaist] es una expresión de origen alemán formada por *Geist*, el espíritu, y *Zeit*, del tiempo, que es traducida generalmente como "el espíritu del tiempo". Se refiere al clima intelectual y cultural de una época. El término debe su autoría a ese "espíritu de los tiempos" que, según G. W. Hegel, vendría definido por las grandes corrientes que conforman cada época. Johann G. Herder en su *Crítica del Genius Seculi* de Christian Adolph Klotz introduce el concepto de *Zeitgeist*.

[91] En España como en el resto del mundo civilizado, Inglaterra, Francia, Italia, Alemania, USA, el fenómeno de los semanarios tuvo una inmensa influencia en la vida política y cultural de sus respectivos países antes y después de la Segunda Guerra Mundial. Hoy la influencia de *Newsweek*, una leyenda del género, puede

50

¿Qué es la moda? Un ensayo desde la sociología |

Si utilizamos cualquier Historia del Traje, la de James Laver[92], la de Ludmila Kybalová, la de Carl Kohler, la de François Boucher o incluso la de Max von Boehn, por ejemplo, descubriremos que la manera de vestirse de cada época, de cada siglo, de cada generación, obedecía, no al capricho arbitrario de una persona o de un grupo elegido, por importantes que estos fuesen, sino a una sutil relación entre la "forma" y el "fondo", entre la apariencia y la esencia de toda una sociedad, una especie de "tablas de la ley" o de carta de valores de esa sociedad. Si una sociedad era joven o vieja, "masculina" o "femenina", rica o pobre, culta o inculta (dicho esto último en el sentido coloquial del término no en el antropológico estricto), por utilizar referencias muy primarias en la tipología social: edad, sexo, nivel económico, rol social (las categorías son relacionables, obviamente, como los elementos de dos conjuntos con la propiedad "producto cartesiano" en la Teoría de Conjuntos). Cada "bien moral"

---

seguir intacta en el área anglosajona, pero en España la influencia de estas publicaciones cayó en picado con la llegada de la democracia. En aquellas revistas independientes o políticamente comprometidas con posiciones políticas de izquierdas y derechas solían escribir los intelectuales más prestigiosos del país. Hoy esa influencia se ha trasladado a los periódicos, la radio y, en menor medida, a la televisión. Las únicas revistas semanales o mensuales que han sobrevivido en nuestro país a la eterna "crisis de la prensa" son las revistas de moda, las femeninas o las llamadas "prensa del corazón". A la cabeza de ellas *Hola,* máxima difusión, el único producto sociológicamente franquista que, paradójicamente, ha sobrevivido a su tiempo.

[92] James Laver: *Costume and fashion. A concise history.* Thames and Hudson Ltd. London, 1969 and 1982. Edición española: *Breve historia del traje y la moda.* Ediciones Cátedra. Ensayos Arte. Madrid, 1988. Reedición Cátedra. Grandes Temas. Madrid, 2017. Ludmila Kybalová, Olga Herbenová y Milena Lamarová: *Encyclopédie Illustrée du Costume et de la Mode.* Gründ. Paris, 1970. Carl Köhler: *A History of Costume.* George G. Harrap and Company, Limited. London, 1928. Dover Publications Inc. New York, 1968. François Boucher: *Histoire du costume en Occident. Des origines à nos jours.* Éditions Flammarion. Paris, 2008. En la edición española: *Historia del traje en Occidente desde los orígenes hasta la actualidad.* Editorial Gustavo Gili. Barcelona, 2009. Max von Boehn: *Die Mode. Menschen und Moden im Mittelalter.* F. Bruchmann Verlag. München, 1925. En la edición española: *La Moda. Historia del Traje en Europa.* Salvat Editores. Barcelona 1928.

inscrito en esas tablas de la ley, en ese contrato social, se correspondía a una representación estética, cada personaje se expresaba en su máscara. Su personaje, su personalidad, era su "imagen inmutable"[93]. Todas las sociedades se visten. Escasas las que no lo hacen, pues incluso en los climas benignos el traje aparece en su variante de adorno, como llegaron a reconocer, impresionados por Sigmund Freud, John Carl Flügel y Gregorio Marañón en sus ensayos sobre el vestido y la sexualidad[94], y todas se visten intentando pactar un modelo, sea este libre o impuesto. El vestido reproduce la geografía

---

[93] Maguelonne Toussaint-Samat: *Histoire technique et morale du vêtement*. Bordas. Paris, 1990. En la edición española: *Historia técnica y moral del vestido*. Alianza Editorial. Madrid, 1994.

[94] "Y aquí es pertinente observar como desde la aurora de la vida social el instinto del sexo asoma como una de las causas, quizá la más profunda e inmodificable de la desigualdad humana. El hombre podrá llegar, un día lejano, a partir su pan y su techo con el hermano desvalido; pero cuando pase entre los dos la mujer, y el instinto le llame a ambos con el mismo rotundo aldabonazo, cada hermano querrá ser más fuerte que el otro, por encima de todas las predicaciones de los sociólogos; y el menos vigoroso físicamente intentará superar a su rival con su riqueza o con su jerarquía. Cuando contemplamos esas pinturas prehistóricas, que constituyen una de las más ricas fuentes de sugestiones que se han abierto a nuestro pensamiento en estos últimos años, nos sorprende –ya lo hacía notar hace poco Ortega y Gasset*– que antes que el vestido como necesidad aparece el adorno, esto es, el lujo. Pues bien; lujo, que equivale a decir desigualdad y casta, significa, en sus orígenes, ansia de agradar y, por tanto, sexo, nada más que sexo. Y como la dinámica del sexo jamás podrá modificarla nadie, mientras haya hombres y mujeres existirá el ansia de lujo, y, por tanto, la desigualdad existirá. Y existirá, por esta razón, más fuerte que todos los motivos estrictamente económicos. Sexo, trabajo, lujo, desigualdad: estas palabras forman una cárcel, de la que la humanidad no saldrá nunca; y es inútil buscar su sentido en las teorías económicas y sociales, porque se trata pura y simplemente de un problema de biología de los instintos." Gregorio Marañón: *Ensayos sobre la vida sexual*. Editorial Espasa-Calpe. Madrid, 1969. *Sexo, lujo y desigualdad social* (Págs. 43 y 44). Gregorio Marañón: *Psychologie du geste, du vêtement et de la parure*. Pensée Universelle. Paris, 1971. En la edición española: *"Tres ensayos sobre la vida sexual"*. Biblioteca Nueva. Madrid, 1927.

* Ortega y Gasset: *Marta y María*. Conferencia en la Residencia de Estudiantes. Madrid, 1924.

de la lengua. Cada civilización habla de una manera, come de una manera, viste de una manera. Esas "maneras" son obligatorias, y esa obligatoriedad comprime de alguna manera nuestra libertad. Tal vez "el hábito no hace al monje", como sugiere el refrán popular, pero, bien mirado, sí que lo hace –tesis suscrita incluso por Jacques Lacan[95]– porque le ayuda a "hacerse" y, de paso, denunciar inmediatamente si en esa relación entre continente y contenido algo va mal (una especie de transparencia del cuerpo –no de una transpiración[96]– que el vestido grabaría en su superficie como si se tratase de una radiografía). Nada como los trajes –observará la psicoterapeuta británica Susie Orbach[97]– para reflejar la desviación de conducta más

---

[95] "Jacques Lacan se permitió decir que "el hábito hace al monje". Este ensayo gravita sobre la idea de que el hábito hace el ánimo. O sea, que lo fascinante de esa "nada" que es el traje, es su carácter orgánico y su poder de símbolo, en el que, como en todos los símbolos, hay ocultamiento, pero también revelación. La moda sería la posibilidad de introducir el teatro y el arte en la vida cotidiana del mundo de hoy. La paz que proporciona la sensación de ir bien vestido es una paz total y absoluta y, además, es una paz que da fuerza y aplomo en la vida social. Es un auténtico confort espiritual. El traje se convierte en el gran "modelador" del cuerpo humano y la grandeza, precisamente, de un buen diseñador es conseguir que un cuerpo generalmente mal hecho y sin armonía como el humano llegue a ser un edificio armónico. El patrón es el que manda. El prodigio de un buen patrón es precisamente eso, dominar el cuerpo. Darle una forma armónica. Gracias a ese patrón, la persona consigue dirigir la mirada hacia la parte de su cuerpo que le interesa resaltar. O sea, dominar su escenario social. Al final, se piensa como se viste, se es como se viste y las leyendas acaban por ser "esas leyendas" gracias al ropaje con que las visten." Álvaro Acero Rico: "Hacia una antropología de la moda" (Pág. 26). Revista A DISTANCIA. Volumen 21. Nº 2. UNED. Madrid, junio 2003.

[96] La frase atribuida a Liz Taylor: "El mejor desodorante es el éxito" reforzaría nuestra idea de que más allá de cualquier transparencia, la transpiración sería otro signo –estigmático diría Erving Goffman– de uno interior que se desea ocultar inútilmente. Si algo rompe la "magia" de la ropa que envuelve el cuerpo eso es una mancha, una arruga, un descosido, una señal de sudor. Reacción exotérmica de nuestro metabolismo conectada con el pudor y, en consecuencia, con la moda.

[97] "La industria de la belleza no es el único actor en la guerra que se libra contra los cuerpos de mujeres y niñas. Forma parte de las industrias del estilo en su totalidad, cuyo *sine qua non* es un cambio cada vez más rápido en lo estético. Las modas,

mínima debida a cualquier psicosis, neurosis –tanto de trastorno de personalidad como de trastorno de conducta–, depresión e incluso

para ser modas, deben cambiar. La tipografía, los muebles, la iluminación, la ropa, los peinados, las frases que utilizamos e incluso los platos de los que antaño disfrutamos nos parecen ahora pintorescos, ridículos y pasados de moda. Lo mismo ocurre con los cuerpos. Nos actualizamos de forma continua para formar parte de lo «fresco» y lo contemporáneo. Inicialmente, puede que las nuevas modas nos resulten poco favorecedoras (rayas con flores, pantalones anchos) e incluso es posible que sintamos cierta consternación y hasta cierta repugnancia por el nuevo *look* que se fomenta, como les ocurrió a muchos durante la etapa del *heroin chic* de la década de 1990. Pero, a medida que las imágenes de este estilo van publicándose a borbotones, van llenando nuestro campo visual. Los pantalones estrechos, que antaño habían sido una parte tan importante de quienes somos, comienzan a parecernos desarrapados, o nos parece que no expresan cómo creemos que somos o cómo queremos vestir. Y en lugar de pensar que lo que resulta poco grato son los pantalones anchos o las rayas con flores o la delgadísima modelo con aspecto de heroinómana, empezamos a sentir que somos nosotros, con nuestros cuerpos, nuestra ropa y nuestras actitudes los que estamos pasados de moda. Se nos motiva a arreglar algo para que podamos sentirnos en sintonía con todo lo demás. [...] No pretendo retratar a las industrias del mundo de la moda como los malos de la película. Sus energías comerciales juegan con nuestras propias inseguridades. Es indudable que las modas expresan algo sobre la época en la que vivimos. La importancia que concedemos a la delgadez es tanto resultado de la riqueza de la que occidente se ha apropiado como de cierta necesidad de exhibir, entre toda esta abundancia, lo contrario: el hecho de estar libre de necesidades, de ser altamente selectivo, de ser capaz de controlar la comida que necesitamos, de prescindir de la materialidad del cuerpo. La velocidad a la que la moda cambia nos dice, sin embargo, que este ritmo se ve, en gran medida, impulsado por motivos comerciales. No resulta difícil verlo como algo compulsivo en lugar de como algo culturalmente orgánico. [...] La designación de la gordura como una realidad merecedora del escarnio y la repugnancia de los gordos como intrusos, que no sólo deberían repugnarse a sí mismos, sino a los que, además, se debería discriminar, va en aumento. No se trata de un fenómeno nuevo (de ahí las organizaciones que existen para defender los derechos de las personas gordas), pero la falta de respeto se ha intensificado.* En la actualidad se estigmatizan la grasa y la gordura, que son vistas como identificadores de clase. Es cierto que existen problemas de clase relacionados con la distribución de los alimentos, su coste y la educación nutricional, pero el desprecio con el que la gente habla hoy en día sobre la grasa y las personas gordas es indicativo de algo más. La gordura se ve, en la actualidad, como algo que debe evitarse, puesto que implica tanto una pérdida del control psicológico como la per-

crisis de confianza en uno mismo. Arriegándonos a una vuelta de tuerca más: vestimos nuestras patologías[98].

Bosquejo de sus leyes generales

Si solo hubiese una "ley general" que rigiese el traje, nuestra relación con el traje, esta sería la que resultase de una tensión constante entre la tendencia a la "funcionalidad", al uniforme, al estereotipo y la tendencia a la "creatividad", al adorno, al disfraz. El uniforme respeta la forma, el disfraz puede llegar a distorsionarla absurdamente. El uniforme ha de pulir necesariamente la forma. Al evitar el rozamiento, el desgaste de energía, el exceso innecesario, termina diseñando el traje como si este fuese un guante, un guante que se pega como una segunda piel a nuestro cuerpo. El disfraz, al fomentar la diferencia externa, la originalidad, puede separarse libremente del

---

tenencia a la clase indeseada, con todo el conjunto de falsas aspiraciones que ello implica." Susie Orbach: *Bodies*. Profile Books. London, 2009. En la edición española: *La tiranía del culto al cuerpo*. Ediciones Paidós Ibérica. Barcelona, 2010.Capítulo 4. "Cuerpos reales… y no tan reales" (Págs. 13 a 138 y 150).

* Baker-Pitts (2008) sostiene que la industria de la cirugía cosmética refuerza, además, la moralidad subyacente en la noción del cuerpo como una obra en construcción.

[98] El vestido tiene tal capacidad para traducir nuestra personalidad, nuestro estado de ánimo, nuestras psicopatologías cotidianas, que bien podemos suponer que cualquier neurosis o psicosis terminarán identificándonos inconscientemente con una manera de vestir determinada. Aunque nos sintamos originales en nuestra libertad, terminamos pareciéndonos demasiado a los que "son" como nosotros o "están" como nosotros, de sanos o de enfermos. A los "tipos psicológicos" de Carl Gustav Jung cabría identificarlos con un "estilo", cada tipo tendría su estilo, tiene su estilo, de modo que podríamos concluir que "vestimos nuestra patología". Todo el mundo aprecia su traje, solo los "locos" y los mendigos se olvidan de él, de su importancia, desde luego porque deja de importarles lo que opinan los demás de ellos, pero quizás porque ellos mismos no se importan ya a sí mismos. El desnudo al que tienden compulsivamente unos y la suciedad con la que se conforman los otros representan el desprecio absoluto de "aquello" que nos viste, porque insiste en el desprecio absoluto de ellos mismos.

cuerpo, absurdamente del cuerpo, incluso ridículamente del cuerpo. Pero hasta en estos casos extremos, el uniforme puede contener algunas dosis de adorno y el disfraz contener algunas de funcionalidad. Es muy difícil ver, en cualquier época donde miremos, un prototipo de traje funcional que no contenga alguna dosis de adorno y también imposible ver un prototipo del adorno que no contenga alguna dosis de funcionalidad. La guerra y el deporte serían vectores que orientan nuestro vestido hacia la funcionalidad, pero ninguno de esos ámbitos excluye algún guiño al adorno[99]. La fiesta, el teatro, la ópera, serían vectores que orientan nuestro vestido hacia el adorno, aunque tampoco ninguno de esos disfraces vulnera absolutamente la ley de la funcionalidad. Excepto en los Carnavales de Tenerife –quizás la única excepción que confirma la regla– nadie carga con más peso del que puede sobre sus hombros. La tentación al adorno, de Río de Janeiro a Venecia y de Cádiz a Xinzo de Limia se enfrenta con la resistencia indoblegable de la ley de gravedad.

El traje de luces (extrañamente llamado también vestido de torear, acaso para compensar ese indiscutible vestido llamado "traje de noche")[100] es un ejemplo perfecto de esa tensión entre función y adorno que llega hasta rozar la perfección. Por un lado ha de ser funcional, le va en ello la vida al torero, y por otro lado ha de ser ceremonial, bello, significante, representativo. La seda se ciñe al cuerpo como un guante para evitar que la rozadura produzca el enganche, pero tam-

---

[99] Yvonne Deslandres: *Le costume, image de l'homme.* Obra citada (Nota 82).

[100] El "vestido de torear", compuesto de un traje con pantalón corto y chaquetilla o chaqueta bolero (conjunto fijado en el siglo XVIII por Joaquín Rodríguez "Costillares" a partir de un traje de los "manolos" y en el siglo XIX por Pedro Romero y Francisco Montes "Paquiro"), es una paradoja semántica similar a la de denominar al vestido femenino para las cenas de gala, "traje de noche". El traje es una prenda que incluye mangas, fuertemente inspirado en la moda femenina por la sastrería masculina, en tanto que el vestido pertenecería a la especialidad conocida en *Haute Couture* como "fantasía". Llamar traje a un vestido que no tiene mangas es como llamar vestido a un traje que sí las tiene. José Delgado "Pepe Hillo": *Tauromaquia Ó Arte de Torear.* Ediciones Turner. Madrid, 1994. Francisco Montes "Paquiro": *Tauromaquia completa.* Turner. Madrid, 1994.

bién se borda sobre la seda para reflejar los rayos del sol en los hilos de oro. ¿En qué quedamos entonces? Las dos respuestas son correctas. Es un traje que satisface plenamente la funcionalidad de un ritual que juega con la muerte y el adorno que viste a un macho alfa, pavoneándose de su valor en mitad de la plaza. Suponemos que las camisas de los jockeys, e incluso la ropa de los astronautas, podrían también hacer las delicias de esos sociólogos a los que nos fascina la moda, ya saben "aquello que nos gusta sin saber del todo por qué". Otra vez, el brillante intelectual total, el exquisito escritor, el sociólogo, el semiólogo, Roland Barthes *dixit*[101].

La otra gran "ley general" podría ser la que tiende a la libertad, a la máxima libertad al vestir, lo que implica también que cada vez vistamos más desnudos (*sic*). Utilizamos menos ropa y esta es cada vez más y más ligera. Flügel ya anotaba esta tendencia en su *Psicología del vestido*, llegando a aportar la anécdota de la disminución real del peso físico de la ropa en los años treinta. Odiamos lo "pesado" y la tecnología hace posible hoy lo que nosotros previamente habíamos deseado. Quizás la velocidad de nuestras vidas y la "felicidad" –o la facilidad y confortabilidad que vienen a sustituirla vicarialmente hoy en nuestras sociedades– y, otra vez, la tecnología que lo hace posible, ya que sin sus patentes sería imposible, justifiquen (de la calefacción generalizada al calentamiento global) una ley tan universal.

La tercera gran "ley general" podría ser la del intercambio entre la imagen del hombre y la de la mujer. Un intercambio, urgente es decirlo, que siempre se dio entre ellos, pareciendo cumplir una especie de "ley del péndulo" magníficamente recreada por el sociólogo *avant la lettre*, Alexis de Tocqueville en *El Antiguo Régimen y*

---

[101] Roland Barthes: *Système de la mode. Œuvres Complètes.* Éditions du Seuil. Paris, 1993. Edición española: *El sistema de la moda y otros escritos.* Ed. Paidós Ibérica S.A. Barcelona, 2003. Obra citada (Notas 13*, 41*, 47*, 70* y 72*). [Los asteriscos indican cambio de edición en la misma obra].

la Revolución[102]. Las oleadas del gusto irían pasando alternativamente del blanco al negro, del largo al corto, del pecho a la cintura, del cuello a las piernas. Lo "masculino" y lo "femenino" se aproximan hasta confundirse en la Edad Antigua e incluso en la Edad Media, estando las diferencias reservadas para los pequeños detalles. Solo la Moderna y la Contemporánea insisten en la falda para mujeres y los pantalones para hombres. En unir las piernas femeninas bajo un mismo "cilindro" envolvente, protector, y separar las masculinas en dos "conos" ceñidos, aislantes. Algo que parece responder a la necesidad de utilizar el caballo como medio de transporte privilegiado, cuando no de estatus o de trabajo. Una respuesta de la forma a la función, ya que la mujer parece subirse al caballo para "pasear" y el hombre para "guerrear" (arbitrariedad tan inexplicable como aquella por la que ellas se pintan los ojos y ellos no). Solo en los circos decimonónicos ambos sexos "montaban" igual. Los saltimbanquis no reparan en sexos al superar sus acrobacias.

El hombre exhibe sus piernas impúdicamente, casi pornográficamente, y la mujer las esconde precavidamente, casi monacalmente. Flügel y König llegan a sugerir el desencuentro de una época en la que el hombre se ofrece insistentemente, cuando la mujer ya no lo necesita. El hombre parece –aparece– siempre en erección, mientras la mujer aparece –parece– siempre embarazada. Ellos exageran el pene, que incluso se exhibe separado de las calzas (recuérdense los retratos de Carlos V por Tiziano o Felipe II por Antonio Moro) y ellas llaman la atención sobre su vientre hinchado (retrato del matrimonio Arnolfini de Jan van Eyck) y su escote cerrado, cuando no aplastado. Unos ofrecen sin fin lo que otras no necesitan de momento. Pero si la felicidad coincide con la fecundidad de ambos, a la postre el embarazo de una y la paternidad del otro, sería porque en un tiempo de dificultades extremas para sobrevivir a la altísima mor-

---

[102] Alexis de Tocqueville: *L'Ancienne regime et la révolution* (1856). Jean-Marie Tremblay. Université du Québec, 2002. Edición española: *El Antiguo Régimen y la Revolución*. FCE de España. Madrid, 1996.

talidad infantil, esas imágenes sublimarían en moda las potenciales facultades de ambos sexos para superar esa siempre temida extinción de la especie. Es curioso el elemento contradictorio –digno de análisis para antropólogos cuando no para psiquiatras[103]– de obligar a llevar a las mujeres las piernas cerradas y a los hombres abiertas, justo lo contrario de la postura adoptada más frecuentemente por ambos sexos en la copulación de nuestra especie. Lévi-Strauss zanjaría sociológicamente la cuestión en dos palabras: la Cultura[104].

---

[103] René König: *Soziologische orientierungen*. Verlag Kiepenheuer & Witsch. Köln, 1965. En la edición española: *Orientaciones sociológicas*. Editorial Sur. Buenos Aires, 1968. Capítulo IV, 3. *La erótica y la moda* (Págs. 191 a 196).

[104] Cualquier alumno aventajado recordará las páginas de su obra *Antropología Estructural* en las que de Lévi-Strauss define la cultura como un sistema de comunicación regido por el intercambio de los valores más apreciados de la humanidad: las palabras, es decir, el lenguaje; las mujeres, es decir, el sistema de parentesco y los objetos, es decir, los bienes materiales que representan el sistema económico utilizado para la satisfacción de su necesidades por esa comunidad.

"Estudios paralelos, llevados adelante en diferentes niveles, dejan entrever los lineamientos de una teoría general de la sociedad: vasto sistema de comunicación entre los individuos y los grupos en el seno del cual se disciernen varios pisos: el del parentesco, que se perpetua por intercambios de mujeres entre grupos de aliados; el de las actividades económicas, donde los bienes y servicios son intercambiados entre productores y consumidores; y el del lenguaje, que permite el intercambio de mensajes entre sujetos hablantes. Por lo mismo que los hechos religiosos tienen su lugar en un sistema así, se ve que un aspecto de nuestra tentativa consiste en despejarlos de su especificidad. En efecto, los mitos y los ritos pueden, también ellos, ser tratados como modos de la comunicación: de los dioses con los hombres (mitos), o de los hombres con los dioses (ritos)." Claude Lévi-Strauss: *Anthropologie structurale deux*. Librairie Plon. Paris, 1973. En la edición española: *"Antropología Estructural. Mito, sociedad, humanidades"*. Siglo XXI de editores. México, 1979. PERSPECTIVAS, V. *Religiones comparadas de los pueblos sin escritura**(Pág. 67 y 68).

Problemes et méthodes d'histoire des religions. Mélanges publiés par la section des sciences religieuses à l'occasion du centenaire de l'École practique des hautes études. Press Universitaires de France. París, 1968. (pp. 1 a 7). *Les structures élémentaires de la parenté.* Mouton & Co. Paris, 1949. En la edición española: *Las estructuras elementales del parentesco.* Ed. Paidós. Barcelona, 1969.

En el caso del hombre y de la mujer la tendencia al travestismo podría ser un juego más de la seducción heterosexual, pero también podría deberse a un notable incremento del mero narcisismo, al plantear, como ya lo hace Flügel, que las tendencias homosexuales serían ahora progresivamente admitidas e, incluso, admiradas socialmente en algunos círculos muy influyentes. Acercarse al otro sexo –vistiéndose total o parcialmente de él– significaría que las duras normas que separaban durante siglos lo "masculino" de lo "femenino" se estarían disolviendo y que ahora cada sexo estaría interesado en atraer la mirada, no solo del otro, sino también del suyo mismo, vistiéndose pues, consecuentemente, para el propósito y la ocasión. René König recupera a este respecto una fascinante advertencia de Sigmund Freud que no quisiéramos eludir[105]. El progresivo desnudo

---

[105] "Ya al comienzo de este trabajo llamamos la atención sobre la actitud ambivalente de la humanidad frente a la moda, así como sobre la estructura instintiva subyacente en el comportamiento moda, que lo acerca mucho al erotismo. De hecho, la curiosidad crece con especial fuerza ante todo lo relacionado con el sexo. Lo cual va ligado al dilema básico de la moda, que tiene que elegir entre mostrar y subrayar los encantos del cuerpo, en especial en el sexo femenino, y salvaguardar el pudor. Sin embargo, es justamente aquí donde podemos observar hasta qué punto los impulsos primitivos pueden cambiar por influencia de la cultura, aunque nos limitaremos sobre todo al instinto de ver y ser visto, que de hecho es de importancia fundamental para la moda. Sigmund Freud, también en este caso, aporta un punto de vista interesante, demostrando que el instinto de mirar es originalmente autoerótico, referido al propio cuerpo, como lo describen maravillosamente los hermanos Goncourt en su novela *Manette Salomon*, cuya protagonista se queda paralizada ante el espejo contemplando extasiada su desnudez. Tan solo después el instinto de mirar se dirige hacia un cuerpo extraño por medio del afán por comparar. [...] Finalmente, también se abandona este objeto y el instinto de mirar se dirige sobre una parte del propio cuerpo, con lo que simultáneamente la actividad de mirar se convierte en pasividad y en una nueva meta, *la de ser mirado*. Con ello, aparece un nuevo sujeto, al que mostrarse para ser contemplado por él. También esta relación, en la que, a pesar de la "transformación del instinto" y su inversión de la actividad a la pasividad, la orientación activa más antigua se mantiene junto a la segunda (pasiva), es calificada por Freud de ambivalente. Así, por un lado está la tendencia al mirar activo, que parte del propio cuerpo hacia el extraño, esto es, del narcisismo al erotismo extrovertido, y que ve en el otro cuerpo el objeto de su mirada; por

puede deberse a la falta de influencia de la iglesia católica sobre un occidente cada vez más agnóstico, al menos en la práctica, pues Flügel ya advierte que el pudor fue introducido por un cristianismo que arrastraba profundas influencias semíticas contra los peligros de la carne, frente a la tradición liberal grecolatina. Las influencias de los pueblos invasores del norte de Europa, mucho más vestidos, obligados por los rigores del frío, cerrarían este círculo virtuoso. A más ropa, más ricos, de ahí la envidia antigua ante la obesidad (hoy síntoma mayoritariamente característico de las capas sociales más pobres) o la envidia actual ante la salud, la austeridad y la desnudez. También frente al cuerpo desnudo parecen más mojigatas las clases pobres y más liberales las clases altas. De ahí provienen –y perviven ya con su origen olvidado– los pequeños gestos, cargados de simbolismo, de quitarse el sombrero o la ropa de abrigo al entrar en la casa de nuestros anfitriones. "Desnudarse" es aceptar la invitación. Mostrar, "corteses"[106], nuestra confianza con el anfitrión. Retener el abrigo es, sin embargo, un signo de incomodidad.

Las tres "leyes generales" ratifican que estamos ante tres fenómenos sociológicos. Las tres buscan una explicación inmediata a los cambios del traje y de la moda en los cambios sociales. La Moda, como si fuese una "forma", se adecúa a su "función", pues "la función hace la forma" como propugna el muy citado arquitecto y teórico pionero de la arquitectura moderna americana Louis Sullivan (literalmente "la forma se subordina a la función") y, antes que él, el

---

otro lado, de la misma raíz erótica procede el deseo de ser visto, que en su extremo, puede convertirse en abierto exhibicionismo, como el que describe Arthur Schnitzler en su novela *Fraülein Else*. René König: *Menschheit auf dem Laufsteg. Die Mode im Zivilisationsprozeß*. [La Humanidad en la Pasarela. La Moda en el Proceso de la Civilización]. Obra citada (Notas 7, 10, 11, 40 y 46). En la edición del IEMC. Capítulo X. "Ver y dejarse ver". (Págs. 97 y 98).

[106] Norbert Elias: *Über den Prozeß der Zivilisation. Sociogenetische und Psychogenetische Untersuchungen*. Suhrkamp Taschenbuch Verlag. Berlin, 1987. En la edición española: *El Proceso de la Civilización. Investigaciones Sociogenéticas y Psicogenéticas*. Fondo de Cultura Económica. México. 1989.

naturalista Jean-Baptiste Lamarck[107], sabiendo por experiencia inmemorial que lo que no se usa, sea un color, una silueta o un tejido, se atrofia, como advertiría Charles Darwin en *El origen de las especies*.

---

[107] La expresión *"form follows function"*, literalmente, *la forma sigue a la función*, también repetida, *ad nauseam*, como *la forma se subordina a la función*, es un principio del diseño *funcionalista* asociado a la Arquitectura y al Diseño industrial dominantes, desde de finales del siglo XIX hasta bien entrado el siglo XX, en la cultura occidental (¿1891-1923?), que terminó convirtiéndose en el emblema de la Arquitectura que preconizaba el pre-moderno Sullivan, autor del emblemático edificio Wainwright en St. Louis, Missouri, levantado en 1891 (no puede dejar de llamarnos la atención la proverbial casualidad que el nombre del edificio incluya el apellido de la más famosa cabeza, también americana, de la arquitectura de su país, Frank Lloyd Wright). El principio *La forma se subordina a la función* establece que la forma de un edificio, o de un objeto-especialmente los aeromodelísticos-, incluido un vestido –especialmente la ropa de deporte–, debiera estar basada primordialmente en su función o finalidad. El debate se desplaza desde la forma definida por la función a la función definida por la funcionalidad. Segun Holm˙, el intento de definir el significado preciso de la frase *la forma sigue a la función*, abrió un debate sobre la integridad del diseño que aún hoy sigue generando encendidas polémicas. De hecho, muchos de los grandes arquitectos americanos posteriores al Movimiento Moderno desprecian ese compromiso con la función o la funcionalidad de la obra al considerarse "artistas". Ni más ni menos que Philip Johnson, Peter Eisenman, Frank Gehry, Steven Holl, Richard Meier o Leoh Ming Pei, entre ellos.

El Funcionalismo, que para muchos arquitectos se remonta a las reglas maestras de la buena arquitectura de Vitruvio, *firmitas utilitas, venustas* (firmeza, utilidad, belleza), tuvo también una enorme importancia en las Ciencias Sociales, especialmente en Sociología y Antropología Social coincidiendo con su decadencia en Arquitectura. Aunque se remonta a las interpretaciones de los maestros fundadores como Durkheim y Spencer tuvo un enorme prestigio, a partir de Inglaterra, después de los años 30. El utilitarismo otorgado a las acciones que tienden al orden establecido y un enfoque empirsita que preconiza los trabajos de campo sobre la erudición de gabinete. Destacan los nombres de Bronislaw Malinowski, Robert Merton y Talcott Parsons. Mark Michael Betts: *"Divergencia en torno al concepto de funcionalimo en la historia del Diseño. Primera Escuela de Chicago, Bauhaus y HfG* 'Hochschule für Gestaltung'". *Cuaderno del Centro de Diseño y Comunicación. Cuaderno* 139 (27 08 2021). Facultad de Diseño y Comunicación. Univeridad de Palermo. Narciso G. Menocal: *Sullivan The Poetry of Architecture*. WW Norton & Co. New York, 2000. Patrick F. Cannon: *Louis Sullivan Creating a New American Architecture*. Pomegranate Communications Inc. 2011. Leonardo Benevolo: *Storia*

La "función" somete a cada forma construida –entre la ley de la gravedad y las leyes aerodinámicas– a una depuración implacable, que admite pocas excepciones. Solo queda lo que sobrevive al medioambiente hostil, entendiendo aquí medioambiente en su doble acepción, "física" y "moral", medioambiente geográfico y medioambiente social, esto es, el cambio de las estaciones y el cambio de las actitudes. (Hablamos de "cambio de estaciones", cuando no de las glaciaciones primitivas o de las extremas variaciones de clima en diferentes regiones del planeta el mismo día del año, y de "cambio de actitudes", cuando no de mentalidades o de situaciones de extremo riesgo durante guerras o convulsiones sociales).

dell'architettura moderna. Editori Laterza. Bari, 1964. Vol. 3. En la edición española: *Historia de la Arquitectura Moderna*. Taurus Ediciones. Madrid, 1963. *Historia de la Arquitectura*. Editorial Gustavo Gili. Barcelona, 1974. Renato de Fusco: *Storia dell'architettura contemporánea*. Gius. Laterza & Figli Spa. Roma-Bari, 1975. En la edición española: *Historia de la Arquitectura Contemporánea*. Hermann Blume. Barcelona, 1981. Celeste ediciones. Madrid, 1992. Spiro Kostof: *A History of Architecture*. Oxford Univerity Press. Inc. New York, 2009. En la edición española: *Historia de la Arquitectura*. Vol. 3. Alianza Editorial. Colección Alianza Forma. Madrid, 1988. Kenneth Frampton: *Modern Architecture. A Critical History*. Thames and Hudson Ltd. London, 1980. En la edición española: *Historia crítica de la arquitectura moderna*. Editorial Gustavo Gili. Barcelona, 1981, 1987, 2009, 2011. Louis Henry Sullivan: "Ornament in Architecture" (1892). THE ENGINEERING MAGAZINE. London, August 1892. *The autobiography of an Idea*" (1922) Dover Publications Inc. New York, 2003. En la edición española: *Autobiografía de una idea*. Antígona. 2004.Jean-Baptiste P. A. de Monet Chevalier de Lamarck: *Philosophie zoologique: ou e xposition des considerations...* (1809). En la edición española: *Filosofía Zoológica*. Ediciones La Oveja Roja. Guadalajara, 2017. Charles Darwin: *On the Origin of Species by Means of Natural Selection* (1859). 2 Vols. Appleton. NY, 1889 (*Sixth*).*The Origin of Species. Collection*. The World's Classics. Oxford University Press. Oxford, 1968. En la edición española *El origen de las especies*. Editorial Bruguera. Barcelona, 1982. (Prólogo de Faustino Cordón). *El origen de las especies* (Edición conmemorativa 150 aniversario). Universitat de Valencia.

* Ivar Holm: *Ideas and Beliefs in Architecture and Industrial design: How attitudes, orientations, and underlying assumptions shape the built environment*. School of Architecture and Design. Oslo, 2006.

La construcción del paradigma

Entre 1850 y 1950, desde Charles Frederick Worth –al que se atribuye el nacimiento de la alta costura y sus tres reglas esenciales, desfile de temporada, sublimación de la obra y firma del artista– hasta la revuelta estudiantil y sindical, conocida como "Mayo del 68" en París, Praga y Berkeley, que terminó con el "Siglo de Oro" de la Alta Costura, los diseñadores –y también las diseñadoras, según advierte Lourdes Cerrillo en su excelente trabajo *La moda moderna: génesis de un arte nuevo*[108], acapararon exclusivamente para sí la "intuición organizada", la "realización técnica" y el "prestigio artístico" de la profesión de crear la moda. No quisiéramos insistir, a fuerza de repeticiones innecesarias, sobre la idolatrada idea de la "originalidad" como la exacta clave que rige la moda de nuestro tiempo, sino sugerir que la muy valorada originalidad, de ser cierta, sería más bien una especie de "don de la oportunidad". La prodigiosa virtud de un astuto Edipo adivinando el Oráculo mortal de la esfinge de Delfos, es decir, una especial sensibilidad para proponer en el momento adecuado lo que los clientes andan, consciente o inconscientemente, buscando. No se trata de inventar nada nuevo, sino más bien descubrir algo nuevo (por definición filológica, antiguo). Inventar sería "imponer", descubrir es "convencer". La imposición dura poco en moda (quizás solo una temporada), el convencimiento puede ocupar una época (al menos una década). Un buen ejemplo de lo primero podría ser la imposición del largo a 40 centímetros del suelo de la temporada primavera-verano 50 de Christian Dior. Ejemplo de lo segundo, el liderazgo indiscutible del Christian Dior de los años cincuenta[109] o del Giorgio Armani de los años ochenta.

---

[108] Lourdes Cerrillo: *La moda moderna: génesis de un arte nuevo*. Ed. Siruela. Madrid, 2010. *Moda y Creatividad. La conquista del estilo en la era moderna, 1789-1929*. Editorial Nerea. San Sebastián, 2019.

[109] Los años 50 pueden considerarse el periodo de máxima rivalidad entre Balenciaga y Dior, donde el *couturier* dictaba el largo de la falda, foto propagandística incluida, como máxima expresión de su poder absoluto sobre los "dictados" de la moda. Françoise Giroud: *Dior* (Christian Dior 1905-1957). Éditions du Regard. Paris, 1987.

Cuando creamos moda solo estamos aceptando que hemos diseñado lo que nuestros contemporáneos necesitan, quieren, sueñan
–arco de dispersión semántica en reconocimiento a las posibilidades
económicas del consumidor frente al escaparate–. Si no fuese así,
nuestro nombre pasaría a engrosar el largo listado de nombres olvi-
dados por la calle y solo admirados por los especialistas. Nunca ol-
vidaremos a Elsa Schiaparelli, pero cómo negar que *Mademoiselle*
Chanel "bajó la moda a la calle" desde la Rue Cambon y Schiaparelli se quedó haciendo "travestismo de salón"[110], rodeada de príncipes
surrealistas, desde la Place Vendôme de París, una "espina" que Chanel trató de sacarse viviendo encima de su exquisito atelier (sorprendente el género que le atribuye el DRAE cuando habla de "modista")
en una *suite* del Hotel Ritz. Ni a Jacques Fath (colaborador de Schiaparelli en sus comienzos), pero cómo dudar que la larga sombra de
Christian Dior lo condenó a una segunda fila aun siendo más brillante creativa y personalmente que él. Ni a Pierre Cardin, o a Paco
Rabanne, pero cómo olvidar que André Courrèges es el artífice de
la silueta "espacial" que dominó en los años sesenta todo el orbe
occidental[111]. Ni al destacado alumno de Fath, Piguet, Lelong y

---

[110] Aludimos a la conocida frase de *Mademoiselle* Chanel "La moda debe de
dejar de ser travestismo de salón y bajar a la calle". Edmonde Charles-Roux: *L'irrégulière ou mon itinéraire Chanel*. Éditions Grasset & Fasquelle. Paris, 1974. En
la edición española: *Descubriendo a Coco*. Lumen. Randon House Mondadori.
Barcelona, 2009. *Le temps Chanel*. Éditions Chene Grasset. Paris, 1979.

Ed. inglesa: *Chanel and her world. Friends, Fashion, and Fame*. The Vendome
Press. NY, 2005. Axel Madsen: *Chanel: A Woman of Her Own*. Henry Holt and
Company. New York, 1990. En la edición española: *Coco Chanel*. Circe Ediciones.
Barcelona, 1998.

[111] Caroline Rennolds Milbank: *The Great Designers. Courrèges*. Steward, Tabori
& Chang Inc. Publisher. New York, 1985.

"El *mini* alteró por completo la imagen del cuerpo. El estilo reducido de Courrèges con sus proporciones calculadas crea una silueta dinámica, aliada al movimiento. Tiene elementos del Futurismo y Constructivismo. Al igual que la vanguardia artística rusa y alemana de las décadas de 1920 y 1930, Courrèges revela
la estructura interna, pespunteando a máquina la ropa en sus bordes o resaltando
las costuras como los trazos a lápiz en el boceto preliminar, enfatizando la forma

Schiaparelli, Hubert de Givenchy, primero a la sombra de Balenciaga y luego a la de YSL (verdadero Picasso-Saturno de su década). Ni a Gianni Versace, pero cómo negarse a reconocer que Giorgio Ar-

y la estructua de la prenda. Esta es la nueva y poética visión de las relaciónes del hombre con su mundo. La austeridad de Courrèges tiene sus raíces en la Bauhaus, la famosa escuela alemana de arte, arquitectura y diseño fundada en 1919. Las proporciones del cinturón (llevado *bajo* en la década de 1960) o el medio cinturón se calculan a partir de la línea del hombro. [...]

Sin embargo, estas líneas paralelas, verticales y horizontales se suavizan por el corte, las axilas, las sisas curvas o los bolsillos redondeados de parche (*Elle*, March 1968). Courrèges usaba material grueso como la *whipcord* (tralla), un tipo de gabardina, y materiales de doble cara que permitían remeter las costuras. El material de *doble cara* está hecho de dos telas entre las cuales, dice Coqueline Courrèges, "insertábamos una entretela para hacer que la gabardina fuese más llena y redonda". Cada lado es de un material o color diferente: algodón en la parte superior, algodón o un material sintético debajo y lana en el medio, o liso en un lado y estampado en el otro. (*Marie Claire*, March 1965). "El tejido de Courrèges es igualmente fuerte en la trama y la urdimbre". Equilibrando pesos y medidas "tomadas con una cuerda, un cuadrado establecido y una brújula (anunciado para el desfile primavera/verano 1965) calcula las proporciones de las prendas para complementar los movimientos de su usuario".

Dos años más tarde, una colección de Courrèges fue comparada con "una actuación de gimnasia, danza y música" (*L'Officiel de la couture*, September 1967), y en Marzo de 1969 el ritmo fue igual de exuberante. El acompañamiento de jazz crescendo-decrescendo para el espectáculo Primavera/Verano de 1965 y la música "jerk" para el *show* de Primavera-Verano de 1967 fue algo completamente nuevo, según testigos presenciales. Los enérgicos movimientos en la pasarela, inspirados en los "happenings" (un tipo de performance artístico que se hizo muy popular a principios de la década de 1960), permitieron a las modelos una completa libertad de expresión. Esto fue en sí mismo una revolución cultural. La relación entre una mujer y su cuerpo fue de naturaleza física y no escultórica, como lo había sido en la década de 1950. "Las modelos, a menudo chicas que encontrábamos en la calle, tienen que contarnos lo que llevaban puesto. Courrèges hizo que el mundo de la moda reconociera y reflejara el papel del deporte en la vida moderna. [...]

A principio de los setenta Courrèges continúa las novedades. No estaba tratando de crear moda "clásica" en la línea del traje de Chanel o el vestido de túnica de Balenciaga, lo que tal vez explique por qué estos eran los únicos dos diseñadores del siglo xx que admiraba, describiéndolos como "maestros de la costura". Uno era arquitecto, la otra marca registrada era la feminidad. Su ambición era crear un estilo nuevo de ropa, una metáfora del cuerpo *en forma* y atlético. "La creación es

mani fue la regla del canon de los ochenta y él la excepción. Todavía podríamos lamentar el olvido de Redfern (1881-1929) bajo el esplendor de Paul Poiret (1879 1944) o de Marie Gerber, la líder de Callot Soeur (1895-1937), bajo el prestigio de Jean Patou (1880-1936).

Conclusión

"El vestido es una concepción de sí mismo que se lleva sobre sí mismo", brillante revelación de Henri Michaux, cuyo descubrimiento agradecemos a Álvaro Acero Rico[112], quien añade al comentarla que resulta equivalente a decir que somos la imagen que consentimos dar de nosotros a los demás. "Así como nos presentamos a ellos, así nos juzgarán. La vida cotidiana se impregna de lenguajes visuales,

---

soñar con formas, como un mono o la media corporal, o desarrollar una nueva versión del traje pantalón, que los chinos descubrieron mucho antes de que él lo hiciera". (*Elle*, Août 1970). El primer mono, en jersey grueso de lana de dos tonos, con cinturón en las caderas y con un frente de cremallera, se mostró en 1967. En 1968 *Elle* publicó una foto de "una media para todo en un cuerpo", una prenda de doble costura sin costuras que cubre el cuerpo desde el cuello hasta los dedos de los pies. "La puntada es lo opuesto a la urdimbre y la trama, lo que da volumen. La puntada crea una segunda piel". *Jardin des Modes* dice que la prenda ajustada es para mujeres que cada vez tienen más confianza en sus cuerpos. El *body stocking* (media corporal) marca cada vez más la confianza en sus cuerpos. La media corporal marca el comienzo del "body-look" (March 1970). En 1971, Courrèges dijo: "*La segunda piel es un estilo de ropa que se ajusta exactamente a los contornos del cuerpo. Creo que todos lo usarán en tres o cuatro años. Es una tendencia irreversible, así es como va el mundo*". (*Sportwear International*). Los historiadores del vestuario reconocerán la prenda como una versión moderna de la famosa ropa interior de punto "saludable" del Dr. Rasurel, muy popular a principios del siglo xx. La comodidad sigue siendo importante y este no fue el único ejemplo de por qué la ropa interior se convierta en ropa exterior." Valérie Guillaume: *Courrèges*. Éditions Assouline. Paris, 1998. En la edición inglesa: *Courrèges*. Thames and Hudson Ltd. London, 1998. (Págs. 8 a 11).

[112] Álvaro Acero Rico: "Hacia una antropología de la moda". Revista A DISTANCIA. Volumen 21. Nº 2. Pág. 25. UNED. Madrid, Junio de 2003.

de códigos y signos no formulados ni escritos pero aceptados universalmente. La moda cultiva estos signos y se alimenta de ellos. Juega con el carácter ilusorio del vestido, con la capacidad de crear un personaje, una imagen, una figura social o una personalidad a base de sus signos externos. Transformando la aparentemente banal carga social del vestir en toda una expresión de sensibilidad, de cultura, y, por qué no, del propio estado de ánimo. Abrir el armario de una persona es ver en esquema su género de vida, sus viajes, sus búsquedas, su vida nocturna y diurna, su sentido del espectáculo y su entrega, consciente o no, a convenciones y normas. Abrir el armario de alguien y 'leer' en su vida es todo uno. Por lo tanto, abrir el armario de una persona es, además de intuir su tipo de vida, acercarse a su concepción del estilo". Hemos querido suscribir esta larga reflexión de Álvaro Acero Rico como colofón a nuestro artículo porque nos parece que sus palabras exponen nuestra propia conclusión. En ella creemos que nos vestimos de lo que somos, de lo que dice nuestra sociedad que somos. No solo materialmente, consecuencia de los trajes que poseemos, sino también espiritualmente, poniéndonoslos sobre nuestros cuerpos de una manera que implica la interiorización, "voluntaria" –pero "clasista" incluso en esa voluntariedad– de los valores de nuestra sociedad, según confirmarían gustosos Thomas Carlyle, Thorstein Veblen, Herbert Spencer, Walter Benjamin, Henriette Vanier, Philippe Perrot y un larguísimo etcétera[113]. O solo dentro de nuestro grupo social, como insiste "an-

---

[113] Thomas Carlyle: *Sartor Resartus. The Life and Opinions of Herr Teufelsdröckh.* Obra citada (Nota 1). Thorstein Veblen: *The Theory of the Leisure Class. An Economic Study of Institutions.* Macmillan Company. New York, 1899. En la edición española: *Teoría de la clase ociosa.* Fondo de Cultura Económica. México DF, 1944. Alianza Editorial. Madrid, 2004. Georg Simmel: *Die Mode* (1905). Obra citada (Notas 39, 45*, 60 y 61 en las diferentes ediciones). Walter Benjamin: "Mode". *Gesammelte Schriften. Das Passagen-Werk. Hinweise und Materialien.* Suhrkamp Verlag. Frankfurt am Main, 1982. En la edición española: "Moda". *Obras Completas.* Libro V. Volumen 1. *Obra de los pasajes.* Abada Editores. Madrid, 2013. *Notas y materiales.* B. [Moda] (Pág. 139 a 166).

timarxistamente" René König, élites rivalizando individualmente dentro de las clases altas[114]. No deja de resultarnos extraño que esa "rivalidad" le sea tan atractiva dentro de la misma clase –pensando en la Edad Media quizás[115]– y tan antipática entre diferentes clases sociales durante la Contemporánea. Máxime si pensamos en el muy revolucionario y contrarrevolucionario siglo XIX que había precedido su nacimiento en 1906.

Aceptemos la amable ironía de Claude Salvy en su prólogo a la *Encyclopédie Illustrée du Costume et de la Mode* de Ludmila Kybalová al recordarnos que *"L'homme a été créé avant la femme et la paru-*

"De esa novela Benjamin desprende una lección axial, viva a lo largo del *Libro de los Pasajes*, aquella relativa al hecho de que el pasado puede hacerse presente si el azar pone a nuestro alcance el objeto material donde quedó prisionero, puesto que el encuentro con el objeto libera al pasado que quedó atrapado en él.". José Antonio Serrano Segura: *Walter Benjamin, la Obra de los pasajes*. LITERARIA Estudios Literarios y Humanísticos. [PDF en Referencias Bibliográficas]. Henriette Vanier: *La Mode et ses métiers. Frivolités et luttes des clases 1830-1870*. Librairie Armand Colin. Paris, 1960. [con Referencias Bibliográficas]. Philippe Perrot: *Les dessus et les dessous de la bourgeoisie. Une histoire du vêtement au XIXe siècle*. Librairie Arthème Fayard. Paris, 1981.

(A propósito de una "Historia de las apariencias" la palabra es citada en las notas 39, Jorge Lozano y 113*, Philippe Perrot, del capítulo 1; 26*, François Vincent-Ricard, 43, Lozano, 44, Perrot, 45, Bárbara Kruger y 67*, Charles Baudelaire, del capítulo 2; 37, Lozano, 42*, René König y 44*, Bruno du Roselle, y 61* Javier Sampedro, del capítulo 3; 43, Lozano y 84, Stéphane Mallarmé, del capítulo 4; 27, Lozano, del capítulo 5; 109*, Pedro Mansilla y 209, Lozano, del capítulo 6; 1, Mallarmé y 59, Lozano, del capítulo 7; y 94, Lozano, 153, Lozano, 122, Perrot, 175, Lozano, 234, Perrot y 289* Friedrich Nietzsche, del capítulo VIII: *La construcción de un punto de vista privilegiado*).

[114] René König (und Peter Willy Schuppisser): *Die Mode in der menschlichen Gesellschaft. (Mit einem Geleitwort von Christian Dior). Menschheit auf dem Laufsteg. Die Mode im Zivilisationsprozeß*. [La Humanidad en la Pasarela. La Moda en el Proceso de la Civilización]. Obra citada (Notas 7, 10, 11, 40, 46 y 105).

[115] Es bastante probable la influencia sobre esta tesis de René König del prestigioso historiador Max von Boehn, quien insiste en las páginas iniciales de su enciclopédica obra (Tomo I, dedicado a la Edad Media) publicada en 1925 en este "modelo". Max von Boehn: *Die Mode. Menschen und Moden im Mittelalter*. Obra citada (Nota 92).

re a précédé le vêtement. Ce simple propos nous fournit la base des motivations de nos vêtements. L'histoire de la mode et du costume qui nous es retracée dans ces pages en est le développement dense et complet. L'homme a, nous apprend la Genèse, été créé avant la femme et il a, au cours des siècles, avant elle aussi, usé de toutes choses belles et agréables de ce monde"[116], queriendo subrayar que el vestido y su precedente, el adorno, son un juego de apariencias. Ahora nosotros,con la misma ironía quisiéramos subrayar, una vez más, que los juegos de apariencias son juegos sociológicos, juegos en el punto de mira, "privilegiado", de la Sociología. Sean los hombres primero que las mujeres en el desarrollo de esa sensibilidad, esa habilidad, esa actividad –tesis de Salvy– a lo largo de la historia, o no lo sean, nuestra conclusión es la misma. La moda "sublima" las necesidades, la Sociología desvela sus *modus operandi.*

Prevenidos por la Antropología –las rigurosas advertencias de Lévi-Strauss en su *Antropología Estructural*[117], de lo arriesgado que resulta hacer generalizaciones a partir de hechos probados no podemos renunciar a intentarlo. Constatar que "los hombres se visten" ¿es demasiado obvio o demasiado generalista?[118] Constatar que los hombres se visten "influenciados por su Cultura" ¿es demasiado ge-

---

[116] "…El hombre ha sido creado antes que la mujer y el adorno ha precedido al vestido. Este sencillo propósito nos proporciona la base de las motivaciones de nuestra vestimenta. La historia de la moda y de la vestimenta que nos es descrita en estas páginas es el desarrollo denso y completo. El hombre, nos enseña el Génesis, ha sido creado antes que la mujer y, en el transcurso de los siglos, antes que ella también, ha usado todas las cosas bellas y agradables de este mundo…" Claude Salvy: "Préface". *Encyclopédie Illustrée du Costume et de la Mode.* Gründ. Paris, 1970. *Le monde et la mode.* Éditions La Nouvelle Encyclopédie Nº 20. Paris, 1966. Edición española: *El mundo y la moda* (Prólogo de María Pilar Comín). Editorial Taber, Barcelona, 1970.

[117] Claude Lévi-Strauss: *Anthropologie structurale.* Librairie Plon. Paris, 1958 y 1974. Ed. española: *Antropología estructural.* Paidós. Barcelona, 1987. I. *Historia y Etnología.* (Págs. 49 a 72).

[118] Nicola Squicciarino: *Il vestito parla: considerazioni psicosociologiche sulla indumentaria.* Obra citada (Nota 82).

neralista o demasiado obvio?[119] ¿Constatar que esa cultura insiste en cinco diferencias básicas es demasiado generalista o demasiado obvio?[120]. Cuando nos vestimos, subrayando esas diferencias, estamos participando en un juego social que termina conformando eso que hemos llamado "moda". La Sociología insiste en encontrar siempre una explicación profunda de cualquier gesto superficial. Le ha abierto los ojos la Historia del Arte que también insiste, desde hace generaciones, en profundizar en los contextos sin por ello olvidarse de la obra en sí. No se trata de que el contexto deje sin espacio al "texto" sino de que lo "enmarque", aunque sólo sea en esa intervención mínima que ensayó Ortega[121] en 1921.

A su imagen y semejanza, la Sociología exagera deliberadamente la importancia de los contextos porque, según intuimos, sin estos no habría texto, texto literario, fotográfico o geométrico, los tres planos de análisis teórico (modelo Roland Barthes)[122] de este objeto

---

[119] Yvonne Deslandres: *Le costume, image de l'homme*. Obra citada (Nota 82 y 99).

[120] Las producidas en consecuencia de su utilización como medio de protección, pudor, adorno, diferenciación y distinción. Pedro Mansilla (R. Reyes Coord.): "Terminología Científico Social. Aproximación crítica", "Moda". Obra citada (Nota 16).

[121] "Meditación del marco" ensayo incluido en *El Espectador*. Volumen III. "Viven los cuadros alojados en los marcos. Esa asociación de cuadro y marco no es accidental. El uno necesita del otro. Un cuadro sin marco tiene el aire de un hombre expoliado y desnudo. Su contenido parece derramarse por los cuatro lados del lienzo y deshacerse en la atmósfera. Viceversa, el marco postula constantemente un cuadro para su interior, hasta el punto de, que cuando le falta, tiende a convertir en cuadro cuanto se ve a su través. La relación entre uno y otro es, pues, esencial y no fortuita; tiene el carácter de una exigencia fisiológica, como el sistema nervioso exige el sanguíneo, y viceversa, como el tronco aspira a culminar en una cabeza y la cabeza a sentarse en un tronco. La convivencia de marco y cuadro no es, sin embargo, pareja a la que primero ocurriría comparársela: la del traje y el cuerpo. No es el marco el traje del cuadro, porque el traje tapa el cuerpo y el marco, por el contrario, ostenta el cuadro. José Ortega y Gasset. *Obra completa*. Alianza Editorial. Madrid, 1968. Tomo II.

[122] Se corresponde con los tres planos que Barthes identifica con el "vestido escrito", el "vestido fotografiado" y el "vestido real" (que nosotros llamamos geometrizado en honor a la importancia que el *patronaje* tiene en la "construcción"

que se ha convertido en sujeto. Toda la batalla política e intelectual que enfrentó a las mujeres con prescripciones estrictamente culturales de su cuerpo y que las llevó a forzar el cambio de esos contextos culturales lo volveríamos a sentir si se tratase de los hombres en su lugar. ¿Cuál sería el contexto en el que un hombre reclamase su derecho a quitarse los pantalones como la mujer exigió el suyo a ponérselos? Como norma de estilismo es difícil que alcance suficiente peso para modificar su contexto, pero si esa libertad de movimientos fuese funcional y entonces irrenunciable ¿quién evitaría que una moda cambiase una sociedad? ¿No es la moda lo que cambia una sociedad? ¿El instrumento que toda sociedad utiliza para cambiarse? Como dice Marshall Berman, "Todo lo sólido se desvanece en el aire". Trasfondo irreversible de la "modernización", donde todo lo construido debe ser destruido para construir lo nuevo. Lo tomó del *Alles Ständische und Stehende verdampft* de Karl Marx (Todo lo que es sólido se funde en el aire) y este, quizás con inspiración de Baltasar Gracián, del *Fausto* de Goethe[123].

---

de la prenda. Roland Barthes: *Le Système de la mode*. Obra citada (Notas 13, 41, 47, 70, 72 y 101).

[123] Marshall Berman: *All that is solid melts into air. The experiece of Modernity.* Simon & Schuster. New York, 1982. En la edición española: *Todo lo sólido se desvanece en el aire. La experiencia de la modernidad.* Siglo XXI Editores. Barcelona, 2013.

02 Una definición de Moda. "Moda, de qué hablamos cuando hablamos de moda hoy"

MODA. f.f. Ufo, modo ù costumbre.
Tómase regularmente por el que es nuevamente introducido,
y con especialidad en los trajes y modos de vestir.
Lat. *Novus modus, vel ritus.* IBAŃ. Q. Cure. lib. 2. cap. II.
El cual, vestido à la *moda* Phrygia, paffo secretamente
à verse con Parmenión.
Diccionario de Autoridades. 1726-1739. Real Academia[1].

La moda es un fenómeno social total.

Marcel Mauss[2].

Algunas personas piensan que el lujo es lo contrario de la pobreza.
Yo creo que es lo contrario de la vulgaridad.

Coco Chanel[3].

---

[1] MODA. f.f. Ufo, modo ù costumbre. Tómase regularmente por el que es nuevamente introducido, y con especialidad en los trajes y modos de vestir. Lat. *Novus modus, vel ritus.* IBAŃ. Q. Cure. lib. 2. cap. II. El cual, vestido à la *moda* Phrygia, paffo secretamente à verse con Parmenión. *Diccionario de Lengua Castellana. Diccionario de Autoridades* (1726-1739). Real Academia. Edición facsímil. Madrid, 2013. Tomo IV G-N (Pág. 583).

[2] "La moda es un fenómeno social total". Marcel Mauss. Citado por: Frédéric Godart: *Sociologie de la mode.* Éditions Le Découverte. Paris, 2010. En la edición española: *Sociología de la moda.* Edhasa. Buenos Aires, 2012. [Edición muy difícil de encontrar]. *Les six principes de la mode.* (Pág. 10) y Jean Baudrillard *L'échange symbolique et la mort.* Éd. Gallimard. Paris, 1976. Ed. española: *El intercambio simbólico y la muerte.* Monteávila Ed. Caracas y Barcelona, 1980. Capítulo III. "La Moda o la Magia del código". *El «Impulso»* de la Moda (Pág. 108).

[3] "Algunas personas piensan que el lujo es lo contrario de la pobreza. Yo creo que es lo contrario de la vulgaridad". Coco Chanel. No hemos conseguido encon-

Se puede definir la Moda de muchas maneras. De hecho, queremos recordar que, desde el Diccionario de la RAE[4] al Diccionario de Sociología de Henry Pratt Fairchild[5], hay definiciones de esta para todos los gustos. Intentar una nueva, que no sea demasiado repetitiva de ninguna otra anterior, es tan difícil como sugerente, de ahí nuestra proposición. Lamentamos que ni Voltaire[6], ni Ferrater Mora[7] la incluyan en sus diccionarios filosóficos. Nos consolamos pensando que *L'Encyclo-*

---

trar la ocasión precisa en la que Chanel pronunció esta frase, una de las más citadas de la modista, pero nos permitimos recomendar la excelente biografía que Edmonde Charles-Roux publicó con el título *L'irrégulière ou mon itinéraire Chanel* (Éditions Grasset & Fasquelle 1974. En la edición española: *Descubriendo a Cocó.* Random House Mondadori, S.A. Barcelona 2009) por estar convencidos de que ella es una de las personas que mejor la conocieron. Quizás Paul Morand, que publicó una interesantísima entrevista con *mademoiselle*, titulada *"L'Allure de Chanel"*, o Cocteau, que fue amigo personal, podrían aclarárnoslo, pero lamentablemente hace tiempo que fallecieron.

[4] **moda.** (Del fr. *mode*). **f.** Uso, modo o costumbre que está en boga durante algún tiempo, o en determinado país, con especialidad en los trajes, telas y adornos, principalmente los recién introducidos. || **entrar en las ~s.** fr. Seguir la que se estila, o adoptar los usos y costumbres del país o pueblo donde se reside. || **estar algo de ~.** fr. Usarse o estilarse. || **pasar, o pasarse, algo de ~.** frs. Perder actualidad o vigencia. || **salir una ~.** fr. Empezar a usarse. || **ser ~, o de ~.** frs. estar de moda. || **V. día de ~, tienda de ~ s.** Real Academia Española *Diccionario de la Lengua Española.* Vigésima Segunda Edición. Editorial Espasa Calpe. Madrid, 1992 y 2001.

[5] Mirra Komarovsky: "Moda". *Dictionary of Sociology.* Henry Pratt Fairchild (Editor) Philosophical Library, Inc. New York, 1944. En la edición española: *Diccionario de Sociología.* Fondo de Cultura Económica. México, 1949.

[6] Voltaire (*François-Marie Arouet*): *Dictionaire Philosophique Portatif.* Éditions Gabriel Grasset. Londres/Genève, 1764. (73 Artículos, de "Abbé" a "Vertu" en 344 páginas). Sylvain Menant: *Littérature par alphabet: Le Dictionnaire philosophique portatif de Voltaire*(Pág. 35). *Le Dictionnaire philosophique* (*Christiane Mervaud dir.*). Voltaire Foundation. Oxford, 1994-1995 (2 *Volumes*). En la Ed. española: *Diccionario Filosófico.* Editorial Temas de Hoy. Madrid, 1995.

[7] José Ferrater Mora: *Diccionario de Filosofía.* Alianza Editorial. Madrid, 1979.

pédie, ou Dictionnaire raisoneé des sciencies, des arts et des métiers[8], la *British Encyclopaedia*[9], La *Enciclopedia de las Ciencias Sociales*[10] o el

---

[8] Denis Diderot et Jean le Rond d'Alembert: *L'Encyclopédie ou Dictionnaire raisoneé des sciences, des arts et des métiers.* (1751-1772). André François le Breton. Michel-Antoine David, Laurent Durand et Antoine-Claude Briasson. Paris, 1768 (17 Vols.). Charles Joseph Panckoucke. 1775-1777 (35 Vols.). Edición Facsímil (18 Vols.) Franco María Ricci. Parma, 1970-1980.

[9] Aunque la *Encyclopaedia Britannica* despacha el término moda con tres líneas (*fashion, in dress and adornment, any made of dressing that is prevalent during a particular time or in a particular place*) en la página 691 del Vol. 4, Delusion-Fressen, de la *Micropaedia*, al menos nos remite a un desarrollo mínimamente aceptable del concepto en el <*See dress*> al final de esta entrada. En el apartado *dress, functions and fashion* de la entrada *dress,* se nos ofrece esta sintética aunque precisa definición: "*dress, covering, or clothing and accessories, for the human body. The variety of dress is immense, varying with different sexes, cultures, geographical areas, and historical eras*". Tres columnas de la página 222 del mismo Vol. 4, casi la página completa que, además, nos remite a su consabido: *Consult the Index first.* VV AA: "Fashion". *Encyclopaedia Britannica*; *OR. A Dictionary of Arts and Sciences* (1768-2018) Edición 250 aniversario, 32 Vols. *The New Encyclopaedia Britannica* (Fifteenth Edition). Encyclopaedia Britannica, Inc. Chicago, 1998.

[10] "La «novedad» (*fad*) y la moda son fenómenos sociales relacionados, pero fundamentalmente distintos. La moda es el más importante. Su naturaleza ya nos es sugerida por los términos opuestos «a la moda» y «pasado de moda», que implican un continuo patrón de cambio, en el cual ciertas formas sociales gozan de una temporal aceptación y respetabilidad, y son luego reemplazadas por otras nuevas. Este desfile de formas sociales sitúa a la moda en un plano distinto al de la costumbre, la cual debe ser considerada como estable y fija. La aprobación social de la que es investida la moda no proviene de ninguna demostración de su utilidad o mérito superior; responde a la dirección de la sensibilidad y el gusto. […] Cualquier área de la vida social sometida a un continuo cambio está abierta a la intrusión (hubiésemos preferido traducir influencia) de la moda. Por el contrario, difícilmente aparece esta en sociedades estáticas, como las tribus primitivas, las sociedades campesinas o las sociedades de castas, las cuales se adhieren a lo establecido y a lo respaldado por un largo uso. […] La visión de la moda como un proceso social característico, en el cual el juicio colectivo acerca de lo que es apropiado y correcto cambia como respuesta a la dirección que siguen la sensibilidad y el gusto, plantea tres preguntas decisivas: ¿Cuál es la naturaleza del proceso? ¿Qué es responsable de su acción? ¿Qué papel desempeña en la sociedad el proceso de la moda? […] La mayor parte de los análisis teóricos de la moda se centran en la importante cuestión del factor responsable del proceso. Descartaremos respues-

Diccionario de Autoridades[11] de la RAE, sí lo hacen. El "olvido" Voltaire puede deberse a su subsunción en el concepto de lujo que sí aborda precisamente (disculpándonos siempre en que las ediciones modernas

---

tas triviales como que la moda es la súbita erupción de un capricho colectivo, o un engaño perpetrado por grupos de personas venales que buscan su beneficio personal o financiero. Los análisis más serios se dividen en dos categorías. Una busca la explicación de la moda en función de motivos psicológicos; la otra en función de procesos sociales o estructurados. Las explicaciones psicológicas tratan generalmente la moda como la expresión de sentimientos de rebelión contra las limitaciones impuestas por las formas sociales predominantes. Los estudiosos identifican diferentes sentimientos. Algunos ven como más importante el intento de escapar del hastío, especialmente en las clases ociosas. Otros adscriben la moda a impulsos traviesos y caprichosos de adornar de algún modo la rutina de la vida. Algunos a la excitación que provoca aventurarse a nuevas formas de conducta. Otros la expresión simbólica de ocultos intereses sexuales. Particularmente importante es el punto de vista –cuya formulación más clara se debe a Edward Sapir (1931)*– de que la moda es un esfuerzo por adquirir más atractivo personal. Finalmente, hay estudiosos que atribuyen la moda al deseo de prestigio o notoriedad personal. [...] Todas estas explicaciones de la moda en términos psicológicos fallan porque no explican cómo o por qué los distintos sentimientos originan el proceso de la moda. Tales sentimientos están presentes y actúan en sociedades y áreas de la vida en que la moda no existe. [...] Muchas de las explicaciones sociológicas de la moda se basan en la idea de que esta es fundamentalmente una emulación de los grupos prestigiosos. Georg Simmel (1904)** ha dado la más acabada exposición de este punto de vista, cuando sostiene que, en una sociedad de clases abiertas, los grupos de la elite social tratan de distinguirse mediante signos visibles tales como la vestimenta y el modo de vivir. Los miembros de las clases situadas más abajo que desean ascender en su estatus social adoptan estos signos distintivos. Entonces se hace necesario para los grupos de elite introducir otros nuevos que, a su vez, darán lugar a una nueva ola de emulación.

---

* Edward Sapir 1931 *Fashion*. Vol. 6, págs. 139-144 en *Encyclopaedia of the Social Sciences*. Macmillan. New York.

** Georg Simmel (1904) 1957. *Fashion*. AMERICAN JOURNAL OF SOCIOLOGY 62: 541-558.

Herbert G. Blumer: "Moda". *International Encyclopedia of the Social Sciences*. Macmillan Company and the Free Press. New York, 1968. (Vol. 7. Pág. 157). En la edición española: *Enciclopedia Internacional de las Ciencias Sociales*. Ediciones Aguilar. Madrid, 1975.

[11] Real Academia Española: *Diccionario de Lengua Castellana. Diccionario de Autoridades* (1726-1739). Obra citada (Nota 1). Tomo IV G-N (Pág. 5831).

de su diccionario pueden haber suprimido el término por considerarlo poco interesante en el ámbito filosófico). El "descuido" Ferrater Mora, sin embargo (del que sí hemos podido comprobar la edición original), ya nos parece más inexplicable, no solo por lo interesante que el fenómeno *moda* debiera ser para un filósofo contemporáneo (ahí está el precedente Simmel/Svendsen por no retrotraernos a Walter B. S. Benjamin, Theodor L. W. Adorno, Georg. W. F. Hegel, Arthur Schopenhauer, Immanuel Kant o Alexander Gottlieb Baumgarten), sino porque ni siquiera recoge la acepción "estadística", algo inexplicable para un tiempo de la Filosofía tan preocupado de fenómenos como la aleatoriedad, la probabilidad o la indeterminación.

"El método es el mensaje"

Quisiéramos definirla, una vez más por comprensión, apelando a los elementos que integran su contenido, pero haciéndolo de una manera diferente, incluyendo en este los cuatro fenómenos más imprescindibles que contiene. Esos cuatro elementos esenciales, sin los cuales hoy a nuestro juicio no parece posible definir correctamente la Moda, serían sus "límites", término de inevitables referencias filosóficas al menos desde Georg Wilhelm Friedrich Hegel y su relectura por José Ortega y Gasset[12] en sus *Meditaciones del Quijote* de

---

[12] El concepto de "límite" y de "limitación" que tanto interesó a Hegel es "traducido" –aprehendido– por Ortega en sus *Meditaciones del Quijote* (1914) a partir de la lectura, no tanto de la *Lógica* (tesis sugerida por Julián Marías) como de su *Fenomenología del Espíritu,* libro ampliamente consultado y subrayado por Ortega como se confirma en su "Prólogo". Domingo Hernández Sánchez: *La recepción de Hegel por Ortega y Gasset*. Ediciones Universidad de Salamanca. 2000. I"Límite, concepto y metáfora: Hegel y Ortega en 1914" (Págs. 142 a 149). "Ortega y el prólogo a la Fenomenología del Espíritu". "Límite y concepto". "Hegel. Notas de Trabajo" (Edición de Domingo Hernández Sánchez). Abada Editores. Madrid, 2007.

"Esta lejanía cosmovisional puede apreciarse en la escasez de escritos que Ortega dedicó de manera monográfica a Hegel y que se reducen a tres ensayos más o

1914, o de Ludwig Josef Johann Wittgenstein en su *Tractatus logi-co-philosophicus* de 1922 (edición bilingüe alemán-inglés publicada en Londres por el editor Charles Kegan Paul, con un controvertido prólogo de su maestro y protector Bertrand Russell un año después de su primera publicación con el título *Logisch-Philosophische Abhandlung* en la revista *Annalen der Naturphilosophie* XIV, 3-4, págs. 185-262). Como es sabido, la tesis fundamental del *Tractatus* (primer Wittgenstein, por contraposición al segundo, que representa su pensamiento publicado póstumamente en 1953 en su obra *Philosophische Untersuchungen* [Investigaciones filosóficas], donde cambia la perspectiva y el paradigma de su estudio filosófico del lenguaje pasando de un punto de vista "lógico" a uno "pragmatista") es la estrecha vinculación estructural (o formal) entre lenguaje y mundo, "hasta tal punto que los límites de mi lenguaje son los límites de mi mundo" (*Tractatus*: § 5.6). Pues, en efecto, aquello que comparten el mundo, el lenguaje y el pensamiento es la forma lógica (*logische Form*), gracias a la cual podemos hacer figuras del mundo para describirlo. (Isidoro Reguera y Jacobo Muñoz disertan magistralmente sobre la cuestión en la "Introducción" de su edición del *Tractatus logico-philo-sophicus* de 2002 para Alianza Editorial). Todavía podríamos extender-

---

menos breves: en primer lugar, "La Filosofía de la historia de Hegel y la historiología", publicado en la *Revista de Occidente* en febrero de 1928, y escrito con la intención inicial de prologar la traducción de José Gaos de las *Lecciones sobre la historia de la filosofía universal* del pensador alemán. En segundo lugar, "Hegel y América", fechado también en 1928 y publicado en *El Espectador* VII (1930). Finalmente, "En el centenario de Hegel", publicado por primera vez en *La Nación* de Buenos Aires a comienzos de 1932, formando parte después de *Ideas y creencias* (1940), y que se trataba en realidad de una nueva versión de la conferencia pronunciada en el Instituto Internacional de Señoritas el 14 de diciembre de 1931 bajo el título "Hegel y la filosofía de la historia", reproducida en *El Sol* al día siguiente." Antolín Sánchez Cuervo: "Ortega y Hegel: la interpretación de la historia y sus trampas". *DAIMON Revista Internacional de Filosofía*, Nº 67. Universidad de Murcia, 2016 (Págs. 57 a 72). Ludwig Wittgenstein: *Tractatus logico-philosophicus*. (Edición de Isidoro Reguera y Jacobo Muñoz). Alianza Editorial. Madrid, 2002. IBSN: 84-206-7181-9. "Introducción".

nos con las consideraciones del excepcional filósofo a fuer de excepcional matemático británico Bertrand Russell[13], cuando no, todavía

---

[13] Quizás no haya idea de "límite" más absoluta –no sabemos si salvada la existencia del espacio tiempo– que esta otra que plantea el "límite" entre "lo que puede ser dicho" y "lo que no puede serlo": "El punto esencial que se propone Wittgenstein en el *Tractatus* es –como evidencia una carta suya dirigida a Bertrand Russell– diferenciar aquello que puede ser dicho (*gesagt*) mediante proposiciones de aquello que no puede ser dicho mediante ellas, sino solamente mostrado (*gezeigt*).¿Qué es lo que puede ser dicho? Eso y sólo eso cuya fórmula negativa es también una posibilidad. Por ejemplo, si digo: "Esta pared es blanca" puede ser dicho también: "Esta pared no es blanca". Tener un sentido significa, por tanto, que puede ser predicado de una proposición o su verdad o su falsedad. La proposición expresa "sus condiciones de verdad". Las dos proposiciones –verdadera o falsa– tienen un sentido pero sólo una de ellas es verdadera. (Una proposición falsa tiene, por tanto, sentido, aunque no sea verdadera.) El criterio para determinar su verdad o falsedad viene proporcionado, según Wittgenstein, por una "comparación de la proposición con la realidad". Ello es así porque a juicio del filósofo austriaco existe un *isomorfismo* entre lenguaje y realidad: a cada proposición corresponde un hecho en el mundo, porque lenguaje y mundo comparten una estructura común. Una proposición constituye una imagen (*Bild*) de un hecho del mundo. El conjunto de las proposiciones corresponde así al conjunto de lo que conocemos del mundo. Toda proposición, o bien es una proposición elemental –es decir, que no precisa un análisis ulterior porque no puede descomponerse en ningún elemento más simple ("nombres")[5]–, o bien es una proposición compuesta por proposiciones elementales. Toda proposición elemental es verdadera o falsa y, por lo tanto, toda proposición compuesta también. Las proposiciones complejas –esto es, las formadas a partir de varias proposiciones simples– se corresponden con hechos complejos en el mundo; pero tanto proposiciones como hechos pueden ser reducidos a su expresión elemental. Debido a ese *isomorfismo* entre realidad y lenguaje concluye Wittgenstein que los límites de mi lenguaje son los límites de mi mundo. Todo lo que puede decir del mundo constituye todos los hechos del mundo. Y lo que no puede decir está "fuera del mundo", como veremos más adelante. Puesto que el lenguaje y el mundo comparten una estructura común, a través de la comparación de la proposición con la realidad podemos determinar con certeza si una proposición es verdadera o falsa: en ambos casos –tanto si es verdadera como si es falsa– corresponderá a un hecho en el mundo, o bien afirma ese hecho, o bien lo niega. Wittgenstein no específica, sin embargo, en qué consiste esta comparación. La interpretación posterior de A. J. Ayer y de algunos miembros del denominado Círculo de Viena, especialmente de Moritz Schlick, de entender esta comparación

más lejos, de Albert Einstein a Stephen Hawking[14], en el espacio de la Física Teórica.

---

como una "verificación a través de los sentidos", no se deja, según Gertrude Elizabeth Margaret Anscombe, concluir del *Tractatus*. Queda pues sin aclarar qué método sería el adecuado para establecer esta comparación... [...] Puesto que la lógica revela la estructura del lenguaje, debe, por tanto, revelar también la estructura del mundo; la lógica es el "espejo del mundo". La línea de investigación de Wittgenstein es, en opinión de K. T. Fann, bastante clara: de la naturaleza de la lógica a la naturaleza del lenguaje y de ésta a la naturaleza del mundo. El lenguaje es la totalidad de las proposiciones y el mundo la totalidad de los hechos. Hay aquí una simetría que Wittgenstein fundamenta en un orden *a priori* en el mundo. La estructura que comparten el lenguaje y el mundo es única y está dada. La lógica, en tanto revela la estructura del lenguaje, nos informa de la estructura del mundo, pero no del sentido o la finalidad de esta estructura común. El yo conoce el todo del mundo, esto es, todo lo que a través de la lógica puede decir de él: conoce la totalidad de los hechos, que se corresponde con la totalidad de las proposiciones. Conocer la totalidad de los hechos implica reconocer el límite de lo que se puede decir. El límite de mi lenguaje es el límite de mi mundo, por eso insiste Wittgenstein en que mi yo es mi mundo[21]. En el mundo sólo hay hechos que suceden independientemente de mi voluntad; el ser humano no es, por tanto, un agente de lo que ocurre en él, sino un espectador (6. 373). Lo que sucede en el mundo es objetivo y viene determinado por la "ley de la causalidad". "Esta ley no es otra cosa que la "forma lógica" de toda ley". Todo lo que podemos decir del mundo viene expresado automáticamente en una forma lógica, en la forma de una ley..." Adela Muñoz Fernández: "El conocimiento del mundo a través de la lógica y a través de lo místico en el Tractatus". *A PARTE REI. Revista de Filosofía*, Nº 39. Sociedad de Estudios Filosóficos. 2005.

[14] En este orden forzado de las comparaciones hacia "límites" anteriores, histórica o epistemológicamente considerados, es también inevitable la referencia a Stephen Hawking y su "estado", escenario teórico de su concepto cuántico de "límite" espacio-tiempo. "El «estado de Hartle-Hawking», nombrado así en honor a los físicos James Hartle y Stephen Hawking, es una propuesta de Física Teórica y Cosmología Cuántica sobre el estado del Universo antes de la "Época de Planck" (el Universo más temprano, entre cero y 10^{-43} segundos, durante el cual las cuatro fuerzas fundamentales –las interacciones nucleares fuerte, débil, electromagnética y gravitatoria– están unificadas y no existen todavía las partículas elementales). Según este modelo, cuando se inició el *Big Bang* el tiempo no existía, porque el tiempo no existe antes de la formación espacio-tiempo asociado con el *Big Bang* y la posterior expansión del Universo en el espacio y el tiempo. Dado que el tiempo

Hacerse una idea rigurosa de lo que la Moda es hoy requiere, no dejará de parecernos una extraña paradoja, mencionar sus "límites", es decir, los cuatro conceptos con los que esta limita, como si la Moda fuese un punto en un espacio concreto, localizado en el centro de un plano limitado, como puntos cardinales, por esos cuatro límites conceptuales (perdón por la inevitable tautología). Las relaciones de la Moda, entendida esta en su acepción más amplia[15], con estos "límites" sería la definición absoluta de Moda que buscamos.

---

no existía antes del *Big Bang*, el concepto de un principio del Universo, como la mente humana tiende a figurárselo, no tiene sentido. Hartle y Hawking sugirieron que, si pudiésemos viajar hacia atrás en el tiempo hasta el principio del Universo, llegaríamos a un punto donde este desaparecería en un espacio sin tiempo. El "estado de Hartle-Hawking" es la «función de onda» del Universo (en Mecánica Cuántica se denomina así a la forma de representar el estado físico de un sistema de partículas). Una función destinada a averiguar cómo se formó el Universo, que se calcula a partir de la "integral de caminos" de Richard Feynman. Dicho más precisamente, se trataría de un hipotético vector en el espacio de Hilbert –generalización del espacio Euclidiano que permite el paso de espacios de dos o tres dimensiones a espacios de dimensión arbitraria y aun infinita– en una teoría de la Gravedad Cuántica que describe esta «función de onda»." James Hartle & Stephen Hawking: *Wave function of the Universe. PHYSICAL REVIEW* D 28 (12): 2960-1983. Stephen Hawking y su antiguo alumno Thomas Hertog postularon la posibilidad de observar empíricamente algún día no muy lejano –y demostrar en consecuencia– la existencia de las ondas gravitacionales originadas en los primeros instantes del Universo, una mínima fracción de segundo durante la cual el Universo se expandió exponencialmente. En su afán de explicar el *Big Bang*, ambos científicos fueron capaces de conciliar, al menos teóricamente, dos paradigmas absolutamente contrapuestos: la Teoría General de la Relatividad y la Mecánica Cuántica. Según ellos –basándose en la Teoría de las Cuerdas, que describe los elementos fundamentales del Universo como pequeñas cuerdas vibratorias– la Inflación Eterna difuminaría la separación entre la física clásica y cuántica. Stephen Hawking, también rectificó anteriores predicciones de la teoría del *Big Bang*, oponiéndose a un Universo en expansión fractal infinita y llegando a suponer pequeños universos burbuja, como el nuestro, donde la Inflación Eterna ha terminado, y eso permitió la formación de galaxias, estrellas y planetas como el nuestro.

[15] "MODA". Pedro Mansilla (Román Reyes Coordinador): *Terminología Científico Social. Aproximación crítica*. Editorial del Hombre Anthropos. Barcelona, 1988.

La mejor definición posible de "la Moda" en nuestro tiempo, exactamente, de la Moda de nuestro tiempo (1975-2025)[16].

Hablar hoy de Moda es, más que nunca, hablar de sus fronteras, de sus "límites", puesto que estos actúan como extremos necesarios con el centro. El límite es el fin del mapa, del esquema, del concepto, pero también es el principio, ya que los límites actúan como una membrana osmótica, que permite el contacto con aquello que está al otro lado de esa frontera espacial o teórica. Hoy estos "límites" de la Moda serían el Lujo, el *Low Cost*, el Arte y la Sostenibilidad. No es una elección arbitraria, ninguna otra palabra, ningún otro concepto, ningún otro "límite" es hoy más importante que estos. Por supuesto que los hay, pero creemos sinceramente que ningún otro olvidado en esta relación, aparentemente tan arbitraria, sería suficiente para desplazar a los que hemos propuesto en este esquema, en esta definición estructural de la Moda.

---

[16] Es verdad que en la Historia de la Moda, especialmente la correspondiente a la Edad Contemporánea, donde la aceleración del tiempo es consustancial a su propia definición, cincuenta años es una cifra suficientemente representativa, una unidad de medida óptima –más allá de su coincidencia con los ciclos largos o de Kondrátiev*–, para observar el comportamiento de la moda, no ya en su aspecto superficial, de variación estilística de la silueta, sino en su aspecto estructural, como "sistema", pues difícilmente en ese tiempo no se producen cambios irreversibles en el paradigma industrial que la produce. Medio siglo de colonialismo textil, medio siglo de *Haute Couture*, medio siglo de *Prêt-à-porter*, pueden coincidir con medio siglo de dominación inglesa de la India, medio siglo de imperialismo francés o medio siglo de "sociedad de consumo" en los EE. UU. y sus países satélites. Por ese mismo argumento nuestro último ciclo (1975-2025) confirma la aceleración exponencial de los cambios, no solo de las siluetas, también de las transformaciones profundas del modelo de producción. El período podría ser llamado la "edad de plata" de la moda, que marcó el reinado del *Prêt-à-porter*, nacido como consecuencia del hundimiento de la alta costura y fenecido como consecuencia del auge del modelo *Low Cost*. El ciclo elegido es además el período histórico del que somos rigurosamente contemporáneos y, por tanto, testigos de excepción.

*Nikolái Kondrátiev: *Readings in Business cycle theory*. Gottfried Haberler, 1944. *Review of Economics Statistics*, 1935. En la edición española: *Ensayos sobre el ciclo económico*. Fondo de Cultura Económica. México, 1944.

Para construir esa definición, escribamos en el centro del mapa, del esquema, la palabra *moda*. Podemos hacerlo –en homenaje al *Sistema de la Moda* de Roland Barthes[17]– de tres maneras diferentes:

---

[17] En las notas de "El vestido escrito", primer capítulo de su *Système de la Mode* (en una edición Sistema de la Moda en otra *El sistema de la moda*)[1], Roland Barthes advierte muy oportunamente: "Escribiremos *Moda* con mayúscula en el sentido de *fashion*, de manera que podamos mantener la oposición entre la Moda y una moda (*fad*)[2]" confesando así, desde la primera línea de su texto canónico para la Sociología de la Moda (a fuerza de serlo también para la Semiología de la Moda), la compleja polisemia que ha terminado confundiendo el sentido, los sentidos, mejor dicho –en la moda tan cara a la deconstrucción de la escuela estructuralista–, de la palabra "moda", incluso, para conversaciones entre especialistas en la materia. Ni siquiera los especialistas en la materia *diacrónicos* y *sincrónicos* emplean la misma palabra y ello se nota en la dificultad para traducir palabras como *habillement* por vestimenta por ejemplo (*habillement* es "ropa", "vestimenta" *vestiaire*). Frente a la oposición fundamental entre "la Moda", toda la moda, y "la moda", una moda concreta, de Barthes, nosotros hemos preferido desarrollar tres grafías diferentes para identificar inmediatamente tres conceptos también diferentes. MODA, Moda y moda. Creemos que en su tiempo, hace ya casi sesenta años, la "estratificación" del término ya era necesaria, pero de no reconocérnoslo así, es indudable que la moda, como SISTEMA, se ha ido complejizando lo suficiente para necesitar hoy aún más precisión que entonces. Lo que Barthes llama "una moda" es demasiado grande, o nos lo parece a nosotros, pues no distingue cualitativamente entre una colección de moda (Primavera-Verano 2021 o 2022) que refuerza o inicia una moda (la asimetría, el feísmo o el brutalismo[3] dominante en la mayoría de las colecciones de nuestros días), y una moda que suma o descuenta colecciones a su favor o en su contra (la moda del traje de chaqueta femenino a la que se suman tales o cuales diseñadores franceses, italianos o españoles esta temporada concreta) ¿Cómo diferenciar la moda de una editora de moda de Vogue de un redactor jefe de una televisión generalista? ¿De verdad creemos que piensan lo mismo cuando ambos escriben la palabra moda? ¿La deconstruirían de una manera semejante? Quién solo vería generalizaciones de quien solo vería sutiles matizaciones. "La Moda" Barthiana tampoco distingue entre el aspecto diacrónico y sincrónico, que también le debemos a Barthes. "La Moda" es demasiado grande para no diferenciar si nos referimos al sistema que la produce o al sistema que la analiza. A los que entienden la moda como una frenética actividad económica con ciertas necesidades de valor artístico añadido de quienes la consideran una actividad cultural profundamente ligada a la historia del arte: ¿Cómo escribir "la moda Luis XIV"? ¿Cómo el sistema de moda *en* Luis XIV con el fenomenal fenómeno Colbert incluido? ¿Cómo la moda *estilísticamente dominante* en la época de Luis XIV bajo la atenta mirada de James

Primera, "MODA" –escrita todas sus letras con mayúsculas– sinónimo de *moda* como "sistema". Su inclusión en el título mismo

---

Laver? ¿Cómo un cierto *color* inconfundiblemente Luis XIV en el personalísimo gusto de John Galliano durante su feliz década al frente de la casa Dior?

1. La edición original de Éditions du Seuil (Paris, 1967) fue titulada *Système de la Mode*. La edición de Gustavo Gili (Barcelona, 1978) respeta el título original hasta en su grafía mayúscula/minúscula. La posterior edición de Paidós, tomada también de Éditions du Seuil (Paris, 1993 y 1994) añade el artículo "el" y no respeta las mayúsculas/minúsculas del título original, "El sistema de la moda y otros escritos".

2. "On écrira *Mode* avec une majuscule dans le sens de *fashion*, de façon, à pouvoir garder l'opposition entre la Mode et une mode (*fad*)" (Pág. 13)

3. Utilizamos el término "brutalismo" aquí, no en el sentido estricto con el que la Historia de la Arquitectura denomina una de las últimas variaciones del Estilo Moderno, caracterizado por la impactante influencia en todo el mundo de la estética *"Béton brut"* de Le Corbusier, Eero Saarinen y sus innumerables alumnos durante las décadas de los cincuenta, sesenta y setenta ("Torres Blancas" de Javier Sáenz de Oiza, incluidas, aunque su endemoniada elegancia parezca negarlo), sino como una declinación de los postulados de esa corriente del Movimiento Moderno en la Moda. La estética feísta que tan exquisitamente cultivó Miuccia Prada para desmarcarse de la perversa copia que había perseguido a su antecesor en el cargo Giorgio Armani, o la radicalidad de las propuestas de Miyake y Comme des Garçons alcanzaron un punto de no retorno en la pretenciosa deconstrucción de Margiela, pretenciosa en el sentido intelectual, no despectivo, del término. Pero últimamente, quizás también envalentonados por la "arquitectura provocación" de grandes maestros, muchos de ellos Premio Pritzker incluidos (Lacaton & Vassal el 2021 recién estrenado), algunos diseñadores, posiblemente Demna Gvasalia a la cabeza de Balenciaga, estarían pareciendo aplicar a rajatabla los postulados *brutalistas* más sobreactuados.

Roland Barthes: *Système de la Mode*. Éditions du Seuil. Paris, 1967. En la edición española: *Sistema de la Moda*. Editorial Gustavo Gili. Barcelona, 1978. INTRODUCCIÓN: MÉTODO. El vestido escrito. I. Los tres vestidos. 1.1. Vestido-imagen y vestido escrito (Págs. 17 a 29). *Oeuvres Complètes* Vol. 2. Éditions du Seuil. Paris, 1994. En la edición española: *El Sistema de la Moda y otros escritos*. Paidós Ibérica. Barcelona, 2003. Incluye *Otros escritos* no recogidos en la edición de Gustavo Gili.*("Historia y sociología del vestido. Algunas observaciones metodológicas" 1957, "Lenguaje y vestido" 1959, "Para una sociología del vestido" 1960, "De las joyas a la bisutería" 1961, "El dandismo y la moda" 1962, "Inventario de los sistemas contemporáneos de significación: sistema de objetos (vestido, alimento, vivienda)" 1963, "Inventario de los sistemas de significación contemporánea" 1969, "La moda y las ciencias humanas" 1966, "La contienda Chanel-Courrèges" 1967 "Sobre el sistema de la moda" 1967).

del libro *Il Sistema Moda* de Amos Ciabattoni[18] o *L'Italia della Moda* de Silvia Giacomoni[19], cuando no, incluso, en el propósito metodológico de la *Guía de la Moda Española*[20] que realicé por encargo del Ministerio de Ciencia y Tecnología, serían el mejor ejemplo práctico de la utilización de esta acepción específica. Segunda, "Moda" –escrita con mayúscula solo su primera letra– sinónimo ahora de

---

[18] Amos Ciabattoni: *Il Sistema Moda*. Editoriale Valentino r. l. Torino, 1976.

[19] Silvia Giacomoni: *L'Italia della Moda*. Gabriele Mazzotta editore. Milano, 1984.

[20] "Compréndase que «capturar» más de 4000 marcas de la moda española, partiendo de cero, es muy difícil… En solo seis meses de distancia, entre una feria y la siguiente, de cada uno de los sectores incluidos, pueden cambiar las direcciones, los nombres de las marcas o empresas, las ciudades, los teléfonos, y esto sin contar los *e-mail* que, por su reciente aparición, en el sector de la joyería, por poner un solo ejemplo, cambiaron absolutamente todos. A veces teníamos la sensación de ser Antonio López dibujando el membrillo de la película de Víctor Erice: cuando tienes pintadas perfectamente todas las hojas, éstas empiezan lentamente a cambiar de color… En las tres ediciones consecutivas, de cada sector, tomadas como referencia para hacer esta Guía, en el sector del calzado pudieron desaparecer marcas enteras, fusionarse bajo el mismo nombre dos que hasta entonces eran diferentes, cambiar el número de la calle, la calle misma, el polígono industrial e incluso la ciudad y, para colmo, aparecer con dos direcciones diferentes en dos catálogos que separaba solo un margen de quince días.

[…] Hemos empezado por primar la marca sobre la sociedad, ya que la realidad indica que en España aún se carece de la "cultura de marca" suficiente. Nuestras marcas de moda son pocas, siendo muchas nuestras empresas de moda, ¿por qué? Tal vez porque construir una marca es más difícil que construir una empresa. Ya lo sabemos, pero también sabemos que es inevitable… Si no hay marca registrada, estamos condenados a seguir haciendo marca blanca. Así que, pongámonos públicamente de acuerdo en subrayar esta obviedad… Creemos cuatro mil marcas en nuestras cuatro mil empresas. No es un capricho de periodista de moda *snob* recomendarles que busquen nombres sonoros, bellos, eficaces… Que los registren, que los diseñen, que los publiciten, que los hagan mediáticamente valiosos… No es sólo la política general de precios o un mundo cada vez más competitivo los que nos lo exigen, es que, estratégicamente considerado, esa es nuestra única oportunidad de sobrevivir en este mercado tan competitivo." Pedro Mansilla: *Guía Moda España*. Sociedad Estatal para el Desarrollo del Diseño y la Innovación DDI. Ministerio de Industria. Madrid, 2004. M-2109-2004. Comentarios sobre el trabajo de investigación (Págs. 9 a 12).

moda como "conjunto de tendencias"[21], y tercera, "moda" –escrita todas sus letras con minúsculas–, sinónimo finalmente de *moda* como "propuesta mínima con entidad suficiente"[22]. El ejemplo ideal de "Moda", segunda versión, sería el conjunto de colecciones de todos los diseñadores presentadas en todas las pasarelas del mundo para una temporada concreta. Lo que podría considerarse la Moda global para una temporada concreta. (Por ejemplo, la tendencia de la próxima Primavera Verano 2018 confirma la persistencia de los estampados florales, geométricos, abstractos o fotográficos; las transparencias; los "efectos plásticos" o la minifalda más minifalda de ese siglo XX en el que aún seguimos, Rick Owens incluido, a estos efectos[23]). Por último, el ejemplo ideal de "moda", tercera versión orto-

---

[21] "Moda". Pedro Mansilla (Román Reyes Coordinador): *Terminología Científico Social. Aproximación crítica.*
Obra citada (Nota 15).

[22] "moda". Pedro Mansilla (Román Reyes Coordinador): *Terminología Científico Social. Aproximación crítica.*
Obra citada (Notas 15 y 21).

[23] Las minifaldas, tan cortas como sofisticadas, del diseñador californiano Rick Owens nos resultan la perfecta "clonación" de las propuestas por Jean-Paul Gaultier, Thierry Mugler, Claude Montana o Sonia Rykiel en los años 90 del siglo pasado, por no hablar de Karl Lagerfeld, Gianni Versace, Gianfranco Ferré o Hervé Léger. Una constatación que nos sirve de ejemplo para la necesaria reflexión sobre la verdadera duración del siglo XX. Se trata de una referencia a esa sensación de estar todavía en él, al menos estilísticamente, de seguir repitiendo, "reponiendo obscenamente", colección tras colección de este siglo la década tras década del siglo pasado. No hay en todo el XXI una silueta que podamos considerar "nueva", todo es "relectura inevitable" del pasado. Las únicas *Demoiselles d'Avignon*", valga la comparación, para romper la continuidad de esos siglos aún no se han producido. Las rupturas posibles (Comme des Garçons o Martin Margiela) son más conceptuales que formales y, en todo caso, también pueden considerarse del siglo xX. Continuamos en bucle. Pero no nos preocupemos, si no ha aparecido es porque no era necesario. Quizás las consecuencias sociológicas del impacto sobre nuestras economías y nuestros estilos de vida del covid-19 lo termine consiguiendo. Más allá de los adornos superficiales (a cargo de la "creatividad sin fin" de los verdaderos y los falsos *createurs*) la *moda* parece finalmente diseñada por el modelo económico.

gráfica, sería la colección concreta de un diseñador concreto. (Por ejemplo, la colección Otoño Invierno 2016-2017 de Chanel, de Zara, de Hermès o de Prada). Nombres elegidos, precisamente, por ser los ejemplos más evidentes de esos respectivos "límites" conceptuales[24].

---

[24] La *moda*, escrita en cursiva para no comprometer su acepción concreta, puede pues aparecer escrita de tres formas diferentes. La "MODA", como sistema, incluiría a todas las "Modas" posibles y, cada una de estas, a su vez, a todas las "modas" también posibles. La *moda* escrita "Moda" remite a una dimensión temporal, sea una temporada o un año financiero. Escrita "moda", con minúscula, hace referencia temporal pero también espacial. No es toda la Moda de la Primavera Verano 2020/2021 (la que se presentaría en las pasarelas de septiembre de 2020) es solo la "moda" de la Primavera Verano 2020/2021 de un diseñador o una marca específica. Chanel-Zara, Hermès-Prada. La MODA es el escenario real donde todas las "Modas" interactúan temporalmente (diacronía de Barthes*) y todas las "modas" espacialmente (sincronía). Como sistema, la MODA, incluye su estructura tangible, tanto económica como tecnológica, pero también su estructura intangible: su historia o su "sentido" en el inconsciente colectivo de cada cultura. La MODA, como sistema, es el resultado de todas las interacciones de sus partes, de sus elementos constitutivos, de sus límites entre sí. A su vez la Moda, como cada una de esas marcas elegidas (Chanel, Prada, Zara, Hermès), son su dimensión real, material, pero también su dimensión inmaterial: su legado, su leyenda.

*(Los términos diacronía y sincronía fueron introducidos en Lingüística por Ferdinand de Saussure, de donde fueron tomados por Roland Barthes y el resto de especialistas del paradigma estructuralista). Roland Barthes: *Élémets de sémiologie*. Communication Nº 4. Année 1964. (Págs. 91 a 135). En la edición española: *Elementos de Semiología*. Alberto Corazón Editor. Colección Comunicación. Madrid, 1971. Ferdinand de Saussure: *Cours de Linguistique Générale*. Éditions Payot. Paris 1913, 1972 y 1995. Edición española: *Curso de Lingüística General*. Editorial Losada. Buenos Aires, 1965 y 2007.Simon Bouquet: "*Introduction à la lecture de Saussure*". Éditions Payot. Paris, 1997. Françoise Gadet: *Saussure, una ciencia de la lengua*. Éditions PUF. Paris, 1987 (Une initiation). Robert Godel: *Les sources manuscrites du «Cour de linguistique générale»*. E. Droz. Genève, 1957 y 1969. En la edición española: *Ferdinand de Saussure. Fuentes manuscritas y estudios críticos*. Siglo XXI Editores, 1971. [Edición de Ana María Nethol]. Silvia Rivero: "Una mirada sobre el método analógico de la ciencia y su lugar en la lingüística". *Revista de Epistemología y Ciencias Humanas*, Número 5. Grupo IANUS. Madrid, 2013. E. F. Konrad Koerner: *F. de Saussure. Génesis y evolución de su pensamiento en el marco de la lingüística occidental*. Editorial Gredos. Madrid, 1982.

88

¿Qué es la moda? Un ensayo desde la sociología |

Como estas separaciones, por mucho que puedan estar funda-
mentadas, no dejan de ser discrecionales, admitiríamos de buen
grado que alguien pudiera sugerir que esa "unidad mínima con entidad suficiente" podría serlo, no una colección entera sino solo una
prenda –la mítica chaqueta "cuatro bolsillos" de Chanel (dataciones
de 1916, 1928, 1954, 1966 o 1969 aparte), el smoking femenino
de Yves Saint Laurent o el *jeans* 504 de Levi's–, pero esa propuesta
pierde mucha de la representatividad que posee una colección completa, aunque es verdad que ambas magnitudes pueden "concentrar"
la imagen, la atmósfera o, por decirlo con etiqueta de fragancia
histórica, el "aire de un tiempo"[25], el aire de "su" tiempo.

Si admitimos esa sugerencia quizás también tendríamos que admitir la razón de aquellas sensibilidades que todavía encontrasen
demasiado grande ese concepto y propusiesen descender hasta ele-

---

A partir de los Cursos en la Universidad de Ginebra impartidos por Saussure
entre 1906 y 1913, sus alumnos Charles Bally y Albert Séchehaye (a partir de los
apuntes de H. Frey, A. Meillet, J. Vendrie y de ellos mismos) publicaron póstumamente la obra de su maestro. En tal Curso se destacan las consideraciones de
Saussure referentes al signo lingüístico, el cual se desdobla en un concepto o significado y su «imagen acústica» o significante. La mayor aportación que Saussure
hizo en su "Curso de lingüística general" fue la constitución de la Lingüística como
una ciencia. Para ello, en primer lugar, debió delimitar su objeto de estudio (la
lengua) dejando de lado lo que él llamaba el habla. Esta bipartición tan criticada
posteriormente (ya que son la dos caras de la misma moneda y no se pueden estu-
diar una sin considerar la otra) debemos entenderla en su contexto, el positivimo,
para comprender que su objetivo era formular un método para dar a su estudio el
mismo valor científico con el que se miden las llamadas «ciencias exactas».

[25] La expresión "el aire del tiempo" llegó a ser tan popular a finales del siglo
XIX y principios del XX que dio nombre incluso a una *marca registrada*. Traída
desde la filosofía pasó a la literatura y, por supuesto, al lenguaje coloquial. "*L'Air
du temps*", de Nina Ricci, es una fragancia femenina de la familia olfativa Floral,
creada por Francis Fabron en 1948 con un frasco diseñado por Marc Lalique. Las
notas de salida son clavel, durazno (melocotón), neroli, bergamota, rosa, palo de
rosa de Brasil y aldehídos. Las notas de corazón son romero, clavel, gardenia,
violeta, orquídea, clavos de olor, raíz de lirio, jazmín, ylang-ylang y rosa. Las notas
de fondo son especias, iris, ámbar, sándalo, almizcle, benjuí, musgo de roble, ve-
tiver y cedro.

mentos aún más pequeños, aún menos indivisibles, como pueden serlo el tejido, algún detalle de la prenda –solapa, botonadura, etiqueta, incluso el ojal–, el hilo o el botón. Nada puede ser más pequeño en la Moda –con significado de moda– que un tejido, una etiqueta, un pespunte, un ojal o un botón. Todos tienen, o han tenido, la propiedad de convertirse, ellos solos, en "objetos de diferencia" y, por lo tanto, en "objetos de Moda" –que subrayaría Françoise Vincent-Ricard en el título mismo, pero también en la selección propuesta, de su obra *Objets de Mode*[26]–, esto es, la *moda* misma (escrita aquí en *cursiva* por su posible doble acepción: como "Moda" –todas las propuestas de una temporada– y como "moda" –la propuesta concreta de un diseñador para una temporada concreta– consideradas en nuestra escala ideal). Así pues, el insignificante hecho de estrechar ostentosamente el ancho de los pantalones masculinos, luego también los femeninos, o de acortar ridículamente su largo en los pantalones masculinos, no así, curiosamente[27], los femeninos,

---

[26] *"Les objets de la mode recensés dans ce livre sont ce que l'histoire récente et la mémoire ont retenu –fruits de savoir-faire ancestraux, de cultures millénaires dans le domaine de tissage, des formes ou des dernières avancées technologiques–. Ils racontent ce qu'il y a de plus essentiel chez l'homme: au-delà du besoin primaire de se vêtir, celui de se parer, de séduire, de jouer avec les signes de l'apparence. Si les formes sont éphémères, le jeu, lui, est permanent. Et parce qu'essentiel, il s'arrête à quelques objets, les élisant entre tous comme les objets dont il ne peut se passer, les objets de la mode."* Françoise Vincent-Ricard: *Objets de la Mode*. Éditions du May. Paris, 1989.

[27] El empleo intencionado del adjetivo "curiosamente" nos remite al constante dimorfismo sexual del traje, que más allá de las prendas asignadas colectivamente a un sexo o a un género, por razones "históricas" (entiéndase más precisamente "sociológicas") nos remite al interesante problema de las diferencias, no de "función" sino de "gusto" -aunque nadie negará su evidente relación- pues las razones por las que un color o un largo determinado de los pantalones (los llamados "pesqueros") se considera *chic* en las mujeres (en algunas, especialmente en Audrey Hepburn, su referencia estilística indiscutible) y ridículo en los hombres (con escasísimas excepciones) nos obliga a preguntarnos, no "quién" sino "qué" determina el don de la oportunidad de una prenda, o de su forma específica, en un sexo y no en el otro. Creemos (por supuesto sobre *"La Distinction"* de Bourdieu) que el "gusto" es una "convención social"; de ahí la supuesta relatividad histórica de

pasó de ser una insignificante "moda" –*leitmotiv* exclusivo de un diseñador para una temporada– a una inagotable "Moda" –lugar común de todas las colecciones durante una, dos, y hasta diez temporadas seguidas– asumido imperiosamente por todos los diseñadores del mundo a la vez. Aún más sorprendente puede parecernos el capricho individual de suprimir los calcetines masculinos del "uniforme de ejecutivo" o el de incorporar las "deportivas" al *smoking* femenino. Todos ellos ejemplos evidentes de una "moda" que se convirtió en una "Moda", de una moda que se convirtió en "la Moda".

Recuérdese a estos efectos la importancia del tamaño de la solapa como signo distintivo de una tendencia de "moda" frente a otra –las solapas anchas de las chaquetas de los años 70 *versus* las solapas estrechas de los 80–; la "moda" de la etiqueta cosida en la espalda de Jean Paul Gaultier –en el exterior de la prenda, se entiende–[28]; la

---

"lo bello" y "lo feo" a través del tiempo. El largo a la pantorrilla de los pantalones masculinos que hoy nos parecería una provocación inasumible (fuera de contextos históricos cinematográficos, el bañador de Tadzio en *Muerte en Venecia* de Visconti, por ejemplo) fue la máxima expresión del buen gusto masculino hasta el siglo XVIII y, como algunas de sus formas fosilizadas nos permite comprobar todavía hoy (el vestido de torero), nadie discutirá que el largo de sus pantalones es el más adecuado, aunque para tal perfección formal necesite cubrir el resto de la pierna con unas medias de seda de color rosa. Que unos calcetines hagan perdonar el largo, o, más exactamente, el corto, de unos pantalones masculinos ya fue experimentado por el elegante ejército británico de la *Belle Époque* en sus colonias imperiales. Aún más sorprendente nos parece que en una recepción en la que los camareros representan "historicistamente" su trabajo, la etiqueta no obligue también a los invitados a ir vestidos del aristocratizante siglo XVIII, sino que se conforme con exigirles ir correctamente "disfrazados" del muy burgués frac del XIX. Los innumerables fracasos de propuestas musicales, literarias, pictóricas y aun arquitectónicas en su estreno, que hoy se consideran "obras maestras" de todos los tiempos, nos ayudará a comprender el aludido sentido de la "convención".

[28] El desplazamiento hacia el exterior de una pequeña trabilla situada en el interior del cuello de la chaqueta masculina es un excelente ejemplo de como una solución estrictamente funcional (para colgar discretamente la chaqueta en los trenes u otros medios de transporte) se convirtió en un llamativo adorno. La conversión de utilidad en representatividad llevada a cabo por Gaultier en los años

"moda" de la etiqueta blanca de Martin Margiela[29]; la alternancia de los dos o tres botones en las chaquetas de hombre; la especificidad de algunos "pespuntes de autor"[30] y, finalmente, la "moda" de hacer los ojales o coser los botones con un hilo, no "a juego", lo más frecuente en la Moda, sino en un color de marcado contraste. Cuanto más contrastado, mejor. Los decimonónicos pares rojo/azul, verde/azul o rojo/verde, los *chanelianos* negro/blanco y los *saintlaurentianos* rosa/rojo, naranja/rosa o naranja/rojo, por citar algunos ejemplos muy conocidos[31]. (Aún sumaríamos: rosa/amarillo o rojo/amarillo tan caro a la estética "neoclásica" de Francis Montesinos, Manuel Piña, Vivienne Westwood, Christian Lacroix, Jean-Charles de Castelbajac, Ágatha Ruiz de la Prada y la

noventa, propia de alguien familiarizado con la sastrería masculina, quizás no suprimía totalmente su función original (la chaqueta podía seguir colgándose ingeniosamente) pero sí la modificaba sustancialmente. Permitía exhibir la marca con el pretexto de conservar una función. Lo que antes solo era funcional ahora se convertía en solo adorno. Lo que anteriormente se ocultaba ahora se convertía en símbolo de marca.

[29] Una vez hecha la conversión función/forma de Gaultier solo quedaba volver a "re-significar" ese símbolo. ¿Cómo? Negándolo. La estrategia publicitaria de la página en blanco llevada hasta sus últimas consecuencias. La trabilla se saca fuera, pero se deja en blanco. A partir de ese momento, todas las trabillas blancas de todas las chaquetas significan que estamos ante un Margiela (o una copia de Margiela dado su éxito). Significación por la no significación de Margiela.

[30] Especialmente en aquellos diseñadores o casas especializadas en la confección en piel, donde las "costuras vistas" son muy evidentes y, por lo tanto, representativas de un saber hacer exclusivo que se "representa" ostensiblemente. Esas costuras, dadas por máquinas tecnológicamente muy especializadas, también pasaron de la mera funcionalidad de sujetar a la función añadida de certificar que esa costura correspondía a una determinada marca.

[31] Atribución unánime a la genialidad de YSL pero, probablemente, influida por el contexto *Pop Art* de la década. Los experimentos en cuatricromía de Warhol, o los "parchís" de Robert Indiana, cuando no de los descubrimientos alucinógenos del LSD (*Lysergsäurediethylamid* en su nomenclatura alemana original), "la droga de moda", propiciaban esa espiral de combinaciones aparentemente imposibles. O, sencillamente, consideradas de "mal gusto" en los templos oficiales del "buen gusto", los *ateliers* de la *Haute Couture*.

anecdótica corriente de marcas que aprovechan oportunamente el fervor patriótico para llevar la bandera de España a un cinturón, una camisa o unos pantalones). Es interesante contrastar el enorme partido que las marcas italianas han sacado a sus colores nacionales, elevando el rojo-verde a icono de una de ellas, o las francesas con esa mezcla considerada "paradigma de la elegancia" que combina sus colores nacionales blanco, rojo y azul, frente a la resistencia de los españoles a usar el rojo-amarillo o, su sublimación, en el rosa-amarillo. Es increíble como la "carga psicológica" de su identificación con el *Ancien Régime* (no precisamente con el despotismo ilustrado de Carlos III) puede impedir a muchos españoles aceptar la belleza de dos colores que serían perfectos en la paleta de Mark Rothko o en el *pantone* Issey Miyake.

La combinación de los colores rojo y amarillo, que no deja de ser una reducción económica de los rojos y oro (colores iniciales de nuestra bandera tomada en el reinado de Carlos III de una bandera de su armada) es una excelente mezcla de colores. Junto al negro y al azul Prusia quizás la más frecuente, sobre todo por su asociación con el poder. Rojo y oro, respectivamente por el oro del Imperio Español y por la sangre derramada para obtenerlo. Lo que nos puede parecer elegante en la cultura imperial China (de hecho la comunista no renunció a ella), exquisito en la bandera de la Serenísima República de Venecia, no debería no parecérnoslo también en nuestro Pabellón. No parece pues una cuestión estrictamente cromática, tantas veces sublimada en las manos de Chanel, Lacroix o Gaultier si no fuese por las sensibles referencias que en la izquierda española suscita una bandera identificada con la monarquía derrotada moralmente con la proclamación de la Segunda República, la enseña del bando "nacional" en nuestra Guerra Civil o con el franquismo durante cuarenta años. Fue "cuestión de Estado" su negociación en la Cortes Constituyentes que dieron lugar a nuestra Constitución de 1978. Todos habíamos olvidado que esos eran los colores de la bandera epañola de la Constitución de 1812.

Un término excesivamente poliédrico

El esquema que pretendemos describir para conformar la definición total de "MODA" quedaría representado gráficamente así:

Lujo:

Moda

Sostenibilidad: Moda   MODA   Moda   **Arte:**

Moda

Low Cost:

Así pues, la MODA –puesto que estamos hablando de *moda* como "sistema", no como "tendencia" o como "colección"– limitaría al norte con el Lujo y al sur con el *Low Cost* –conformando un eje vertical–, al este con el Arte y al oeste con la Sostenibilidad ahora –conformando un eje horizontal–. Esos ejes perpendiculares de abscisas y ordenadas cartesianas, determinadas por el eje del dinero, vertical, frente al eje de los valores, horizontal –suponiendo que el dinero no sea un valor, el valor supremo, y que los valores, todos los valores, no sean ya en nuestro tiempo absolutamente "monetizables"[32] o, mejor dicho, según la RAE, monetizables– formarían,

---

[32] Nos referimos a la elevación a "valor supremo" del dinero ya aludida por Freud en su sentencia: "Ha terminado el tiempo de la autoridad, ha sido sustituido por el Dólar"*. Pero también a la creciente capitalización de todos los "valores",

"conformarían"[33] (ya que existe la palabra perfecta, usémosla), los límites que contienen a la MODA, es decir, que cierran, que la encierran, en su posible propia expansión[34]. Aumentando, en pura

---

cualesquiera que estos sean; es decir, a la imperiosa rentabilidad impuesta por el sistema capitalista sobre cualquier cosa (incluida la poesía) para que pueda ser convertida en mercancía. A los textos clásicos de Karl Marx, de Max Weber, de Walter Benjamin y, por supuesto, de la sociología francesa de los años 70 (Deleuze, Foucault, Bourdieu, Baudrillard**), habría que añadir las últimas propuestas de la sociología y la economía "críticas" anglosajona y francesa***.

*Citado por Oscar Scopa: *Nostálgicos de aristocracia. El siglo XX a través de la moda, el arte y la sociedad*. Del taller de Mario Muchnik. Madrid, 2005. "Desde un automóvil hacia los gases de la guerra" (Pág. 55).

**Jean Baudrillard: *L'échange symbolique et la mort*. Obra citada (Nota 2). Capítulo I. EL FIN DE LA PRODUCCIÓN (Págs. 11 a 58).

***Thomas Piketty: *Le Capital au XXIe siècle*. Éditions du Seuil. Paris, 2013. En la edición española: *El capital en el siglo XXI*. Fondo de Cultura Económica. Madrid, 2014. (Es muy conocida su tesis fundamental: "Cuando la *tasa de acumulación de capital* crece más rápidamente que la *economía*, entonces la desigualdad social aumenta", síntesis de su preocupación teórica por la "desigualdad" y la "redistribución de la de la riqueza" desde su Tesis Doctoral, presentada en la London School of Economics y en la École des Hautes Études en Sciences Sociales de París, por la que ganó el Premio de la Asociación Francesa de Economía a la Mejor Tesis del año).

[33] "Conformar" (Acepción Dar forma) (Del lat. *Conformare*). 2. Dar forma a algo. *Diccionario de la Lengua Española* de la RAE. Vigésima Segunda Edición. Editorial Espasa Calpe. Madrid, 2001.

[34] Otra vez Wittgenstein, aludido aquí como humilde tributo a su excepcional cosmovisión: «Todo lo que puede decir del mundo constituye todos los hechos del mundo. Y lo que no puede decir está "fuera del mundo"». Ludwig Josef Johann Wittgenstein: *Logisch-Philosophische Abhandlung* (1921). *Tractatus Logico-Philosophicus*. Hartcourt, Brace & Company INC. New York, 1922 (con Prólogo de Bertrand Russell). Paul Kegan, Trench Trübner & Co. Ltd. London, 1922 (Routledge. Taylor & Francis Group). En la edición española: *Tractatus logico-philosophicus*. Alianza Universidad. Madrid, 1989. (Edición de Jacobo Muñoz e Isidoro Reguera). *Tractatus logico-philosophicus, Investigaciones filosóficas y Sobre la certeza*. Editorial Gredos. Madrid, 2009. (Edición de Isidoro Reguera). Editorial Tirant lo Blanch. Valencia, 2016 (Edición Crítica de Jesús Padilla Gálvez). Citado por Adela Muñoz Fernández: "El conocimiento del mundo a través de la lógica y a través de lo místico en el Tractatus". A PARTE REI. *Revista de Filosofía*, Nº 39. Obra citada (Nota 13).

lógica Boyle-Mariotte, su presión y, en consecuencia, también su densidad[35].

Hemos planteado una representación plana, bidimensional, simulando un mapa, pero si pensásemos en una representación tridimensional, simulando una maqueta cúbica, podríamos añadir un eje más, perpendicular a su vez al de abscisas y al de ordenadas, lo que nos permitiría añadir dos nuevos límites, conformando un nuevo eje de valores. Esos dos límites agregados a la definición, no olvidemos que de eso se trata, de la construcción de una simulación espacial que defina la MODA, podrían ser la realidad real y la virtual. Una moda fotografiada, la que por reducción al absurdo es la que reflejan los medios de comunicación y otra moda real, la que también por reducción al absurdo circula por las carreteras, exhiben los escaparates, venden las tiendas, nos ponemos físicamente encima. Las dos modas son igual de "reales", pero una se desplaza por unos medios y la otra por otros, una cuesta una cantidad y la otra cuesta otra, una nos sirve para una cosa y la otra para otra. Con una sabemos de lo que iremos vestidos y con la otra

---

[35] Aludimos a la famosa ley de Boyle-Mariotte por la que se calcula la relación entre presión y volumen de los gases encerrados a una temperatura constante. Se supone que en un espacio cerrado por unos límites inamovibles (MODA) solo la "presión" (de las respectivas Modas interactuando) solucionará el problema de incorporar más información, más estructuras tecnológicas derivadas de esa creciente información, más información derivada de la aplicación de esa tecnología, etc., etc., al *sistema*. El espacio "limitado" contiene una estructura que ha ido adquiriendo complejidad con el paso del tiempo, así el "Sistema de Moda" de nuestros días es infinitamente más complejo que lo era el de 1869, el de 1968 e incluso el de 1999. Esa complejidad "intelectual" es el resultado inherente a su propio desarrollo tecnológico y (suponemos que resultará evidente para todas las escuelas de Teoría Económica) económico. La aplicación del rayo Láser al corte de los tejidos, de la inteligencia artificial al patronaje o el cosido de las prendas, la intensificación de la importancia de las revistas de moda, las redes sociales, la globalización, la distribución logística, la caída de precios del producto, etc., etc., son los diferentes ejemplos de ese *know how*, de ese "saber hacer", que denominamos la "información" que contiene (a presión) el *sistema*.

vamos vestidos de lo que sabemos que tenemos que ir vestidos. Roland Barthes ya lo advirtió en su *Système de la mode*, una se desgasta simbólicamente y la otra realmente. Una va a la papelera tras ser "consumida" y la otra a la tintorería cada vez que repetimos su consumación (papel o píxeles digitales *versus* tela o píxeles 3D). Nada impide, a su vez, que la papelera sea sustituida por la estantería ni que la tintorería lo sea por el armario, concediéndoles siempre una "segunda vez". Los profesionales, los coleccionistas y los *fashion victim* imponen sus tiempos.

Esta sería una excelente línea divisoria en la larga Historia de la Moda a efectos de diferenciar la moda *stricto sensu* (lo que nosotros entendemos por moda en el siglo XX-XXI) de la moda en sentido general: la aparición del papel impreso, porque este "mediador", sin necesidad de cambiar las reglas esenciales de la moda —sigue siendo la novedad consensuada por la elite y aceptada por la masa de cualquier escenario histórico—, consiguió añadirle una cualidad, anecdótica inicialmente, que terminaría convirtiéndose en estructural. La "prensa", en su doble sentido, no solo extendía la moda al publicarla, sino que también se establecía como el cuello de botella que dictaba lo que había que publicar y lo que no, es decir, lo que tenía que "llevarse" y lo que no. Claro que las modas de Egipto, Grecia o Roma podían "contagiarse" a través de las imágenes grabadas en las piedras para la posteridad, pintadas en las paredes de Pompeya para disfrute privado de sus habitantes o descrita en los papiros de Petronio, Marcial o Juvenal, pero esos "medios" tenían una capacidad de persuasión muy limitada. Cuando mil años después de Augusto, excelente promotor de la imagen, una imprenta pudo reproducir páginas que describían o exhibían vestidos y su manera, *a la moda,* de llevarlos, había creado, quizás sin pretenderlo, una novedad inmediatamente esencial. Tras ese salto cuantitativo que terminaría haciéndose cualitativo, la moda ya no sería nunca lo que era antes de la imprenta. El milagro volvió a repetirse con la impresión moderna, de hecho cada vez que una revolución tecnológica ha cambiado la especificidad de los medios estos han terminado influyendo en la moda. La moda aunque siga siendo lo mismo en términos esenciales, no es lo mismo después de la invención de la Pintura, ni de la generalización del espejo, ni de la aparición del libro, ni de la perfección de los periódicos, las revistas o la televisión, ni de la globalización de Internet. ¿Puede un medio cambiar un fin? La respuesta es sí. Los medios hicieron a la moda, porque los medios terminaron conformando las modas. Antes del "imperio de los medios" la moda era siempre una convención, "condensada" podríamos decir, *a posteriori*. Después de ellos, fue siempre una convención, "evaporada", *a priori*.

Así, finalmente, la MODA se constituiría en el diálogo equilibrado con esos límites, con todos, sinérgicamente, y, retroactivamente, con cada uno de ellos[36].

---

[36] El centro donde situamos el concepto "MODA" –como metáfora de la totalidad del sistema– está limitado por todos sus extremos, "encerrado" en un cuadrado podría decirse. En cada límite de ese cuadrado –los cuatro lados imaginarios de su perímetro– situaremos, mejor dicho, están situados (puesto que el esquema trata de construir un modelo ideal de cómo el sistema funciona en la realidad) cada uno de los conceptos a los que nos referimos. Ese concepto, A, B, C, D, es lo que se constituye en cada uno de los límites de ese centro. Los límites contienen al centro, lo limitan, pero también se contienen entre sí, se limitan entre sí, evitando su expansión unilateral. Los límites, al contenerse entre sí, terminan también conteniendo, "encerrando", su centro. Este es alterado por el contacto con cada límite, incluso por la relación entre ellos, tanto frontalmente –el que se encuentra en su frente—como lateralmente –el que se encuentre a su lado– en el ángulo, en los dos ángulos que forma con ellos (pues cada concepto limita a su vez con otros dos conceptos). El *Lujo* limita frontalmente con el *Low Cost*, pero también lateralmente con el *Arte* o la *Sostenibilidad*, y así sucede con todos y cada uno de los límites. Ese complejo conjunto de relaciones de los límites entre sí, termina conteniendo al centro –ya convertido en todo el sistema– expandido entre sus límites.

Lujo:

El Lujo obligado a ser Sostenible	El Lujo obligado a ser Arte
La Sostenibilidad obligada a ser Lujo	El Arte obligada a ser Lujo

Moda

Sostenibilidad: **Moda**   **MODA**   **Moda**   **Arte:**

Moda

La Sostenibilidad obligada a ser *Low Cost*	El Arte obligada a ser *Low Cost*
El *Low Cost* obligado a ser sostenible	El *Low Cost* obligado a ser Arte

Low Cost:

Completemos nuestro primer esquema añadiendo las cualidades esenciales de cada uno de esos cuatro conceptos que operan como límites en la conformación del mapa completo o del esquema completo[37].

Lujo:

Su metáfora perfecta es el oro.
Por escaso, útil socialmente, pero es la propiedad de ser inalterable al oxígeno, inoxidable, y por lo tanto "in depreciable", que no se deprecia con el paso del tiempo, la que le otorga su alto valor en el mercado.

---

[37] El sistema, la "MODA", comprende todas las "Modas" posibles, y, lógicamente a su vez, todas las "modas" posibles. Cualquier fenómeno de *moda* que suceda en sus infinitas posibilidades de interacción (Lujo *versus* Low Cost, por ejemplo) estará incluido en su territorio "físico" y "metafísico". Desde la singularidad de una suela de *stilettos* tintada de un determinado color rojo (como marca de la casa "imperceptible" de Christian Louboutin) hasta la operación "*colección cápsula*" de H&M con algunos de los más grandes *couturiers* (Vicktor & Rolf, Alber Elbaz o Karl Lagerfeld) durante la primera década del siglo XXI, todo está minuciosamente computado en el equilibrio final del sistema.

Moda

Sostenibilidad:	Moda	MODA	Moda	Arte:

Moda

El concepto de Moda siempre incluye el deseo de estrenar algo, de admitir el placer que ello implica. La moda siempre parece implicar algo de despilfarro.

Hoy en día la Moda no se entiende sin el Arte. Hablemos de la Grecia clásica, del ducado de Borgoña o del siglo de la Alta Costura, pero también de la relación, hoy privilegiada, de la Moda con los templos oficiales del Arte.

Low Cost:

Su metáfora perfecta es la sombra, el papel, el humo. Por abundante, por cambiante y muy "oxidable", en el sentido de insustancial, de efímero, de poco valioso, de depreciable, por no decir despreciable.

La relación de la Moda y el Lujo

Comencemos, en el sentido de las agujas del reloj, analizando los "límites" y su relación particular, uno a uno, con el centro. Tomemos así primero el Lujo y analicemos todas las relaciones posibles entre la MODA y el Lujo. Considérese una deferencia con el límite más antiguo y, por lo tanto, con más tradición histórica. No solo nos permite más perspectiva histórica a estos efectos, también, justo es admitirlo, es el que ha desarrollado una relación más compleja. El Lujo aspira a ser eterno y, si nos dejan decirlo así, de "verdad". Por el contrario, la Moda aspira a ser efímera y, si nos dejan decirlo así, se conforma con ser "mentira", casi de "mentira". El lujo tiene imperiosamente que ser "verdadero". Se supone que faltar a ese "pre-

100

¿Qué es la moda? Un ensayo desde la sociología

juicio", firmemente implantado en el inconsciente colectivo, esconde un fraude, una "falsificación", palabra especialmente odiada en el mundo del Lujo, donde se convierte casi en una traición, sea quien sea el que lo infrinja. Tanto la copia vulgar, la falsificación *stricto sensu*, como las alternativas irónicas de Gabrielle Chanel –al sugerir que sus joyas mezclaban lo auténtico y lo falso, porque buscaba, no la ostentación evidente del dinero y sus símbolos, sino exclusivamente la belleza– nunca han tenido buena prensa en ese mundo.

Como demuestra la actual joyería de la emblemática casa francesa, el "sistema" tiende a corregir inmediatamente esos destellos de genialidad propios de los *outsiders* o los *parvenues*. A los herederos legales de quienes se reían del irritante efecto de "polilla social" de mezclar auténtico y falso –la *snobissime* Coco[38] y el *duca* Fulco di Verdura– en aras de la única verdad de la belleza, hoy no les hace ninguna gracia que persistamos en ese osado error de la fundadora. No hay mayor horror que un Chanel falso. Los Bestiarios contem-

---

[38] Empleamos el término *snobissime* en su sentido literal (*sine nobilitate*), sin ningún sentido peyorativo, al intentar subrayar que Chanel, incluso como Misia Sert, su introductora en el "gran mundo", podían ser consideradas dos perfectas *cocottes*. Más allá de su ascendencia social, y de su posible complejo de superioridad, ambas ejercieron esa provocación característica de los *snobs* con éxito. Como nos recuerda Oscar Scopa "La palabra *cocotte* ya aparece en el siglo XVIII, como un apelativo que podríamos traducir como "pollitas" y que se refería a las mujeres liberales. Ya en el siglo XIX se extiende su uso a lo que podríamos traducir como "tía buena", a veces en sentido peyorativo y a veces enaltecedor, dualidad que ya analizaremos cuando hablemos de la palabra *chic* para diferenciarla de los apelativos anglosajones. En el sentido enaltecedor, Misia era una *cocotte*. Inclusive a mediados del siglo XIX aparece, en la novela *Los invisibles de París*, de Gustave Aimard, el número 22 nominado como *les deux cocottes*. Por lo tanto el paso de la figura dominante en S a la figura suelta de las *cocottes* de la *Belle Époque* podríamos decir que fue un paso de la S al 2. De *cocotte* se desprende la palabra francesa *coco* que, como sabemos, fue el apelativo que llevó Gabrielle Chanel. *Coco* también se utilizaba, otra vez la dualidad, para referirse a ese fármaco de herbolario llamado cocaína y, despectivamente, a los comunistas."Oscar Scopa: *Nostálgicos de aristocracia. El siglo XX a través de la moda, el arte y la sociedad"*. Obra citada (Nota 32). *Bocetos a finales del siglo XIX*. Notas (Pág. 47).

poráneos son implacables con esa especie. Tergiversando deliberadamente a Wilde, ninguna religión, por equivocada que esté, da más inseguridad que presentarse en sociedad con un Chanel falso[39].

El Lujo aspira a la "esencia", la Moda se conforma con la "apariencia". Quizás por eso su metáfora perfecta sea el oro, su símbolo universal. Precisamente, porque es inalterable, porque es inoxidable, porque vale siempre lo mismo, porque su valor no se devalúa con el paso del tiempo –que resulta un "devaluador" implacable de todas las demás cosas–. Exactamente lo contrario de la Moda, que está acostum-

---

[39] Juego de palabras con la famosa cita de Wilde que proclama que la seguridad de ir bien vestido da al hombre una seguridad que ninguna religión puede darle: "Ambas –la pasión por la moda y la pasión por el coleccionismo al que se semejaba según La Bruyère– dan al hombre una seguridad que ni siquiera la religión le dio jamás". Jean Baudrillard: *L'échange symbolique et la mort*. Obra citada (Notas 2 y 32). Capítulo III. LA MODA O LA MAGIA DEL CÓDIGO. *El «Impulso» de la Moda* (Pág. 107). También König la asigna a Wilde. René König: *Menschheit auf dem Laufsteg. Die Mode im Zivilisationsprozeß*. [La Humanidad en la Pasarela. La Moda en el Proceso de la Civilización] IEMC. Carl Hanser Verlag München Wien. 1985. En la edición española: *La moda en el proceso de la civilización*. Instituto de Estudios de Moda y Comunicación. Valencia, 2002.
"Si, para finalizar, quisiéramos dar respuesta clara a la verborrea del profeta Jesaya, citaríamos unas palabras que en el siglo XIX se retomaron a menudo. Dicen, que la sensación de estar en consonancia con la moda le da al ser humano una seguridad, que la religión nunca le podría proporcionar. Esta fórmula la popularizó sobre todo Oscar Wilde." John Carl Flügel se la atribuye indirectamente a Herbert Spencer en *The Psychology of Clothes*. The Hogarth Press Ltd. London, 1930. International Universities Press, Inc. New York, 1969. En la edición española: *Psicología del Vestido*. Editorial Paidós. Buenos Aires, 1964. *Prefacio* (Pág. 9).
* "Hace muchos años que Herbert Spencer anotó la observación (no suya, por supuesto) de que la conciencia de estar perfectamente bien vestido otorga una "paz que la religión no puede dar". Pero aunque en el intervalo han aparecido gran cantidad de libros sobre psicología de la religión, se han escrito muy pocos sobre psicología de la vestimenta (*sic*)*. Tal vez la materia haya parecido demasiado familiar, o demasiado frívola, o tal vez el fantasma de Teufelsdröckh haya espantado a los que se ocuparon más tarde de ella.").
*Creemos más correcta la traducción *Psicología del vestido*, pero respetamos la literalidad de la traducción argentina. Editorial Melusina. Santa Cruz de Tenerife, 2015.

brada a devaluarse con el paso del tiempo, no solo metafóricamente, también físicamente. Quizás por eso mismo, porque la devaluación física implica la devaluación moral, espiritual o simbólica. Incluso algo tan inmaterial como los sueños sufren esa devaluación, porque hasta los sueños terminan desvaneciéndose si no tienen una mínima seguridad de cumplirse. Otra metáfora que se identifica con el Lujo es el diamante, pues, no en vano, la imagen que tenemos del diamante es aquella que nos persuade de que "un diamante es para siempre", como todavía recuerda seductoramente la publicidad de De Beers Diamond Jewellery[40]. "Para siempre" quiere decir inmortal, que no se degrada con la oxidación implícita en el paso del tiempo. Por supuesto, las cualidades de su escasez y de sus brillos: "blando" en un caso, el oro, y "duro" en otro, el diamante, también contribuyen a su valor material y a su correspondiente prestigio social.

El Lujo se conforma –conformar como sinónimo de dar forma– como el "mundo de las esencias". Se busca lo esencial de las cosas, quizás porque ahí se concentra el máximo valor de cualquier cosa, despojándolo de todo lo accesorio, superfluo, innecesario. Una obsesión, por cierto muy antigua y muy generalizada antropológicamente, que parece "metafísica", casi "ontológica" con permiso de Aristóteles[41] –la de buscar el "ser de las cosas" para valorar así más

---

[40] De Beers Diamond Jewellery es una compañía fundada en 1888 en Johannesburgo con el nombre The Beers Consolidated Mines por Cecil Rhodes que, desde entonces, se dedica a la extracción, talla y comercialización de diamantes en todo el mundo. Hasta los años 90 del siglo pasado dominaba el 80% del mercado en un férreo semimonopolio que le permitía contener una escasa oferta para mantener el altísimo precio de sus productos. Hoy representa el 40% de todo el comercio mundial de diamantes. En 2004, su principal accionista era la familia Oppenheimer, y su sede central se trasladó a Luxemburgo. En su campaña publicitaria de 1947 lanzó el exitoso eslogan "*A diamond is forever*" con el objetivo de "poner de moda" que el anillo de compromiso incluyese un brillante. En 1971 el tema musical del film *Diamonds are forever* amplió aún más la leyenda.

[41] El término "esencia" –que procede del latino *essentia* y este, a su vez, del griego οὐσία (*ousia*)– significa "ser". En general, y especialmente desde Aristóteles, se considera que la esencia de una cosa remite al "ser esto o aquello" de una cosa;

las valiosas cualidades inherentes a su naturaleza–. Por el contrario, la Moda se conforma –aquí en su doble acepción de dar forma y de resignarse–[42] como el mundo de las "apariencias". De hecho, así ha sido titulada muchas veces a lo largo de la Historia: *El mundo de las apariencias* (Jorge Lozano[43], Philippe Perrot[44] y Barbara Kruger[45]), cuando no el *Imperio de lo efímero* (Gilles Lipovetsky[46]).

Como se ve, el Lujo y la Moda han sido siempre mundos diferentes, distantes, casi incompatibles, pero eso no ha evitado que a veces se hayan relacionado, se relacionen hoy y en el futuro se relacionarán muchas veces más. Si nos preguntamos si hay algún mo-

---

es decir, no a que una cosa es, sino a "lo que es" esa cosa. La "esencia" es, por lo tanto, una cosa real. Frente a la tesis de Platón que supone que la idea es más real que la cosa, la opinión de Aristóteles sostiene que la esencia se identifica con la forma. La afirmación de que la esencia es algo real y distinto del objeto "del que es esencia" ha suscitado importantes polémicas en la filosofía de todos los tiempos (Guillermo de Ockham, David Hume, Friedrich Nietzsche). Parafraseando a Leibniz y Schopenhauer, la "esencia" contendría el principio de razón suficiente. "Si existe algo, existe lo necesario". No se puede conocer, entonces, por el mismo razonamiento –dice Raúl Echauri en su ensayo *Esencia y existencia en Aristóteles*– "lo que la cosa es" y el hecho de que "la cosa sea" o exista. Mientras la "esencia" resulta cosa de definición, la "existencia" es cosa de demostración; la esencia de la cosa difiere, por ende, de su existencia, pues, como dice Aristóteles, "Lo que es el hombre es una cosa, y el ser del hombre, otra". Aristóteles: *Metafísica*. Biblioteca Clásicos Gredos. Editorial Gredos. Madrid, 1994.

[42] "Conformar" (Acepción Resignarse). (Del lat. *Conformare*). 6. Darse por satisfecho. *Diccionario de la Lengua Española* de la RAE. Vigésima Segunda Edición. Editorial Espasa Calpe. Madrid, 2001.

[43] Jorge Lozano (Comp.): *Moda. El poder de las apariencias*. Casimiro Libros. Madrid, 2015.

[44] Philippe Perrot: *Le travail des apparences. Le corps féminin. XVIIIe - XIXe siècle*. Éditions du Seuil. Paris, 1984.

[45] Barbara Kruger: *Remote control: Power, Cultures and the World of Appearances*. MIT Press. Cambridge.US, 1994. En la edición española: *Poder, cultura y el mundo de las apariencias*. Tecnos. Madrid, 1998.

[46] Gilles Lipovetsky: *L'empire de l'éphémère. La mode et son destin dans les sociétés modernes*. Éditions Gallimard. Paris, 1987. En la edición española: *El imperio de lo efímero: la moda y su destino en las sociedades modernas*. Editorial Anagrama. Barcelona, 1990.

mento en la Historia de la Cultura, por no decir de la Humanidad, donde esos dos mundos se hayan acercado, incluso aliado estratégicamente, la respuesta es afirmativa. Desde el imperio Babilonio (S. VI a. C. al S. IV a. C.) hasta la dinastía Ming (1368-1644), desde el ducado de Borgoña (1400) a la república de Venecia (1700), quizás muchas veces. Elegiremos tres momentos muy concretos, todos contemporáneos, para ver cómo actúan, cómo se relacionan: el "nacimiento" de la Alta Costura, la "muerte" de la Alta Costura, la "resurrección" de la Alta Costura. El entrecomillado de los tres momentos históricos posibles insiste en lo subjetivo de la proposición. Argumentada, como no podría ser de otra manera, pero subjetiva al fin y al cabo. *At the end of the day, in the end, after all* (al final del día, al final, después de todo).

Si hay un lugar en el mundo donde se encuentran el Lujo y la Moda, ese sería la Alta Costura, ya que ahí la Moda no deja de ser Moda, no puede dejar de serlo, por más lujosa –por más Lujo mismo– que sea. Y el Lujo no puede abandonar el Lujo, no puede dejar de serlo, ya que por más Lujo que sea, no puede tampoco renunciar a la Moda. Si un nombre representa esta cuadratura del círculo, este milagro de la complicidad, ese debería ser Charles Frederick Worth (1825-1895). El joven C. F. Worth se llevó su talento de Londres para instalarlo en París con la ayuda del comerciante sueco de tejidos Otto Bobergh como socio protector[47], convirtiendo desde ese momento a la "ciudad de la luz" en sede permanente de lo que sería el "siglo de oro" de la Alta Costura, quizás el siglo de oro de la Moda, el que transcurre precisamente desde los años 1858 a 1958, fecha de la apertura de su *atelier* o, más exactamente, desde 1868 a 1968, si tomamos como referencia la fundación de La Chambre Syndicale

---

[47] Charlotte Seeling: *Mode. Das Jahrhundert der Designer 1900-1999*. Köneman Verlagsgesellschaft mbH. Köln, 1999.

Edición española: *Moda. El siglo de los diseñadores 1900-1999*. Editorial Könemann. Madrid, 2000.

de la Couture Parisienne[48]. El año 1958, y, más exactamente, 1968, señalarían la profunda crisis vivida por el "oficio" como consecuencia de las turbulencias sociales, políticas y económicas vividas en París con motivo de la llamada Revolución de Mayo del 68. Una revolución fallida políticamente, que sí cambió, en cambio, profundamente, la "mentalidad" –concepto en el que insistiría magistralmente José Antonio Maravall– de los jóvenes de todo el mundo. La conmoción intelectual de Mayo del 68 no derribó la V República, ni al capitalismo francés, pero sí alguno de sus dogmas inmutables.

Cuando Charles Frederick Worth abrió su *atelier,* en el número 7 de la Rue de la Paix de París, establece implícitamente los tres elementos que la alta costura considera como sus elementos inamovibles[49] desde entonces: el artesano como responsable de la creación,

---

[48] Georgina O'Hara: *The Encyclopaedia of Fashion.* Thames and Hudson Ltd. London, 1986. En la edición española: *Enciclopedia de la Moda.* Ediciones Destino. Barcelona, 1989.

[49] Aunque algunos autores* hablan de dos ideas –la firma de la obra y la presentación de la colección– nosotros preferimos considerar tres, pues esa diferenciación nos permite separar "el ascenso del artesano al artista", sin duda fundamental psicológica y sociológicamente para los *couturiers*– de lo que podíamos llamar el "culto a la marca". No se trata solo del reconocimiento social conseguido en torno al artista, que Worth sea tan prestigiado como Winterhalter, sino aquello que aún consideramos más importante, que el sistema legitime el desplazamiento hacia el modisto de la responsabilidad del gusto. No se trata de elevar socialmente al artista sino de elevar la profesión. Quien a partir de ahora "dicta la moda" no es ya el rey, o la reina, sino el "modisto" de la reina. Con sus prerrogativas, sus precios y hasta sus caprichos de un "ser divino".

*"En Europa, no lo olvidemos, la fecha en la cual coincidimos generalizadamente para dar inicio a la moda tal como la entendemos hoy en día, o sea en la era industrial y capitalista, fue la llegada, alrededor de 1850, de Charles Frederick Worth a la corte de la emperatriz Eugenia de Montijo, en París. Worth inició la moda tal como la entendemos nosotros a partir de dos gestos: firmó sus vestidos con etiquetas interiores, con lo cual intentaba llevar al grado de obra de arte sus vestidos y a la vez aristocratizar (en el sentido de Marx) un oficio hasta entonces degradado, el de "sastre". Pero el gesto específico de moda de Worth fue que presentó en su salón, al modo de los salones de pintura, un cambio de colección temporada a temporada. (Se había iniciado la moda, el espacio vacío de la conti-

el concepto de la colección y la constitución, podríamos decir "sublimación"[50], de la marca. El primero supondrá el desplazamiento físico de la verdadera autoridad creativa en la Moda, porque hasta la fecha del primer desfile de la House of Worth, el protagonista absoluto de la Moda era la clienta. Emperatrices, reinas, aristócratas, artistas de ópera o amantes de esos rutilantes actores sociales (amantes de emperadores, de reyes, de aristócratas o de divos de la ópera por citar solo algunos de los más conspicuos). Antes, la clienta llamaba a la modista a su casa (recordemos la escena de *Barry Lyndon* donde el sastre expone al duque consorte los elegantes terciopelos de seda que acaba de recibir para que este encargue sus trajes)[51]. Ahora, la distinguida clientela (es un milagro que no reservemos la palabra exclusivamente para nombrar a "clientes de telas") va a ir a la casa de la modista (más tarde también a la del modisto). Ni que decir tiene que, para afrontar esa nueva estrategia comercial, las

---

nuidad del cambio a partir de un objeto que se degrada antes de que se desgaste. En este caso un vestido, el cual va a su museo, el baúl.)". Inevitable citar a este último propósito la "relectura" que Roland Barthes hace de esos dos tiempos –el psicológico y el real– del vestido. Una "desadecuación" solo capaz de ser producida en la Moda, antes del verdadero "imperio de la moda" entonces inexistente, por los consumidores de las clases altas. Hoy el "imperio de la moda" (llamémosle Zara o "Sistema de la moda") ha "democratizado" esa posibilidad. Desde la conformación de su éxito empresarial a niveles globales, el "consumo simbólico" está al alcance de las clases medias de todo el mundo. Oscar Scopa: *Nost*álgicos de aristocracia. *El siglo XX a través de la moda, el arte y la sociedad*. Obra citada (Notas 32 y 38). *Bocetos a finales del siglo XIX*. "Veblen habla de su época" (Pág. 31 y 37).

[50] "Sublimación" "Sublimar". (Del Lat. *Sublimare*). tr. Engrandecer, exaltar, ensalzar o poner en altura. //2. Fis. Pasar directamente del estado sólido al de vapor U. t. c. prnl. *Diccionario de la Lengua Española* de la RAE. Vigésima Segunda Edición. Editorial Espasa Calpe. Madrid, 2001. Ernest R. Groves: *Dictionary of Sociology*. Henry Pratt Fairchild (Editor). En la edición española: *Diccionario de Sociología*. Fondo de Cultura Económica. México, 1949. James Drever: *A Dictionary of Psychology*. Penguin Books Ltd. Harmondaworth. Middlexes. Revised edition, 1964.

[51] Stanley Kubrick: *Barry Lyndon*. Warner Bros, 1975. Guión de Stanley Kubrick basado en la novela *The Luck of Barry Lyndon* de William Makepeace Thackeray (1844).

casas de los humildes sastres y las humildes modistas han de adecuarse para recibir a sus elegantes, distinguidos o exigentes clientes. Cambios solo colaterales, pero muy importantes, del cambio fundamental operado en las reglas de juego del negocio de la moda. El artesano, devenido socialmente artista, presenta su colección para la próxima temporada y sus clientes invitados al desfile, como quien es invitado a una *vernissage* de pintura –estamos a la par de los famosos Salones Oficiales del Segundo Imperio–, eligen el modelo o los modelos de su interés. No al revés. El cliente no diseña, escoge sobre lo diseñado por el artista. Añadiría sugerencias, sugeriría pequeños cambios, pero al aceptar estas nuevas reglas del juego traslada al antiguo "criado" la responsabilidad de la creación y, por lo tanto, su posible misticismo y los honores que este lleva aparejado. Queda abolido el *Ancien Régime*, estrenada la Modernidad, la Moda pisa segura la alfombra del nuevo orden burgués[52]. Por último reivindicar que la Moda deje de ser una artesanía y pase a ser un Arte, y que, por consiguiente, se pueda firmar esa pieza como lo haría cualquier artista de las Bellas Artes con una de sus obras. Esa etiqueta, primero bordada directamente sobre el vestido y después cosida como autentificación independiente al vestido, sería el equivalente de la firma de un artista plástico sobre la obra de arte. Antes, y ahora, tan valorada como la firma del artista sobre el cuadro. Christie's

---

[52] Se insiste constantemente en el carácter "burgués" de la moda y, aparentemente, nadie negaría que el esplendor burgués del XIX –tanto el americano analizado por Thorstein Veblen como el francés diseccionado por Edmond Goblot– necesitó vestirse adecuadamente para ocupar su "lugar social" (el vestido ejercía un poder de representación inmediato y evidente), y así lo hizo finalmente. Pero no conviene olvidar que muchos de esos "rituales de clase" eran profundamente deudores de su odiada/admirada aristocracia dieciochesca. Ningún burgués, por *fashion victim* que fuese, y miren que las hubo, podría nunca negar que en las habilidades de la *toilette* la reina seguía siendo, precisamente, María Antonieta de Austria. Oscar Scopa: *Nostálgicos de aristocracia. El siglo XX a través de la moda, el arte y la sociedad*. Obra citada (Notas 32, 38 y 49). "Desde un automóvil hacia los gases de la guerra" (Pág. 54).

o Sotheby's *dixit*. Solo ellos saben la posible diferencia de precio de una indiscutible obra de arte con respecto a ese delicado matiz.

Algunas artesanías, como la mobiliaria durante el tiempo de Luis XIV, llegaron también a disfrutar de esa ascensión de clase social. Como documenta Joan DeJean[53], los muebles "firmados" no solo recibían la admiración creativa de los entendidos, sino que también disparaban su precio en el mercado. La elaboración de los instrumentos musicales, las alfombras, los tapices, los cristales, la porcelana, los relojes, los bronces, etc., etc., amplificarían ese registro de artesanías que gozaron de alguna manera de ese ennoblecimiento social previo al que accedería finalmente la Moda. Se podrían considerar estas exquisitas excepciones a la norma general como la confirmación definitiva de que la artesanía de la Moda sabía por qué quería también ennoblecer su profesión. Ser un artista de la Moda era ser un artista, como lo era ser un pintor, un músico, un arquitecto o un escritor[54]. Acreedor por lo tanto de sus mismos "cuarteles de nobleza".

---

[53] Joan Elizabeth DeJean: *The Esence of Style. How the French Invented High Fashion, Fine Food, Chic Cafes, Style, Sophistication and Glamour*. Simon and Schuster. 2006. En la edición española: *La esencia del estilo: Historia de la invención de la moda y el lujo contemporáneo*. Editorial Nerea. San Sebastián, 2008.

[54] "No es ilícito afirmar que debemos su creación al romanticismo y, más concretamente, a su protomártir: Beethoven. Es probable que haya desempeñado una función, en la historia de la música, afín a la que, en la historia de la filosofía, Nietzsche atribuía a Sócrates: la de sacralizar una práctica hasta entonces exquisitamente laica, por no decir comercial. Lo que sucede con Beethoven es que por primera vez, y bajo la legitimación del genio, se superponen tres significativos fenómenos: 1) el músico aspira a escapar de una concepción simplemente comercial de su trabajo; 2) la música aspira, incluso explícitamente, a un significado espiritual y filosófico; 3) la gramática y la sintaxis de esa música alcanzan una complejidad que a menudo desafía las capacidades receptivas de un público normal. Como se ve, los tres distintos apartados están firmemente ligados por el hecho de legitimarse recíprocamente: aislados de los demás, cada uno de ellos no sería más que una vacua hipertrofia. Ligados por una recíproca necesidad se cristalizaron, sin embargo, en un único patrón. Dictaron una fórmula que, con la complicidad del patético encanto de su creador (el genio rebelde, enfermo y solo), conquistó la fantasía

El *couturier*[55] ya no se conforma con ser un artesano, ahora quiere ser un artista. Llama la atención que esta pretensión nos recuerde tanto a las vividas por otros artistas algunos siglos antes, por ejemplo a Velázquez, aspirando a la concesión de la Cruz de Santiago para dignificar su trabajo a través de la ascensión –por la sangre no por el talento– de su estatus social[56], o a Leonardo en su polémica con Miguel Ángel, más orgulloso de su cualidad de pintor que de escul-

---

del nuevo público emergente, el burgués, dotando a la música de sus salones de una identidad electrizante que muy bien respondía a la general aspiración de algún tipo de nobleza.

Ideológicamente, la expresión *música culta* nace ahí. Nace para dar cuenta del repentino salto con el que una cierta tradición musical se coloca por encima de las demás, reservándose el espacio de un primado espiritual y ya no solo social." Alessandro Baricco: *L'anima di Hegel e le mucche del Wisconsin. Una riflessione su música colta e modernittà.* Garzanti Editore s. p. a., 1992. En la edición española: *El alma de Hegel y las vacas de Wisconsin.* Ed. Siruela. Madrid 1999. *La idea de la música culta* (Pág. 19 y 20).

[55] *Couturier, Créateur de vêtements, Grand couturier et grande couturière* o *Professionnel de la haute couture*, son los nombres adecuados en Francia para referirse a nuestros costurero y costurera o modisto y modista. Por caprichos de los diccionarios o de la "moda de las palabras", que también es un fenómeno a considerar, la equivalencia más utilizada es la de *couturier*: modisto, puesto que es el más próximo fonéticamente. Costurero, en nuestro idioma tiene un sentido totalmente alejado de este uso. Entre nosotros, un costurero es un cesto para guardar las herramientas de la costura, hilos, botones, alfileres, metro o tijeras, que además remite a un negocio particular, la mercería, que no tiene mucho que ver con los vendedores de tejidos, sus patronistas o sus "cosedores" –palabra que no existe en nuestro Diccionario pero que tiene la misma legitimidad que planchadores o bordadores para aquellas personas que planchan o bordan los tejidos–. Fue precisamente en las mercerías donde nació el "oficio de la moda", no de mercero o mercera, que también, sino de modisto y modista, pues fueron los dependientes de estos establecimientos los que podían considerarse los "estilistas" de nuestros días. Al estar en contacto con las novedades de las forniduras, su sensibilidad enseguida se sintió atraída por ese nuevo oficio del que "sabe de moda", del que "está al día", del que "tiene buen gusto" o del que "es muy moderno…" y, por supuesto, del *snob* u hortera en sus acepciones originales.

[56] Richard Wollheim: *Painting as an Art.* Trustees of the National Gallery of Art. Washington D.C., 1987. Edición española: *La pintura como arte.* La Balsa de la Medusa Nº 84. Ed. Visor. Madrid, 1997.

tor, porque el primer trabajo era menos esclavo de la fuerza física que el segundo. La escultura llena tu cuerpo de polvo, te obliga a sudar, te ensucia, en tanto que la pintura apenas mancha; *"la pittura è cosa mentale"*. Discusión casi bizantina sobre la dignidad de una profesión basada en el desplazamiento desde el esfuerzo físico al psíquico del trabajador[57]. La diferenciación entre el trabajador de "cuello blanco" y "cuello azul" establecida por algunos padres de la Sociología –Max Weber[58] o Charles Wright Mills[59]– no parece estar muy lejos de estas sutiles diferencias gremiales tardías. La división social del trabajo reglada por los gremios, propia de la Edad Media, seguía marcando todavía la Edad Moderna en la "reformista" (*sic*) España de los Austrias. Antonio Domínguez Ortiz *dixit*.

Como refleja Lourdes Cerrillo en su obra *La moda moderna. Génesis de un arte nuevo*[60], los tiempos gloriosos de la reina María Antonieta serían el ejemplo perfecto del capítulo que precede a ese desplazamiento del centro de gravedad en los protagonistas de la creación de Moda. La prodigiosa figura de Rose Bertin[61], a pesar de su impor-

[57] Leonardo da Vinci: *Tratatto della Pittura*. L'edizone in 2 voll. de Guglielmo Manzi en Roma 1817; l'edizione critica in 3 voll. de Ludwig Goldscheider en Viena 1882; (Phaidon 1967 8th ed.) e l'edizione Berzelli in 2 voll. en Lanciano 1914. En la edición española: *Tratado de la pintura*. Alianza Editorial. Madrid, 2013. Anna Maria Brizio: *Il tratatto della Pittura di Leonardo*. Scritti di storia dell'arte in onore di Lionello Venturi Vol. I. (Págs. 309 a 320).

[58] Maximilian Karl Emil Weber: *Wirtschaft und Gesellschaft. Grundriss der Verstehenden Soziologie*. J.C.B. Mohr (Paul Siebeck). Tubinga, 1922. En la edición española: *Economía y Sociedad. Esbozo de Sociología comprensiva*. Fondo de Cultura Económica. México, 1944 (1987 octava reimpresión).

[59] Charles Wright Mills: *The Power Elite*. Oxford University Press. New York, 1956. En la edición española: *La élite del poder*. Fondo de Cultura Económica. México, 1957.

[60] Lourdes Cerrillo: *La moda moderna: génesis de un arte nuevo*. Ed. Siruela. Madrid, 2010. *Moda y Creatividad. La conquista del estilo en la era moderna, 1789-1929*. Ed. Nerea. S. S., 2019.

[61] Catherine Guennec: *La modiste de la reine. Le roman de Rose Bertin*. Éditions Jean-Claude Lattès. Paris, 2004. En la edición española: *La modista de la reina*. Ediciones Urano. Barcelona, 2006. Stefan Zweig: *Marie Antoinette*. Garden City

tancia como modista favorita de la reina, sería un excelente ejemplo de esta suave transición. A su casa en París van muchos de sus poderosos clientes, pero ella sigue acudiendo a los aposentos de María Antonieta para atender sus sutiles dictados.

Quizás esa simultaneidad en la relación de la modista con su cliente también se vivió años después, con ligeras diferencias, ya que, aunque su distinguida clientela iba al *atelier* de Charles Frederick Worth, él no dejaba de intentar utilizar a princesas muy admiradas por Eugenia de Montijo, hablamos de Pauline, esposa del príncipe Richard von Metternich, embajador de Austria en Francia, para llamar su atención y conseguir así convertirse finalmente en el modisto favorito de la emperatriz[62]. Por cierto, admiradora declarada de María Antonieta y de su pasión "fatal" por la Moda, conocedoras ambas de la importancia de su apoyo a la importante "industria de la moda" francesa de sus siglos respectivos. No deja de llamar la atención que esa pasión de María Antonieta haya sido barajada popularmente como causa, no solo necesaria sino incluso suficiente de su dramático final. René König recoge una frase popular de Francia que refleja esa paradójica contradicción entre las dos caras de una misma moneda, una admirada y otra odiada: "*La mode est la fille du hasard et la mère des grandes tragédies*"[63] (La moda es hija del azar y madre de grandes tragedias).

Publishing Co. New York, (1932). Ed. española: *María Antonieta*. Ed. Juventud. Barcelona, 1956 y 1967.

[62] Lourdes Cerrillo: *La moda moderna. Génesis de un arte nuevo*. Obra citada (Nota 60). Capítulo 2. *Formación de la artista e identidad artística del modisto* (Pág. 59).

[63] "De determinada manera, la moda es algo siempre nuevo y siempre diferente. Sin embargo, se presenta una y otra vez como la solución definitiva de un problema específico, y pretende que tras el cambio repentino, tiene que quedarse y perdurar, así como abarcar a un máximo de personas, que harían el ridículo, si no siguen la moda. Así, parece que en la moda hay por un lado algo de ligereza, un importante rasgo de irracionalidad, de imprudencia, incluso de frivolidad, aventura y superficialidad. Al mismo tiempo sale a la luz en ella una especie propia de necesidad y obligatoriedad, que puede incrementarse hasta la fatalidad. Hay una frase francesa que expresa esta relación con especial acierto: «La mode est la

En esa época, el lugar, la "plaza", donde se encuentra toda la ciudad es en el palacio de la Ópera de París, como antes lo había podido ser la plaza mayor, la iglesia, las corridas de toros, la calle mayor o el paseo dieciochesco. Ese era el lugar elegido al que ir "para ver" y "ser visto"[64]. El Palacio de la Ópera no era solo un lugar para escuchar música, también era un escenario para exhibir las formas sociales. Y, tal vez por eso, la Grand Escalier d'Honneur del Palacio Garnier fuese proyectada tan fastuosa, para que las mujeres vestidas de alta costura pudieran desfilar con sus elegantísimos trajes ascendiendo o descendiendo por ellas. No deja de ser curioso que John Galliano pensase en ese lugar para su primer desfile en Christian Dior, que el *enfant terrible* de la Saint Martins eligiese el escenario de esas mismas escaleras para su debut como diseñador de la *maison* –con la colección *Haute Couture* Primavera Verano 97– el veinte de enero de 1997[65]. Hay que destacar, sin embargo, que la escena real

---

fille du hasard et la mère des grandes tragédies» " René König: *Menschheit auf dem Laufsteg. Die Mode im Zivilisationsprozeß*. Obra citada (Nota 39) En la edición del IEMC. Capítulo. VIII. "La moda en los animales y en los niños" (Pág. 85).

[64] "Ver y ser visto" expresión coloquial ya usada por René König en: *Menschheit auf dem Laufsteg. Die Mode im Zivilisationsprozeß*. [La Humanidad en la Pasarela. La Moda en el Proceso de la Civilización]. Obra citada (Notas 39 y 63). En la edición del IEMC. Capítulo III. "Contenido y forma del comportamiento conforme a la moda" (Págs. 59 y 60). "Su función con respecto a la moda es fácil de describir y se llama "ver y ser visto" en los bulevares, las avenidas y en eventos festivos de todo tipo, en el teatro, la ópera y las variedades, en las carreras de caballos, las regatas y otros eventos deportivos. En suma, la moda vive aquí completamente cara al público, y aprende muy pronto a servirse de los medios de comunicación de masas (periódicos, revistas ilustradas, cine y televisión), para exhibirse ante los ojos de la ciudad, de todo el país y finalmente del mundo entero. Aquí se muestra en todas partes, es vista, analizada, comprendida, asimilada, modificada y finalmente seguida."

[65] John Galliano remite, como cincuenta años antes lo hiciera el mismo Christian Dior, a Eugenia de Montijo, pues, no en vano, esta *royal* significa una imagen indiscutible de la *grandeur* francesa de todos los tiempos. Más allá de su protección imperial directa a Worth, Vuitton o Guerlain, nombres hoy ligados a LVMH, el *savoir faire* de la condesa española la convirtieron en una excelente embajadora de la cultura del Segundo Imperio. Restablecer su memoria, ligada a los colores deli-

nunca se dio, ya que el Palacio Garnier fue inaugurado el cinco de enero de 1875, cuando Napoleón III y Eugenia de Montijo ya habían sido derrocados (cuatro de septiembre de 1870, dos días después de su derrota frente a los prusianos en la batalla de Sedán). Paradoja que no debe hacernos olvidar que ese símbolo absoluto del Segundo Imperio francés fue proyectado por el arquitecto Charles Garnier[66] precisamente para convertirse en eso, en el escaparate paradigmático de ese medio siglo de vida galante tantas veces citado críticamente por Charles Baudelaire[67].

---

cados, como sus violetas favoritos, o los cientos de metros de tul de seda, no podían ser mejores *leitmotiv* para el diseñador, también de origen español Juan Carlos Antonio Galliano-Guillén, que como alumno aventajado de la Saint Martins School of Art (se graduó con una colección inspirada en la Revolución Francesa) no podía imaginar la moda sino como un nostálgico paseo por los grandes museos de pintura del mundo.

[66] El Arquitecto Charles Garnier (1825-1898) fue el responsable de levantar, por encargo del emperador, el teatro para sede de las compañías de ópera y ballet de París. El colosal edificio incluido en la remodelación de la ciudad que Napoleón III encargó al barón Haussmann tras el aplastamiento de "La Comuna" en 1871. La primera piedra se colocó en 1861 y el año siguiente comenzaron las obras que terminarían en 1875, ya sin la presencia de sus imperiales mentores derrocados tras la batalla de Sedán. El que fuera alumno de la École Gratuite de Dessin y dibujante de Viollet-le-Duc construyó, a partir de modelos griegos, romanos, renacentistas y barrocos el estilo conocido como "Napoleón III", referencia absoluta del eclecticismo arquitectónico que domina el Distrito IX de París. La obra profusamente adornada por espectaculares grupos escultóricos de mármol y bronce (Garnier contó con sesenta de los mejores escultores de Francia, entre ellos: Jean-Baptiste Carpeaux, "La Danza"; Aimé Millet, "Apolo junto a la Poesía y la Música"; Eugène Lequesne, "Fama sujetando a Pegaso"; y Louis-Félix Chabaud) se consideró desde su inauguración la personificación de los delirios imperiales franceses y modelo recurrente de otros muchos teatros de ópera decimonónicos.

[67] "Estar a la moda, antes que la moda fuese tomada por el siglo XX, significaba estar en la corrección, en la moral pública, en la estabilización higiénica urbana. La Moda y la Higiene (tesis de Norbert Elias que relaciona la moda con la higiene) de este modo serán uno de los pilares más importantes de la constitución social burguesa del siglo XIX. La burguesía "sabía" de Moda y de Higiene y ejercía su dictado estilístico y moral. Lo hacía desde su efímera constitución burguesa pero con una seguridad aristocrática imitada. Una imitación que aparecía reproducida

En mitad de los años 80, cuando Bernard Arnault, el "rey absoluto" de LVMH, toma esa decisión, no hace sino evocar los viejos tiempos de la condesa Eugenia de Montijo, emperatriz de Francia por su matrimonio con Napoleón III, que pidió a Louis Vuitton los baúles para llevar todas las creaciones de Worth que necesitaba, durante un mes, para presidir los actos de la solemne inauguración del Canal de Suez[68], con el fallido estreno de la ópera *Aida* de Verdi incluido[69]. Y eso fue lo que caló en la mente de los aristócratas de la época, por no hablar mejor de los burgueses de la época y de sus conocidos delirios de grandeza. Era necesario tener una maleta de Louis Vuitton para viajar *comme il faut*, por no decir que las únicas

---

de los modos vestimentales de la burguesía inglesa, primera potencia industrial del mundo. [...] Vemos cómo pasean indolencia por las avenidas de los jardines públicos familias elegantes, las mujeres colgándose con aire tranquilo del brazo de sus maridos, cuyo aspecto sólido y satisfecho revela una fortuna consolidada y el contento de sí mismo. Aquí la acaudalada apariencia sustituye a la distinción sublime." Charles Baudelaire. Citado por Oscar Scopa: *Nostálgicos de aristocracia. El siglo XX a través de la moda, el arte y la sociedad.* Obra citada (Notas 32, 38, 49 y 52). *Bocetos a finales del siglo XIX* (Págs. 18 y 26). "Baudelaire, el pintor de la vida moderna 1859-1860". "La vie militaire, la vie élégante, la vie galante". Citado por Marshall Berman en *All that is solid melts into air. The experiece of the modernity.* Simon & Schuster. New York, 1982. En la edición española: *Todo lo sólido se desvanece en el aire. La experiencia de la modernidad* (Pág. 134). Siglo XXI de Editores. Barcelona, 2013. Honoré de Balzac: *Traité de la vie élégante.* Librairie Nouvelle. Paris, 1854. En la edición española: *Tratado de la vida elegante.* Editorial Impedimenta. Madrid, 2012.

[68] Claude Dufresne: *L'impératrice Eugénie ou le roman d'une ambitieuse.* Librairie Académique Perrin. Paris, 1986. En la edición española: *Eugenia de Montijo. Una española emperatriz de los franceses.* Javier Vergara Editor. Buenos Aires, 1990.

[69] *Aida* es una ópera en cuatro actos de Giuseppe Verdi sobre un libreto de Antonio Ghislanzoni basado especialmente en una historia propuesta por el egiptólogo francés Auguste Mariette. La ópera no se estrenó en la apertura del Canal de Suez en 1869, como muchas veces se ha escrito, debido al rechazo de la oferta inicial por Verdi. Tras muchas vueltas y muchos ruegos, incluso de Wagner, Verdi finalmente aceptó el encargo en 1870. La obra fue estrenada en el Teatro de la Ópera de Jedive en El Cairo el 24 de diciembre de 1871, dirigida por Giovanni Bottesini.

maletas que se podían tener, si se quería ser alguien en *Le Tout-Paris,* eran unos baúles "LV" –hemos utilizado dos expresiones repetidas hasta la extenuación como caricatura de ese estado de ánimo acentuadamente *pompier*[70] de la época–. Por lo visto, entonces como ahora, el "ejemplo" de las *royals* resultó ser una alianza estratégica extraordinariamente importante para la Moda. Quizás desde la constatación de este, tan antiguo como prestigioso, ejemplo no nos parezca tan extraña la alianza entre el Lujo y la Moda. Otra vez, *Nihil novum sub sole ("Eclesiastés* 1:2-10). La privilegiada relación entre esos dos conceptos que hoy nos parece tan novedosa, tan inmediata, tiene acreditado su nacimiento desde hace, al menos, dos siglos.

Dos siglos después la Alta Costura resucita aunque ya sea "anacrónica", aunque ya sea más mentira que verdad, aunque ya sea un fabuloso teatro –no ajeno a la figura del Potlatch[71]– para vender más

---

[70] "*Pompier*", literalmente bombero en francés, es un término despectivo usado para referirse al arte academicista francés de la segunda mitad del siglo XIX preconizado por la Escuela de Bellas Artes de París, *sancta sanctorum* del buen gusto oficial y enemigo declarado de cualquier concesión a la vanguardia. Técnicamente impecable, pero repetitivo y reaccionario a cualquier innovación formal o incluso temática se le considera "vacío" y adicto al poder. La larga sombra de Jacques-Louis David y Jean-Auguste Dominique Ingres se esclerotiza en los Salones Oficiales, auténtico muro de contención de la modernidad. Entre sus víctimas propiciatorias se encuentran todos los grandes maestros contemporáneos. El origen del término, con casco o sin él, sigue refiriéndose irónicamente a la pomposidad característica de sus obras.

[71] Quien, por cierto, también habla expresamente de *potlatch.* René König: *Menschheit auf dem Laufsteg. Die Mode im Zivilisationsprozeß.* Obra citada (Notas 39, 63 y 64) En la edición del IEMC. Cap. XIII. *Rivalidad y competencia* (Pág. 125). "Especial interés tiene en este sentido una institución del mundo primitivo cuya importancia ha sido conocida hace relativamente poco tiempo. Es la institución llamada "*potlatch*" de ciertos indios del noroeste de América (Franz Boas), los *tlinkit, haida* y *kwakiutl*; el *potlatch* desempeña un papel muy importante en el dominio del prestigio, y actualmente se tiende a considerarlo como uno de los *orígenes del feudalismo.* La palabra "*potlatch*" significa algo así como "alimentar" o "consumir"; se trataría pues en principio de un concepto relacionado con la esfera del consumo, a la que ciertamente también pertenece la moda."

sucedáneos, más "chucherías afrancesadas"[72], dicho sin ningún rencor y solo para recordar una antigua etiqueta que nos descubrió René König. La Alta Costura, entonces inevitable, ahora se hace inútil, más allá de su admirable trabajo de preservar la belleza del pasado y sus admirables *métiers*, no tiene nada que aportar a la Moda. La Moda ya está en otro sitio. Incluso el mérito de la exclusividad que antaño le pudo reportar tanto prestigio hoy resultaría extraño a los valores "modernos" de la Moda. Lo exclusivo puede tener sitio en el Lujo, no tanto en la Moda. (Aunque no es extraño, últimamente, escucharlo también con espurios propósitos en sus espacios propios. Retaguardias, tanto estéticas como éticas, que insisten en etiquetar sus productos de Moda como productos de Lujo,

---

[72] König emplea la expresión "chucherías afrancesadas" o "chucherías francesas" al menos dos veces en su obra, ambas con un evidente acento despectivo y, en ambas ocasiones, relacionadas con la antigua Deutzsche Demokratische Republik. René König: *Menschheit auf dem Laufsteg. Die Mode im Zivilisationsprozeß.* Obra citada (Notas 39, 63, 64 y 71) En la edición del IEMC._"Así, encontramos en las culturas pequeñoburguesas, que dentro del sistema de clases todavía no han encontrado su lugar desde el punto de vista político, social y económico, un fuerte resentimiento no solo contra todo lo relacionado con la moda en sí, sino además contra toda costumbre distinguida, a la que suelen calificar de artificiosa, mientras que tratan de subrayar frente a ella la "naturalidad". Esta situación es determinante para la actitud de los pequeñoburgueses alemanes del siglo XVIII frente a Francia, que tiene su resonancia en los fuertes ataques anti-franceses del historiador alemán Max von Boehn, o también del antes citado Friedrich Theodor Vischer y, sorprendentemente también en la DDR (República Democrática de Alemania), donde se ataca la "afección a la moda occidental" en lugar de las "chucherías afrancesadas." Capítulo XVIII. *El proceso de civilización y el pudor* (Pág. 157). "Pero el resultado en ambos casos es el mismo, y es que lo que sale perdiendo es la moda. Aunque Goethe llamara a su Leipzig "la pequeña París", a partir de 1950, en Alemania central ya no quedaba rastro de aquello, ni tampoco de la cultura de Dresde. Esto no ha cambiado significativamente en los años transcurridos desde entonces, de manera que en realidad sí que existe mayor continuidad entre el ayer y la actualidad de lo que se podía esperar, solo que la modestia hoy en día no es voluntaria, como rechazo a las chucherías "afrancesadas" (hoy occidentales), sino que está "decretada" por la economía de carencia dirigida de forma centralizada. La renuncia a la moda ya no es un mandamiento religioso, pero sí un mandamiento político." Capítulo XXXIII. "La moda en el socialismo real" (Pág. 276).

esperando encontrar así la receptividad de nichos de mercado en los que no tendrían ninguna posibilidad como "productos de moda".)

El Lujo es eterno, parece eterno, pero esa eternidad no está incluida de forma natural en la esencia del Lujo, tiene que conseguirla cada día, y no con poco esfuerzo. El Lujo necesita "estar de moda", estar "*up to date*", como lo advierte por primera vez, según nuestro conocimiento, René König en su *Sociología de la moda*[73], obra publicada originalmente, no conviene olvidarlo, como *La moda en el proceso de la civilización*[74]. El Lujo que no se toma la molestia de estar al día corre el riesgo de desaparecer, de desaparecer al menos de la mente de sus potenciales consumidores. Extraña advertencia, porque el Lujo siempre ha querido creer, o hacernos creer, que su

---

[73] "Esta desaprobación, naturalmente, no será muy perceptible hasta que la moda no haya cristalizado. Pero sí que existe en la medida en que los que llevan la moda de ayer o anteayer son vistos cuanto menos como anticuados, atrasados y no suficientemente *up to date*. Subjetivamente, esto se expresa en un sentimiento de estar desmarcado con respecto a los demás, y de hacer el ridículo en un momento dado. Este sentimiento será más fuerte cuanto más sensible sea un determinado grupo a los impulsos de cambio de la moda (aún veremos que la "susceptibilidad a la moda" no es igual en todos los círculos sociales), y también, cuanto más rígidas sean las normas de comportamiento que en general posee un grupo." René König: *Menschheit auf dem Laufsteg. Die Mode im Zivilisationsprozeß*. Obra citada (Notas 39, 63, 64, 71 y 72) En la edición del IEMC. Cap. V. "Cambio y permanencia" (Pág. 62).

[74] René König (und Peter Willy Schuppisser): *Die Mode in der menschlichen Gesellschaft. (Mit einem Geleitwort von Christian Dior)*. Modebuch-Verlags Gesellschaft. Zurich, 1958 (Págs. 101 a 221). *Die Mode in der menschlichen Gesellschaft*. Carl Hanser Verlag München Wien, 1968. En la edición española: *Sociología de la Moda*. Ediciones Carlos Lohlé. Buenos Aires, 1968 (XXIV capítulos). *Macht und Reiz der Mode*. Econ Verlag. Düsseldorf, 1972. En la edición española: *Sociología de la Moda*. a. redondo editor. Barcelona, 1972 (27 capítulos). *Menschheit auf dem Laufsteg. Die Mode im Zivilisationsprozeß**. [La Humanidad en la Pasarela. La Moda en el proceso de la Civilización]. Carl Hanser Verlag München Wien. 1985. En la edición española: *La moda en el proceso de la civilización*. Instituto de Estudios de Moda y Comunicación. Valencia, 2002 (XXXIV capítulos). Obra citada (Notas 39, 63, 64, 71, 72 y 73) En la edición del IEMC. *Prólogo* (Pág. 9).

*Esta edición es la versión revisada de su anterior obra *Macht und Reiz der Mode* (1971).

estatus es intocable, pero no equivocada, ya que las marcas de Lujo suben y bajan en su *ranking* durante el siglo XX. Muchas de las grandes marcas de principios de ese siglo han desaparecido incluso del recuerdo de los profesionales, mientras otras, claro está, han ascendido irresistiblemente. Chanel, que ahora goza de una visibilidad global indiscutible, al principio de la "construcción de su leyenda" por emplear un guiño a la obra de Bruno Remaury[75], no se anunciaba todos los meses en *Vogue*, ni tampoco parecía disponer del suficiente dinero como para anunciarse a página completa. Se conformaba con una tira vertical de media página, y ni siquiera lo hacía todos los meses.

Por el contrario, nombres hoy desaparecidos ocupaban una página completa todos los meses[76]. (Subrayamos especialmente Redfern, Madame Andrée, Callot Soeurs, Jeanne Paquin, Lucile, Revillon Frères o Hartmann[77], entre todos ellos). Incluso en un antiguo anuncio de La Chambre Syndicale de la Confection et de la Couture pour dames et filletes, la relación de sus miembros: Jeanne Paquin, Madeleine Vionnet, Jean Patou, Coco Chanel, Jeanne Lanvin, Paul Poiret y Elsa Schiaparelli, quedaría hoy reducida a menos de la mi-

---

[75] Bruno Remaury: *Marques et récits. La marque face à l'imaginaire culturel contemporain*. Éditions de l'Institut Français de la Mode y Éditions du Regard. Paris, 2004. En la edición española: *Marcas y relatos. La marca frente al imaginario cultural contemporáneo*. Editorial Gustavo Gili. Barcelona, 2005.

[76] Ejemplares mensuales de los magacines *Vogue*, ediciones francesa e inglesa, de los años veinte y treinta del siglo XX consultados por gentileza de Meye Maier. *Vogue* Janvier, Février, Mars, Avril, Mai, Juin 1926 (Philippe Ortiz director). Les Éditions Condé Nast. Paris, New York, Londres. Hemos podido consultar una serie de números publicados en español desde New York que se extienden entre enero y diciembre de 1919, y que presentan idénticas características a las versiones inglesas publicadas esos mismos años en Londres y New York. Les Éditions Condé Nast. Paris, New York, Londres. (Colección particular de Micaela de Solís Beaumont y Lasso de la Vega. Donación de Meye Maier Allende).

[77] Hartmann fue la marca de unos famosos artesanos maleteros americanos, fundada en 1877, con todas las características para haberse convertido, como lo hicieron los herederos de Louis Vuitton, en una marca de lujo contemporánea.

tad. Entre los 106 miembros de la Cámara activos en 1946 y los diez acreditados en 2016, todavía es aún más significativa la larga lista de estrellas desaparecidas en ese firmamento: Jacques Heim, Lucien Lelong, Madame Grès, Balenciaga, Jacques Fath, Yves Saint Laurent, Ted Lapidus, Mainbocher, Pierre Balmain, Nina Ricci, Rabanne, Carven, Philippe Vennet, Pierre Cardin, André Courrèges, etc., etc.

La gran operación de Bernard Arnault fue poner "de moda" el Lujo. Revelación acaso producida por la conciencia de haber terminado de adquirir en 1989 la mayoría accionarial de una empresa que parecía demasiado "dormida en sus laureles". En Louis Vuitton, quizás, el inmenso prestigio de las iniciales de la Marca no se correspondía con la curva de resultados de la empresa familiar que lo explotaba desde hacía cuatro generaciones. Consiguió "ponerla de moda" otra vez y, luego, cuando lo había conseguido, repitió la misma operación con Christian Dior, con Givenchy, con Kenzo, con Céline, con Fendi, con Loewe con Bulgari y así hasta con las ochenta marcas de primer nivel mundial que hoy día engloba el grupo LVMH (Louis Vuitton Moët Hennessy), cuya facturación[78], como efecto mágico que se retroalimenta, lo convierte en el rey Midas contemporáneo de las industrias del lujo mundial. Pongamos como ejemplo de esta concatenación empresarial de hechos esa hilarante escena de la película *Blue Jasmine* de Woody Allen (2013) donde,

---

[78] Según el Informe de Deloitte *Global Powers Luxury Goods de 2018*, el top 100 de las empresas del lujo mundial facturó 246.664 millones de dólares en 2017, con un crecimiento del 10.8 % con respecto al año anterior. El ranking lo lidera LVMH con unas ventas totales de 48 000 millones de Dólares, de las que 27 995 corresponden exclusivamente a productos de lujo. El grupo francés Louis Vuitton-Moët Hennessy es seguido por el norteamericano The Estée Lauder Companies, con 13.683 millones de Dólares, que desplaza al grupo suizo Financière Richemont, con 12 819, a la tercera posición. Como novedad importante el Informe señala el ascenso hasta el sexto lugar de Chanel y el descenso hasta el 12 de Ralph Lauren. "La firma Dior facturó el año pasado 37.000 millones de Euros. (46.826 millones en el año fiscal 2019)". "El mercado del lujo mueve 1.5 billones de euros al año en todo el mundo." Quino Petit: "Sidney Toledano, el emperador de Dior". EL PAÍS SEMANAL. Madrid, sábado 3 de junio de 2017.

después de su vuelo en primera, aparecen las maletas de Louis Vuitton como el equipaje que la protagonista, a pesar de confesar que está arruinada, "no puede dejar de tener..." Pareciendo disculparse ante la hospitalidad un poco forzada de una hermana, atónita con esas increíbles contradicciones tan típicas de "viejo rico", Cate Blanchett parece obligada a añadir en su descargo "Antiguas, con mis iniciales. ¿Quién las iba a querer...?". Con un poco de ironía podemos sugerir que el "amigo americano"[79], que ya había salvado a Chanel, con la "moda" de su perfume "Nº5" tras la Segunda Guerra Mundial, salvaría también a Louis Vuitton tras la crisis del petróleo de 1973 con la "moda" del *monogram*. Las gotas para dormir de Marilyn Monroe se convierten en el anuncio más rentable del siglo. No sabemos qué príncipe, qué actor o qué estrella del rock podría protagonizar hoy una imagen similar, pero estamos seguros que la encontraremos. El presidente de la recién extinguida URSS, el campeón mundial de los pesos pesados, el futbolista más grande de Brasil, etc., etc., ya intentaron al menos repetir la fórmula del éxito. Todavía nos gustaría sugerir otra cita donde el mito Louis Vuitton se hace más grande. En *Charade*, una película de Stanley Donen estrenada en 1963, Audrey Hepburn, su elegante protagonista, vestida para la ocasión por Hubert de Givenchy tras la renuncia de Balenciaga a ocuparse de "una artista de cine", a la que además confundía con Katharine, llega a su casa de París con dos maletas de Louis Vuitton, más exactamente, un bolso de mano y dos maletas. La cámara se recrea generosamente en su equipaje al bajar del taxi, al salir del ascensor y al sentarse sobre una de ellas para reponerse del disgusto de encontrarse con su casa absolutamente vacía. *"Je suis désolée"* ¿Proverbial casualidad o publicidad subliminal? Publicidad

---

[79] "El amigo americano" utilizado en alusión al doble sentido de la expresión en la película *Der Amerikanische Freund* de Wim Wenders –una producción franco-germana de 1977– inspirada en la novela homónima de Patricia Highsmith, en la que un fabricante alemán de marcos, Tom Ripley, contrata a su sobrino americano, Jonathan Zimmermann, como "asesino a sueldo".

subliminal, posiblemente[80]. No era la primera vez que el cine la practicaba.

121

Una definición de Moda. "Moda, de qué hablamos cuando hablamos de moda hoy"

Admitamos, aunque sea provisionalmente, que el Lujo se ha acercado a la Moda. ¿Cómo intentar demostrar que eso ha sido realmente así? Tres detalles parecen conseguirlo. Primero, el Lujo ha dejado de anunciarse en las revistas de Lujo para pasar a anunciarse en las revistas de Moda. Como consecuencia de este cambio, las revistas de Lujo han desaparecido prácticamente del quiosco y apenas subsisten ofrecidas gratuitamente a los clientes en los hoteles de lujo. Pisos de lujo, relojes, yates y algunas marcas de coches de "alta gama" siguen prefiriéndolas como soporte de su publicidad, aunque en el *Vogue* alemán de estos últimos años hemos llegado a ver incluso algún anuncio de Bentley. Las revistas de Moda contienen Moda, o la contenían, pues las revistas de Moda ya casi no anuncian Moda. Incluso cuando lo hacen, los complementos, los *jeans* o los productos accesorios, han sustituido a la verdadera publicidad de Moda, a

---

[80] En 1957, se proyectaba en el teatro Fort Lee de New Jersey la película *Picnic**, el investigador de mercados James Vicary (autor del concepto "*Subliminal publicity*") realizó el experimento de incluir subliminalmente dos brevísimos mensajes publicitarios al comienzo de la película. Las ventas de *Coca-Cola* y palomitas, a las que hacían alusión los mensajes subliminales, se dispararon como consecuencia del efecto producido sobre el inconsciente de los espectadores. El prestigioso analista publicitario Vance Packard lo incluyó entre las técnicas usadas por la publicidad para condicionar nuestros deseos.

*(Aunque es muy posible que haya algún precedente anterior, "*Picnic*", una película de Joshua Logan, protagonizada en 1956 por William Holden y Kim Novak, sigue estando considerada la primera película en la que se usó deliberadamente la publicidad subliminal.)

Vance Packard: *The Hidden Persuaders*. David McKay 1957. En la edición española: *Las formas ocultas de la propaganda*. Editorial Sudamericana. Buenos Aires, 1967. *The Naked Society: An Exploration of the Mounting Assault on our Privacy by Big Government, Big Business and Big Education*. Longman, Green and Co. Ltd. London, 1964. *First edition*. En la edición española: *La sociedad desnuda*. Editorial Sudamericana. Buenos Aires, 1970.

la publicidad de esas prendas del *Prêt-à-porter* o de la Alta Costura más distinguida, que asociamos inconscientemente con ellas[81].

Segundo, el Lujo tenía una geografía muy exclusiva y muy concreta, pero dejó de venderse donde se vendía el Lujo y fue a venderse donde se vendía la Moda (Madison Avenue en New York sería el ejemplo paradigmático)[82], porque el Lujo quería interesar al cliente de Moda. El Lujo creía que su salvación estaba en ese nuevo nicho de mercado. Había que interesar a los clientes de Moda, había que "estar de moda", había que ser percibido como un producto que "estaba de moda". El Lujo que "no estaba de moda" estaba "pasado de moda", no era moderno, por no decir que no era siquiera Lujo.

---

[81] Durante los años más duros de la resaca Lehman Brothers, 2009, 2010, 2011 y 2012, las revistas de moda más influyentes, entre ellas *Vogue* US, vieron reducidas sus páginas por efecto de la contracción de la publicidad, motivada a su vez por la caída vertiginosa del consumo. En algunos números de *Vogue* los anuncios, realmente de moda, no existían; en todo caso, algunos *jeans*. Es verdad que los bolsos y los zapatos vinieron a llenar ese inmenso vacío, pero ningún lector atento dejó de comprobar cómo los glamurosos anuncios de las grandes marcas de moda habían desaparecido repentinamente de sus páginas. Hasta Dior aceptó que, si no se vendían vestidos, habría que vender accesorios.

[82] La *place* Vendôme de París podría considerarse el centro del lujo mundial, al menos en Francia, pues la mayor parte de sus locales comerciales están desde hace cincuenta años ocupados por las más prestigiosas joyerías. En la década de los 90, en el máximo esplendor, Giorgio Armani abrió una boutique en esa icónica plaza, exactamente en la esquina que une la plaza con la *Rue* de Rivoli. El local solo tenía dos escaparates separados por una puerta; en cada uno de esos escaparates se exhibía una sola prenda, una chaqueta de hombre en uno y una chaqueta de mujer en el otro. Era evidente que aquellos eran los cm^3 de escaparate, más caros del mundo. Un lugar al que había llegado en su irresistible ascenso social la Moda. Veinte años más tarde, el ejemplo sería exactamente el contrario. En la *Via* Montenapoleone de Milán, una de las calles del famoso *quadrilátero della moda* italiana, hace unos diez años abrió su tienda Rolex. No deja de ser curioso que en el cm^2 más lleno de moda del mundo, de Gucci a Ralph Lauren, la gran atracción, en mitad de un descrédito generalizado de la moda, fuese una joyería suiza. Quienes habían vivido durante décadas la orgía perpetua de *fashion victims* de todo el mundo recorriéndola los días previos a sus *fashion week* de Primavera-Verano y Otoño-Invierno en marzo y octubre, ahora tenían que conformarse con la sonrisa cómplice de apenas dos clientes saliendo exultántemente felices de ese local.

Paradójica arbitrariedad que dotaba a la Moda de un poder mortal sobre su eterno amigo/enemigo. Una especie de "síndrome de Estocolmo" (rodado en blanco y negro por el amargo talento de Joseph Losey[83]) ahora no producido entre personas sino entre los objetos o las estructuras que los producen.

Tercera y última prueba, el Lujo también quiso utilizar un ritual de "puesta en escena" característico en exclusiva de la Moda, el desfile. El Lujo también quiso ser Moda en ese sentido. Incluso Louis Vuitton, esa casa especializada en hacer maletas, bolsos, productos de marroquinería, se puso a hacer desfiles de moda para vender bolsos marcados con las admiradas iniciales LV. Y, hay que decirlo en honor a la verdad, tenemos que reconocer que no se pusieron a hacer desfiles de "moda" banales, simplemente para que se mostrasen sus bolsos y maletas como un accesorio más de la colección de *Prêt-à-porter* que se presentaba –debilidad que han tenido no pocas marcas de Moda[84] en estos cuarenta últimos años–, sino profundos, a fondo.

---

[83] El trastorno psicológico temporal conocido como *Stockholm Syndrome* por el que una persona secuestrada se identifica progresivamente con el secuestrador hasta aceptarlo e incluso comprenderlo, magistralmente llevada a la pantalla por Joseph Losey en su película de 1963 *The Servant*, serían dos excelentes ejemplos de esta paradójica inversión de papeles entre un siervo y su señor. En nuestro caso, la sustitución de la voluntad otrora dominante implacable del Lujo –la *Haute Couture*– por la también antes dominada, la Moda, en ese caso concreto el *Prêt-à-porter*.

[84] Lo que podríamos denominar "síndrome Loewe", pero también Trussardi, Hermès o incluso Gucci; es decir, la necesidad de organizar un desfile para mostrar sus "productos de lujo", básicamente bolsos y maletas, envueltos en el aire de modernidad que confería en los años 80 exclusivamente la *moda*, su signo distintivo por excelencia, un desfile de moda, con *tops* incluidas si era necesario, con el objetivo de llamar la atención del "público ideal" y de la prensa especializada de Moda sobre la Marca. La imagen de Pat Cleveland –la legendaria *top* del momento– desfilando con sus características maneras en la Semana de la Moda de Madrid para Loewe, cargada de bolsos de cocodrilo, seguida de un mozo de hotel llevando sus maletas de ante, es superior incluso al recuerdo de su estupendo abrigo de lana de camello. Ese mismo instrumento de promoción obligó a Hermès –especialista

Hay que reconocer que los responsables de Louis Vuitton quisieron que se mostrase la ropa, quisieron estar entre los verdaderos nombres de la Moda. Toda la trayectoria de dieciséis años de Marc Jacobs como director artístico de Louis Vuitton (1997-2013) ha dejado probado que ese nombre aspiraba a convertirse en uno de los más influyentes del circo mundial de la Moda y que los directivos de la Casa ponían a disposición del prestigioso diseñador americano todos los recursos que este necesitase para conseguir el objetivo común de ambos, ser un desfile imprescindible para los periodistas más influyentes del mundo. Así lo intentaron y así lo consiguieron. Durante muchas temporadas el desfile de Marc Jacobs para Louis Vuitton era una cita obligada, de Suzy Menkes a André Leon Talley, y de Anna Wintour a Franca Sozzani o Carine Roitfeld, para los periodistas más importantes de la especialidad.

Esos tres acercamientos a la Moda se subrayaron incluso con uno nuevo. Los responsables de la comunicación de Louis Vuitton comenzaron utilizando a una *top* para sus campañas, fórmula habitual desde que la existencia de la fotografía de moda desplazó a la ilustración de las revistas de Moda. Esa modelo fue Linda Evangelista, la *top* indiscutible de los ochenta, luego incluyeron en la fotografía a dos, a tres, a cinco modelos (escalada iniciada por Versace y las portadas de las revistas *Vogue*, retroalimentándose, que terminó contagiando a otras muchas marcas). Luego añadieron una nota causal y fotografiaron a las dos, tres, cinco modelos en un taxi en Nueva York, en un puente de París o en una terraza de Hong Kong, por

---

indiscutible de bolsos femeninos– a desarrollar toda una gama de productos que pudiesen desfilar arropando a las joyas de la corona. Incluso Gucci, que consiguió ser una auténtica "casa de moda", lo hizo a partir de la especialidad de la casa, también los bolsos con herrajes de equitación. Recorridos estos antecedentes, no extrañará que citemos a Louis Vuitton como la "casa de lujo" que se hizo "casa de moda" por el mismo procedimiento y con los mismos objetivos. El propósito era tan serio que Loewe contrató los servicios de Karl Lagerfeld, Giorgio Armani o Narciso Rodríguez; Hermès los de Jean-Paul Gaultier o Martin Margiela y Gucci los de Tom Ford. Dan ganas de añadir: *contra factum non valet argumentum*.

125

Una definición de Moda. "Moda, de qué hablamos cuando hablamos de moda hoy"

ejemplo. Y, por fin, pasaron a las actrices más admiradas del momento: Scarlett Johansson en Louis Vuitton, Nicole Kidman en Chanel o Uma Thurman en Giorgio Armani. Desde entonces esa lista se amplía día a día: Cate Blanchett, Cameron Diaz, Keira Knightley, Marion Cotillard, Natalie Portman e incluso Brad Pitt (última "chica" Chanel). Hoy, la publicidad y la alfombra roja del cine, de la música o de la gala anual del Museo Metropolitano de Nueva York incluyen en sus respectivos protocolos, de manera ya quizás agobiante, ¿pasada de moda?, a estas nuevas embajadoras de las casas más prestigiosas de la Moda.

El Lujo se fijó en la Moda y absorbió todas sus estrategias. Creía que esa identificación le favorecía. Un último giro de este tercer momento en el que el Lujo se ha unido a la Moda sería aquel en el que los máximos responsables de Louis Vuitton acariciaron el sueño de convertir en Lujo cualquier cosa reconocida como Moda. Su fecha exacta deriva de la quiebra de Lehman Brothers en septiembre de 2008 y las graves turbulencias en el sistema financiero internacional que esta última gota en un vaso lleno produjo[85]. Hasta ese momento, punto de inflexión de un ciclo óptimo para el negocio de la Moda, casi nada que esta plantease se consideraba imposible. En LVMH lo hacían todo tan bien que se creyeron la reencarnación del Rey Midas, en la *maison* habían interiorizado que convertirían en

---

[85] Aunque el verdadero punto de inflexión se sitúa en la quiebra de Lehman Brothers en agosto de 2008, muchos analistas consideraron en el "Décimo aniversario de la crisis de 2007" que las turbulencias financieras comenzaron un año antes con la quiebra de AIG, la más importante aseguradora de Estados Unidos y otros bancos especializados en hipotecas como el francés BNP Paribas. Una devastadora cascada financiera producida como consecuencia del pánico de los depositantes ante el pinchazo de la burbuja de las hipotecas *subprime*. Wall Street tuvo la mayor caída de su índice en cuatro años (13 270 puntos). Aunque los más afortunados solo soportaron la crisis durante 19 meses, gracias al rescate de la Reserva Federal, al resto del mundo le costó más de una década. Santiago Carcar: "La crisis que alimenta la crisis". EL PAÍS. Madrid, 10 de agosto de 2011. Sandro Pozzi: "Hipotecas subprime: la crisis con la que empezó todo". EL PAÍS. New York, 6 de agosto de 2017.

oro todo lo que tocasen. Dado el prestigio que la Casa tenía en todo lo que hacía, se atrevieron con lo más osado, poner la marca sobre un objeto absolutamente común, casi sin ningún valor material. Para entender esta decisión, tal vez necesitemos recordar que en esos años, para no variar mucho el precio del bolso icónico de cualquier marca, por supuesto a la cabeza Louis Vuitton, se subía cada año este un poco por encima de la inflación. Pero la ley de la oferta y la demanda hacía cada vez más difícil crear el bolso a su precio, el "mismo bolso" al "mismo precio". La materia prima era cara y, además, su precio estaba y está muy condicionado por las fluctuaciones de los precios mundiales. Inicialmente se requería un material caro, máxime en un momento en el que todas las marcas quisieron entrar en el negocio de la piel. La demanda (mano invisible del mercado *smithiano*) fijó el precio.

En cien años de historia de sus bolsos desapareció la piel para que, en su lugar, siguiéramos "adorando" una lona tratada con una resina especial. Un cambio muy sutil que a nadie pareció haberle importado, la marca lo aguantaba todo. La mano de obra es muy cara, pero también ahí se pudo hacer una pequeña trampa. La empresa internacionalizó la producción, buscando el mejor precio, aunque eso le obligase a fabricar, como otros muchos nombres de la Moda, en Italia, España, India o China. Sin embargo hay otros dos elementos intangibles, que también constituyen el precio final de un bolso, que no han dejado de crecer exponencialmente durante el siglo XX. Uno es destinado al mantenimiento del propio punto de venta, una apuesta carísima para las marcas que han querido prescindir de la distribución multimarca. El otro es el destinado a la construcción del Imaginario de la Marca, ese verdadero pozo sin fondo, donde cae la creciente asignación de recursos para el *marketing*, la publicidad y las RR PP. No es necesario extenderse mucho para convencerse de que los costes de producción y distribución se han disparado exponencialmente y el precio ha intentado mantenerse estable. Adam Smith sonreirá con la demostración de su tesis sobre libre comercio.

127

Una definición de Moda. "Moda, de qué hablamos cuando hablamos de moda hoy"

Si fuese verdad en algún sitio el *dictum* "una imagen vale más que mil palabras" sería en esa interminable escena de la película de Brian de Palma *La hoguera de las vanidades* en la que, como quien no quiere nada, técnica indefectible de la publicidad subliminal, las inequívocas flores del *monogram* Louis Vuitton aparecen "olvidadas" tras el primer plano de la protagonista. El Mercedes 500 en apuros del señor Sherman McCoy lleva el equipaje de su amante, rubia envuelta en abrigo de visón para no evitar ningún *status symbol* del momento, a sus espaldas. Toda la conversación, desde las sugerencias sensuales de Melanie Griffith a la salida del aeropuerto hasta los instantes de pánico en el asalto bajo un puente del Bronx, tiene su línea de fuga en una sutil nebulosa Louis Vuitton. Es importante recordar sobre qué va la novela de Tom Wolfe en la que está basada la película: los arrogantes años ochenta de New York. Si hay una marca que representa esa "euforia irracional de los mercados" y la de sus inquilinos de Park Avenue, sería esta. Y eso que aún no se había levantado el polémico rascacielos de la CIM[86], espejismo que convierte el metro cuadrado de Nueva York en oro.

Si no se puede devaluar más la calidad de las materias primas del producto, ni tampoco la calidad de la mano de obra que lo fabrica –porque de hacerlo así se notaría excesivamente–, ¿qué otra cosa más podrían hacer? Gracias a la globalización, la respuesta vino sola. Todo el mundo entendió como bueno desplazar los centros de fabricación a países del Tercer Mundo. Fabricar un bolso estándar, en vez de costar lo que costaba hacerlo en París, Barcelona o Ubrique,

---

[86] El rascacielos CIM, tan alabado como criticado, que en su momento fue la torre más alta de Manhattan, es obra del arquitecto uruguayo Rafael Viñoly sobre una idea del diseñador austriaco Josef Hoffmann, situado en el número mágico 432 de Avenue Park (Calle 56, Calle 57 y Madison Avenue). Un prisma "Bulgari" de 426 metros con una de las mejores *ratios de esbeltez* de todo el mundo, que llegó en 2015 para convertirse en el m^2 más caro de New York. Irónicamente es conocido como la "prisión de los millonarios". Los problemas financieros de su ambiciosa construcción, cuando no el escándalo contínuo del precio de sus apartamentos, recrean la leyenda de la especulación financiera neoyorquina y la prestigiosa calle donde viven sus afortunados protagonistas.

costaría muy poco en algunos países del Tercer Mundo. Esa deslocalización —moralmente intachable para los defensores del desarrollismo en los países más pobres— garantizaba relativamente una calidad alta a un precio bajo, pero también facilitaba la fabricación de la "copia perfecta" por los mismos empresarios que habían sido subcontratados en el Tercer Mundo para hacer el "original". Un daño colateral importantísimo no previsto inicialmente por ningún estratega de la deslocalización, si exceptuamos la dolorosa experiencia americana de Paul Poiret hace ahora precisamente cien años[87].

Incluso se ha hablado de una vuelta de tuerca perversa de este nuevo "Dorado" recién descubierto por los ambiciosos ejecutivos occidentales, al ser esos empresarios subcontratados los más interesados en perseguir las otras copias producidas ilegalmente en sus países. Las marcas más prestigiosas desplazaron la fabricación al Tercer Mundo; primero los productos más fáciles, más pequeños, más clásicos, más repetidos; luego los más complejos; finalmente, todos los productos. Al final, se atrevieron incluso con una bolsa de rafia de plástico, un objeto exactamente igual que una bolsa confeccionada con un tejido de plástico —trama "Jacquard" de cuadros de Madrás incluida— que los "chinos" vendían en sus bazares clonados de todo el mundo por un euro. Pensaban que poniendo la etiqueta LV sobre ese producto lo venderían al precio que quisieran. El público estaba tan fascinado con el valor de esa marca que compraría cualquier cosa que se le ofreciera si llevaba el logotipo de sus sueños.

---

[87] Paul Poiret descubrió en uno de sus viajes a los Estados Unidos no solo que muchos productos falsos llevaban la "P" de su logotipo, sino que, y esto le dolió aún más, no eran ni de la mínima calidad ni del mínimo gusto de los originales. Algo que, obviamente, perjudicaba a los que sí lo eran y, en última instancia, a su negocio global. "A Poiret le horrorizó no solo verificar la falsificación de su nombre, sino que este apareciera en ropa de baja calidad, mal corte y, sobre todo, anticuada para él mismo, dado que lo que imitaban y falsificaban eran, sobre todo, los vestidos de Poiret de la *Belle Époque*, y no los que estaba haciendo en los años 20." Oscar Scopa: *Nostálgicos de aristocracia. El siglo XX a través de la moda, el arte y la sociedad.* Obra citada (Notas 32, 38, 49, 52 y 67). "Desde un automóvil hacia los gases de la guerra. Lo que Poiret nos enseña" (Pág. 69).

Nada más cierto al principio y nada más lejos de la realidad poco después.

El modelo de negocio de Chanel, o de Hermès, quizás planteaba desde hace mucho tiempo, pero hoy más que nunca, que el precio de esos objetos es "marginal". No es, pues, el resultado estricto de sumar los costes que intervienen en su fabricación lo que determina su precio, sino la cantidad que el mercado puede pagar por el producto. Fijado el precio por el mercado, hay que conseguir que todos los costes que intervienen en la fabricación del producto se reduzcan hasta donde les sea posible, presionados por una feroz competencia entre los diferentes proveedores de esos elementos. Acaso no se busque un objeto útil, bueno, bello, extraordinario, sino un objeto "prestigioso", y eso tiene otro precio. Porque entonces compramos, no un bolso, sino un "Chanel", un "Hermès", un "Dior" o un "Prada" (marcas que con Louis Vuitton, Gucci, Loewe, Fendi, YSL y Valentino completarían el *top ten* de la especialidad).

Exactamente el mismo objeto, sin marca, con marca blanca, valdría diez veces menos en el mercado, quizás hasta cien veces menos, un mercado que está ya incluso saturado de esos productos, pero no así de esas marcas. El precio de estas es mucho más alto, tal vez porque se incluyen más conceptos, pero también porque los productores de bienes de Lujo son conscientes del concepto de "precio conspicuo" –señalado en su *The Theory of the Leisure Class* por Veblen[88] en 1899– que tan amablemente están dispuestos a asumir sus clientes más "devotos". Ese precio es elevado, más o menos artificialmente, para hacerlo más atractivo a ciertos nichos de mercado, algo que se consigue precisamente al hacerlo más restrictivo. Otra fascinante "espiral virtuosa" del capitalismo glamuroso. Los clientes que pueden ingresar en ese "círculo de honor" están dispuestos a pagar

---

[88] Thorstein Veblen: *The Theory of the Leisure Class. An Economic Study of Institutions*. Macmillan Company. New York, 1899. En la edición española: *Teoría de la clase ociosa*. Fondo de Cultura Económica. México DF, 1944. Alianza Editorial. Madrid, 2004.

un poco más para protegerse así de los potenciales clientes que no podrían hacerlo. La marca como separación social, como barrera de clase. Parece obvio que esa diferencia sea solo la vulgar cantidad de dinero que figura en la etiqueta del producto, pero el Sistema no tiene ningún inconveniente en establecer como "metafísica" una cuestión tan "física". Las diferencias cuantitativas de precio pueden convertirse en cualitativas, como sugirió Marx en su *La Teoría del Valor*. El "valor de uso" estaría ligado al ámbito cualitativo, mientras que el "valor de cambio" lo estaría al ámbito cuantitativo. El "valor de uso" en la concepción filosófica y económica de Marx estaría completamente excluido de la economía política, al concebirlo fuera de la relación social, mientras que el "valor de cambio" reflejaría una sociedad donde el valor social de los productos se mide, exclusivamente, por su valor de cambio[89].

Pero algo salió mal en este último capítulo de esta interesante historia de amor entre el Lujo y la Moda porque, a finales de los años noventa, algunos datos nos revelaron que China se había constituido, al mismo tiempo, en la salvación y el problema de Louis Vuitton. Salvación porque el último gran nicho de mercado para esos productos está en China. Al Lujo solo le quedan los millonarios chinos para seguir creciendo exponencialmente, pero el error de esa apuesta aparentemente genial se convertirá en el revés más perverso, porque los millonarios chinos parecen capaces de comprar todo lo que se les venda como Lujo, pero con la condición de que no esté hecho en China. Si está hecho en China, no lo quieren, no les parece verdadero lujo. Entonces, casualidad donde las haya, se volvieron a abrir las fábricas de Barcelona, Madrid y Ubrique, que habían sido

---

[89] A propósito de la relación de lo cuantitativo con lo cualitativo en la Teoría del Valor véase Karl Marx: *Das Kapital. Kritik der politischen Ökonomie*. Verlag von Otto Meissner. Hamburg, 1867. Vol. 23 de Karl Marx-Friedrich Engels, Werke. Dietz-Verlag. Berlin, 1962 (4ª Edición. Hamburgo 1890). En la edición española de Manuel Sacristán *El Capital. Obras completas*. Marx y Engels. Tomo 40. Capítulo II. "El problema del valor cualitativo". Editorial Grijalbo. Barcelona, 1976.

recientemente cerradas en aras del *mainstream*[90] de la admirada globalización. En esa operación estamos, volver a fabricar el Lujo europeo en Europa como una condición *sine qua non* para recuperar su antiguo prestigio en los mercados orientales. No mencionamos otras urgentes razones para reindustrializar Europa porque aparentemente exceden a nuestro tema.

El "rapto de Europa" que siguió a la extinción de las casas reales europeas, no solo por un problema de precio, también por la legitimación del gusto sobre las élites que estas suponían –véanse los escudos de Cartier como proveedor de varias casas reales europeas– desplazó, tras la Segunda Guerra Mundial, la geografía del cliente natural del Lujo, las clases altas y medias-altas europeas, hacia otras minorías equivalentes en otros lugares del mundo. Ese "rapto de Europa", entendiendo por Europa a su Lujo, fue primero perpetrado por los americanos quienes, a cambio de dólares, se convirtieron en los adorados clientes desde finales de la *Belle Époque* (*Memorias* de Poiret, Chanel o Patou). Cuando estos cayeron en desgracia con la crisis del 73, la llamada Crisis del petróleo, fueron sustituidos por los japoneses, y cuando estos vieron estancada su economía a raíz de la deflación de los 90, fueron sustituidos por los Emiratos Árabes. Cuando estos perdieron su gusto por el gasto ostentoso, o quisieron al menos disimularlo un poco, fueron sustituidos por los rusos y, cuando estos entraron en crisis por su suspensión de pagos en 1998,

---

[90] El término inglés *Mainstream*, que podríamos traducir en castellano como "convencional", es recientemente utilizado como el sinónimo más frecuente de "corriente" o "tendencia" dominante o principal en el pensamiento actual. Como es lógico, su importancia sobre la cultura popular se debe a la influencia que sobre ella ejercen los medios de comunicación de masas actuales (la puntualización es importante en la medida en que, nunca como ahora, estamos comprobando la certeza de la profecía auto-cumplida que incluye la proposición de Marshall McLuhan *"Medium is the message"*). A pesar de ser un término "muy de moda", incluso en España, el DRAE aún no lo recoge.

fueron sustituidos por los chinos, los últimos millonarios empeñados en comprar todo el Lujo europeo que caiga en sus manos[91].

Nicholas Coleridge anota en su interesantísima obra *La conspiración de la moda*[92] la auténtica esquizofrenia vivida por algunas casas de alta costura obligadas a "prostituirse" para agradar a los compradores árabes. La mala conciencia por las concesiones al supuesto mal gusto de estos exóticos clientes les obligaba a hacer dos colecciones simultáneamente, la "prestigiosa", dedicada a sus antiguas clientas occidentales y la prensa especializada, muchas veces deficitarias por no decir ruinosas, y la "prohibida", dedicada a ganar dinero satisfaciendo a los nuevos clientes. Por enésima vez podemos intuir que "el fin está justificando los medios". Nadie niega en el mundo del Lujo que los excelentes resultados empresariales de los grandes grupos europeos del Lujo están directamente ligados a la espectacular demanda del mercado chino, que ha crecido a más de dos dígitos durante la última década. De hecho, las previsiones a corto plazo de este selecto club se enfrían como consecuencia de la ralentización de la economía china y de su política anticorrupción, que ve con malos ojos esa disparatada ostentación que liga al consumidor "nuevo rico" de nuestros días con los emblemas tópicos del antiguo Lujo. Resulta una paradoja hilarante que el "gran hermano comunista" haya terminado siendo el Zeus protagonista del enésimo Rapto de Europa (léase específicamente aquí la última salvación de su *fashion system*). China fue la salvación, la última salvación, pero también fue la causante última de su repliegue manufacturero y la

---

[91] "Los chinos compran el 46% del lujo mundial en 2015". FASHION NE-TWORK. AGENCIA EFE. Madrid, 15 de febrero de 2016. "Los chinos compradores de lujo". EL PAÍS. Domingo 26 de febrero de 2017.

[92] Nicholas Coleridge: *The Fashion Conspiracy: A Remarkable Journey Through the Empires of Fashion*. Harper &Row. New York, 1988. Random House. London, 1988. En la edición española: *La conspiración de la moda*. Ediciones B, S.A. Barcelona, 1989.

posible causa última de su caída a medio plazo[93]. Los franceses presumen, quizás interesadamente, que el lujo es francés, con desprecio de italianos, ingleses, suizos o españoles, pero algunas encuestas realizadas en EE. UU., otro de los grandes mercados del lujo europeo, desconocen olímpicamente esos nombres o alteran el orden de prioridades en la lista de los cien nombres más prestigiosos o, sencillamente, más reconocidos del mundo. El libro de Marie-Claude Sicard[94] refleja cómo, dependiendo del lugar donde se haya nacido, se

---

[93] La relación de los ciudadanos chinos, al menos de los más ricos, y el Lujo es uno de los "temas de nuestro tiempo", pues la importancia de su poderosa demanda –tanto cuantitativa como cualitativamente– hace mucho tiempo que condiciona las estrategias de producto y de negocio de las marcas occidentales más prestigiosas. Desde la portada de *LIFE* al interesante fenómeno, en 2005*, hasta el día de hoy, el fenómeno económico y sociológico daría para más de una excelente tesis doctoral.

TIME. Style & Design. *East Meets West. An Insider's Guide to the Asian Luxury Market*. Sprint 2005. Suplement to TIME.

Lo que hace diez años podía considerarse solo una brillante hipótesis de trabajo hoy parece absolutamente probado, basta con contrastar las fuertes caídas en la Bolsa de la grandes empresas del lujo en una sola semana, como consecuencia de la crisis producida en el comercio internacional por las restricciones impuestas en todo el mundo para aislar el brote de Coronavirus en la provincia china de Wuhan (Hubei), para convencerse irrefutablemente de esta estrecha relación. (1 000 millones de Euros en el caso concreto de Bernard Arnault, Presidente de LVMH). EL PAÍS, febrero de 2020.

[94] "…el lujo es el conjunto de las marcas de lujo.

¿A qué se parece dicho conjunto?

En Francia, se contesta con una lista (confidencial) de 400 marcas, de las que 250 son francesas y 150 extranjeras. Ocurre lo mismo en Japón, donde las cinco marcas de lujo preferidas son Rolex, Cartier, Patek-Philippe, Armani y Vuitton.

¿Y en Estados Unidos?

La repuesta son listas también. He aquí una, sacada en el año 2000 del *Robb Report*, una "magazine for the luxury lifestyle", con el título "The Best of the Best": Armani, Cesare Attolini, Luigi Borrelli, Eugenio Marinella, Ermenegildo Zegna, Loro Piana, Bobby Jones, Paul & Shark, Lacoste, Silhouette, Asprey & Garrard, Omas, Galliano, Óscar de la Renta, Helmut Lang, Chanel, Hermès, La Perla, Karl Lagerfeld para Fendi, Patek-Philippe, Harry Winston, Le Château 147, etc.

menciona la preferencia por unas marcas de Lujo u otras. El *haute marketing* francés es muy seductor mas no lo puede todo.

La relación de la Moda y el *Low Cost*

En las antípodas del Lujo, siguiendo ese eje vertical que marcan los valores más económicos, nos encontramos con la otra palabra clave para definir en nuestros días la Moda con un poco de precisión, ahí está situado el llamado *Low Cost*. Este es un concepto que nace relativamente hace poco, quizás al final de la década de los ochenta. Puede ser considerado, otra absoluta paradoja, como el último de los productos Armani, post-Armani, para ser más exactos. Según esa visión, el último de los alumnos aventajados de Giorgio Armani podría ser Zara, como antes lo fueron Calvin Klein, Donna Karan, Ralph Lauren o Tommy Hilfiger. Acaso nada de esto habría sucedido sin la necesaria concurrencia de la "revolución" Armani al final de los años setenta. Sus colecciones, sus escaparates, sus puntos de venta y hasta su publicidad, serían un punto de inflexión en el liderazgo de Milán sobre París como capital indiscutible de la Moda.

Giorgio Armani, visto ahora con la perspectiva suficiente, era un alegato contra la Alta Costura y a favor del *Prêt-à-porter*, contra el barroco y a favor del minimalismo, contra la estricta separación de sexos y a favor de una calculada tolerancia entre lo masculino y lo femenino –ahí está su pasión por llevar la estructura de la chaqueta masculina a la mujer o los tejidos femeninos al traje de hombre– y hasta con una necesaria revisión del precio final de los productos de

---

¿La mayoría de estos nombres no le dicen nada? A James Twitchell tampoco. Pero cuando se los dijo a sus estudiantes de la Universidad de Florida, tuvo la sorpresa de comprobar que ellos los conocían casi todos."

Marie-Claude Sicard: *Luxe, mensonges & marketing. Mais que font les marques de luxe?* Pearson Education France. Paris, 2003. En la edición española: *Lujo, mentiras y marketing ¿Cómo funcionan las marcas de lujo?*. (Tercera parte. Págs. 126 a128). Editorial Gustavo Gili. Barcelona, 2007.

Moda. Por eso resulta extraordinariamente llamativo que un Giorgio Armani que negaba la función de la Alta Costura al principio de su trayectoria, precisamente por "anacrónica" argumentaba él, por considerar que representaba una elegancia que pertenecía a otro tiempo, cambiase de opinión y decidiese incorporarse a la lista de sus proveedores oficiales cuando se consideró a sí mismo una marca consolidada globalmente. (Sugerimos la colección Otoño Invierno 2007-2008, fecha de su primer desfile Armani Privé, como punto de inflexión de su estrategia empresarial). No fue la primera, ni la última vez, que un artista cambia de bando conforme aumenta su gloria. Ya citamos a Jean-François Millet, ahora a Richard Wagner.

De alguna manera el *Low Cost* ha existido siempre. Quizás antes era conocido como "Moda Pronta"[95]. Una Moda barata, conseguida falseando, cuando no falsificando directamente, los valores de las grandes marcas; esto es, la materia prima, la mano de obra, la colección, el *know-how* y, por supuesto, su *marketing* y su comercialización final. En 1968, momento en que el *Prêt-à-porter* hiere de muerte a la Alta Costura, sucedió algo parecido a lo que está pasando –consecuencia ineludible de la quiebra de Lehman Brothers– con el *Low Cost* estrangulando al *Prêt-à-porter*. Ambas sustituciones del paradigma estético se hacen en tiempos de crisis económica y, en ese sentido, de cambio de valores o de sensibilidades en una sociedad, de cambio en la mentalidad de las clases medias de esas sociedades.

---

[95] El concepto *"moda pronta"*, ligado sin duda a la perfección de las técnicas de confección, tiene un siglo largo de historia. Su concepto, aunque es muy difuso, por todas las variaciones que la palabra ha ido adquiriendo durante el siglo XX, remite siempre al intento de ofrecer "moda" al mercado a un precio sensiblemente inferior al proporcionado por el "modelo dominante". Inicialmente la *Haute Couture*, el *Prêt-à-porter* y, más exactamente el *Ready-to-wear*, son algunas de sus expresiones complementarias. En sentido estricto se considera la internacionalización, recientemente también llamada *Fast fashion*, del concepto italiano de *Pronto moda*. VV AA: "Per una Storia della Moda Pronta". *Atti del V Convegno Internazionale del CISST. PITTI IMAGINE. EDIFIR*. Edizioni Firenze s.r.l., 1991. *Parte Sesta. Moda Pronta nel primo dopoguerra e oggi Testimonianze*. Nicoletta Bocca. *La moda pronta e la sua materia* (Págs. 316 a 339)

En términos muy generales, la "moda pronta" se basaba en una especie de estructura difusa que unía fabricantes y distribuidores de moda con un elemento aglutinador en el centro que era el experto —el equivalente, podríamos decir, del *coolhunter* con la terminología de hoy y en la estructura de la Moda de hoy—.

Una persona que viajaba a París, veía las colecciones del *Prêt-à-porter* y las intentaba copiar en el menor tiempo posible (porque esa persona no tenía la capacidad de crear, ni de fabricar aquello que copiaba, ni de hacerlo con aquella calidad) conseguía una copia en la que al tejido y a la confección se le añadía, en el último momento, el color, quizás el "elemento variable" de la Moda más obvio de cada temporada. No solo el color, por supuesto. También hay que contar con la silueta o la "caída" de las prendas, efecto íntimamente vinculado al tejido. Hay períodos de la seda, como los hay de la lana, del lino, de la viscosa o del *cashemere*, pero estos tienen ciclos más irregulares y, por descontado, más largos. El color es, desde luego, el único elemento que cambia imperativamente cada temporada. No sabemos si por ser el más fácil de cambiar técnicamente o para evitar así que no se visualicen correctamente los cambios de la temporada. También, tal vez, porque la industria química es una de las pocas que siguen teniendo un poder casi monopolístico en el Sistema de la Moda. Muy pocas marcas dominan el mercado mundial, luego muy pocas pueden imponer un color o sugerirlo después de carísimos estudios de mercado. La Moda, el *Prêt-à-porter*, es muy democrático, porque hay muchos agentes en libre competición, pero si se concentra en algún sitio el poder de decisión, sus "cuellos de botella" oligopólicos, estos serían en los fabricantes de tejidos, por no decir de sus hilos, por no decir de sus tintes[96]. "Espiado" el color en las

---

[96] Pitti Imagine Filati es el nombre de la prestigiosa feria de tejidos que cada temporada celebra en el recinto ferial de la Fortezza da Basso de Florencia la industria textil italiana para mostrar sus nuevas hilaturas. En sus momentos de máximo esplendor las empresas más poderosas encargaban a destacados diseñadores de moda, entre ellos Issey Miyake, colecciones no comerciales para mostrar experimentalmente todas las posibilidades de sus investigaciones textiles.

ferias de *Prêt-à-porter* parisino ya se tenía la información privilegiada que convertía una temporada "pasada" (la anterior) en la próxima temporada, siempre y cuando esta no incluyese un cambio destacado de silueta o de largo de falda. El gran problema de la "moda pronta" (homónimo del italiano *abbigliamento confezionato, in serie secondo misure, standard*), que sí supieron corregir los grandes nombres del *Low Cost*, es que era poco glamurosa, quizás incluso algo "cutre"[97]. De todas las cosas que se podía acusar al *Low Cost*, al menos en el ejemplo que podía representar Zara, el primero que dejó de ser verdad es que sus puntos de venta fuesen "cutres". Las tiendas, los escaparates, los dependientes, el pago, las devoluciones y hasta las rebajas, enseguida alcanzaron los estándares de sus competidores inmediatamente superiores. El placer, por no decir el "lujo", de entrar en sus puntos de venta enseguida fue un hecho incuestionable para muchos de esos clientes de la maltratada clase media occidental. Uno de los golpes de efecto más eficaces de este nuevo modelo, en aras de consolidar su prestigio, fue instalarse en los mejores edificios de las calles más comerciales del mundo. La calle de Prada es la calle de Zara. Máxime tras la sonada apertura del *flash store* del número 666 de la *5th Ave.*, Prada está en el 724. Añadamos: una dirección vale más que mil palabras.

Entre 1858 y 1968 el "Sistema de la Moda" parecía funcionar como una estricta pirámide. En la parte superior se situaba la Moda francesa, también algunos nombres de la Moda americana, italiana y española de la época y, a continuación, una gran escalera de modistas que los imitaban por todas partes. La "moda" –concentración inevitable de la "Moda"– descendía por esa pirámide hasta llegar a la base. (El color, el largo, el tejido, los detalles o el aspecto de las mejores colecciones presentadas en la semana de la moda de París.) Ese descenso, que iba incluyendo a progresivas ampliaciones de la

---

[97] "Cutre". adj. Tacaño, miserable. U.t.c.s. // 2. Pobre, descuidado, sucio o de mala calidad. *Un bar, una calle, una ropa cutre. Diccionario de la Lengua Española* de la RAE. Vigésima Segunda Edición. Editorial Espasa Calpe. Madrid, 2001.

demanda, lo hacía, como es lógico, a costa de bajar su precio, de "democratizar"[98] ese perfume mágico de la Moda que consiste en "saber lo que tienes que llevar", pero también recortando los costes reales que intervienen en la producción de ese producto "imitado". El tejido, el diseño, la confección y, por supuesto, la distribución y la "conformación/confirmación" de la marca, a través del prestigio de la publicidad y las relaciones publicas, se hacía con menos presupuesto y, por lo tanto, con menos calidad. Lo que "confirma" una marca la "conforma" en el universo virtual, mediático, pero también lo que "confirma" una marca la "conforma" en el universo real, financiero.

Arriba se llevaba el estampado leopardo, por elegir un ejemplo, en un excelente tejido, bien cortado, bien cosido, bien publicitado, bien vendido. Abajo se llevaba también el efecto leopardo, pero sin la calidad proverbial del modelo imitado. Y, en la mayoría de los casos, una temporada más tarde, la que ese sistema de producción de la "Moda Pronta" o pre-*Low Cost* necesitaba. No solo para tomar nota de lo que se llevaba en París o entre las élites locales, que podían comprarlo en París de primera mano, sino también para calibrar si había que apostar por esa "moda" o apostar por otra. Porque aquella, a pesar de contar con las bendiciones del "todo París", se podía haber estrellado con la indiferencia de la calle, que no la seguía obsesivamente como siempre cabría esperar. Esa ruptura del orden o de la secuencia esperada se ha dado algunas veces, por ejemplo, cuando se produce, de repente, un cambio económico importante. La Guerra del Golfo (1990-1991) podría considerarse el último ejemplo

---

[98] El concepto "democratización de la moda" se ha generalizado en nuestros días hasta la dispersión insignificante, pero sus primeras menciones concretas provienen de la reflexión sociológica francesa y alemana sobre la moda de la segunda mitad del siglo XX. Bruno du Roselle: *La crise de la mode. La révolution des jeunes et la mode.* Librairie Arthème Fayard. Paris, 1973. René König: *Menschheit auf dem Laufsteg. Die Mode im Zivilisationsprozeß*" Obra citada (Notas 39, 63, 64, 71, 72, 73 y 74*). En la edición del IEMC. Capítulo I. "Resumen a modo de introducción: sobre los cuatro estilos de propagación de la moda" (Págs. 22 y 26). Capítulo III. "Contenido y forma del comportamiento conforme a la moda" (Pág. 39).

concreto de cómo un hecho socioeconómico puntual alteró la carta de colores de Première Vision y, en consecuencia, las propuestas de todos los grandes nombres del *Prêt-à-porter* para las pasarelas de las que iban a ser su próxima temporada[99]. Y aunque nos falta aún perspectiva histórica es obligatorio añadir la pandemia Covid 19 y la invasión rusa de Ucrania.

Después de la Guerra del Golfo podría también considerarse un verdadero punto de inflexión el ataque a las Torres Gemelas el 11 de septiembre de 2001. La experiencia de algunos diseñadores interesados creativamente en las posibilidades del multiculturalismo, especialmente Miguel Adrover, es muy reveladora del "cambio de tendencia" de la década[100]. Recordemos como nota anecdótica que

---

[99] *Première Vision* es una feria mundial de tejidos que se celebra dos veces al año en París, correspondiendo con las temporadas Primavera/Verano y Otoño/Invierno, desde 1984 en el Parc d'Expositions de Paris-Nord. En 1980 permitió la entrada de fabricantes internacionales, concluyendo así su historia exclusivamente nacional. Fue concebida en 1973 por un grupo de 15 fabricantes de tejidos de Lyon que realizaron su primera edición en el Centre International des Textiles de Paris. De aquel proyecto derivan también las actividades del Centre International d'Etude des Textiles Anciens de Lyon y la edición del prestigioso *Bulletin du* CIETA.

[100] Poco antes de su caída en desgracia por la fatal coincidencia de los atentados a las Torres Gemelas con la Semana de la Moda de New York, donde tenía previsto presentar una colección inspirada en el folklore afgano —eso se llama premonición de un verdadero cazador de tendencias— el diseñador mallorquín con merecida fama de *enfant terrible* había jugado con la idea, muy de-constructivista, de volver del revés una gabardina de la casa Burberry. El llamativo efecto de invertir el exterior/interior de una prenda de abrigo, con el que habían jugado desde Margiela a Prada, proporcionó a Miguel Adrover una notoriedad muy destacada mediáticamente, convirtiéndolo en el imprevisto embajador de las míticas *british trench coat*.Miguel Adrover es uno de los diseñadores españoles incluidos en la Exposición "A través del espejo. Moda de España". VV AA. *Catálogo de la Exposición en el Museo Nacional Centro de Arte Reina Sofía*. Ministerio de Cultura. Madrid, 2000. Pedro Mansilla: "Buscando el tercer pie al gato* (Bosquejo sociológico de la moda española)". (Págs. 54 a 61) y (Pág. 231). Terry Jones & Susie Rushton: *Fahsion Now 2*. Taschen GmbH Köln, 2006. "Miguel Adrover" (Págs. 372 y 373).

*La famosa expresión recogida en el refranero español cambió las cinco patas por tres en *El Quijote*, que así figuraban en el *Tesoro de la Lengua Castellana* de

Hamid Karzai, el presidente de la República Islámica de Afganistán entre los años 2001 y 2014, pasó de ser considerado por las revistas de moda uno de los hombres más elegantes del mundo a ser ignominiosamente olvidado en la exagerada cruzada norteamericana contra el integrismo talibán. La dictadura de lo políticamente correcto borró de nuestros medios de comunicación toda imagen de sus frecuentes capas verde esmeralda, como borró toda referencia "no estrictamente terrorista" a esa terrible tragedia norteamericana, incluida la wagneriana alusión a la "obra de arte total" que vio en ella el prestigioso músico alemán Karlheinz Stockhausen[101]. Fuese honestamente desinteresada o mediáticamente interesada, la reflexión del "intelectual" provocó una dura reacción de las víctimas. Ni a la mayoría silenciosa, ni a la CIA les parecían estos "buenos tiempos para la lírica".

La primera vez que Inditex pidió al fabricante correspondiente el mismo tejido del que Chanel solo le encargaba unos 5000 metros –cantidad determinada por la exclusividad que Chanel quiere mantener a toda costa en todos sus productos de vestir, no así en la

---

Covarrubias en 1611. Se ha asociado con buscar lo imposible, "cuadratura del círculo", e incluso con engaño. La cuestión de llamar pie a la pata de un gato es filológica, no se refiere al animal sino al pie métrico.

[101] El prestigioso compositor alemán Karlheinz Stockhausen fue duramente criticado por unas declaraciones en las que afirmaba que el ataque a las Torres Gemelas debía ser considerado como una *Gesamtkunstwerk*, esto es, una "obra de arte total". Su calificación del atentado como "la mayor obra de arte que haya existido nunca" fue generalmente despreciada por considerarla demasiado irrespetuosa con los casi 3000 fallecidos, 6000 heridos y millones de afectados colaterales del atentado de Al Qaeda sobre los icónicos paralelepípedos de Yamasaki. Esta afirmación, pronunciada seguramente sin ninguna maldad, más allá de la ironía implícita a toda libertad de expresión de un artista contemporáneo, fue retomada y expandida por el siempre polémico y siempre rentablemente controvertido artista británico Damien Hirst, que llegó a reclamar que los terroristas debían ser felicitados por haber realizado, a nivel artístico, algo que nadie hubiera podido siquiera imaginar. Sea como fuese, el espectacular atentado produjo un shock traumático, por lo tanto susceptible de ser convertido en manifestación artística, especialmente fotográfica, de incalculables dimensiones.

cosmética– solo pudo vencer los posibles escrúpulos del fabricante al confirmar que la empresa española quería un millón de metros del mismo tejido. O, si preferimos decirlo así, "casi" un millón de metros de "casi" el mismo tejido. Ningún fabricante puede despreciar la rentabilidad de un pedido como ese sobre alguna de sus creaciones textiles, por más lealtad que quiera mantener con sus clientes más prestigiosos. Paradójicamente también aquí los extremos se retroalimentan hasta ese punto: la calidad llama a la cantidad, porque la respalda, y la cantidad permite la calidad, porque la sostiene. En nuestro sofisticado sistema, ambas se necesitan.

Tal vez sea este el momento de preguntar retóricamente si fue aquí cuando Zara pasó de "copiar" a todo el mundo a ser "copiado" por todo el mundo, de ser despreciado por todo el mundo a ser admirado por todo el mundo. Un prodigioso milagro del marketing más metafísico o alambicado que ha conseguido que el éxito de la "copia" le devuelva todo el prestigio a la marca "copiada"[102], espejismo ya captado por Gabrielle Chanel. ¿Quién no quiere ser copiado ahora por Zara? Su copia garantiza el éxito, lo garantiza por partida doble. Quizás sea también este el momento de evocar la genial intuición de *mademoiselle*: "Déjenles que copien lo que quieran, cuando tengan dinero suficiente querrán el original". Que todos los jóvenes del mundo rivalicen por llevar un modelo concreto de Zara, en el caso de que esta sea una copia muy evidente de cualquier otra marca muy prestigiosa, no hará sino convertir en propietarios orgullosos a todos aquellos otros jóvenes, o no tan jóvenes, que se puedan

---

[102] Al hablarnos de las imitaciones, industriales por supuesto, Veblen nos advierte: "El artículo ofensivo puede ser una imitación tan buena que desafíe todo examen que no sea muy minucioso; y, sin embargo, en el momento en que se descubre la falsificación, su valor estético, así como su valor comercial, declinan rápidamente." En ese estado de opinión, ciertamente implacable con la falsificación y sus falsificadores activos o pasivos, Chanel pronuncia su proverbial consigna: "La copia es la señal del éxito." Oscar Scopa: *Nostálgicos de aristocracia. El siglo XX a través de la moda, el arte y la sociedad*. Obra citada (Notas 32, 38, 49, 52, 67 y 87). *Bocetos a fines del siglo XIX*. "Veblen habla de su época" (Pág. 32).

permitir el lujo de comprar el "original". Si Zara te copia, estás de moda, porque si Zara no te copia, es porque no estás de moda. Insistimos, si Zara te copia, los que visten de la marca copiada se sentirán doblemente recompensados, son envidiados porque llevan "lo que hay que llevar"…, y de la marca que hay que llevarlo. Esa confirmación de "lo que hay que llevar" la determina, parece mentira, precisamente quien te ha copiado. ¡Sin palabras! Estamos ante un caso paradigmático de la perversa inversión de los valores "considerada como una de las Bellas Artes" de Thomas de Quincey.

Sin la caída de Lehman Brothers probablemente Zara no sería lo que es, porque el día que ese prestigioso banco quebró se llevó por delante eso que nosotros, con un poco de ironía sociológica, hemos dado en llamar "la clase media internacional", ampliando el colectivo estudiado por Arianna Huffington en su libro *Traición al sueño americano: Cómo los políticos han abandonado a la clase media*[103]. La mencionada "clase media internacional", no solo la norteamericana, también la europea o la oriental, vio cómo, tras esa quiebra y sus gravísimas consecuencias para el sistema financiero internacional, todo empezó a irle de mal en peor. Todo lo que necesitaba comprar para vivir valía lo mismo, pero lo que ella vendía, su trabajo, sus mercancías, sus "servicios", se retribuían, en el afortunado caso de no verse de la noche a la mañana en situación de desempleo, a la mitad de su precio. (El famoso ajuste de salarios al que la Política Económica recurre ortodoxamente para hacer más competitivo a cualquier país si no puede devaluar su moneda.) Lo que el *Prêt-à-porter* hizo con la "Moda" salida de la mano de los grandes maestros de la alta costura al final de los años sesenta, precisamente en el colapso del sistema manifestado en los días de "Mayo del 68", el *Low Cost* lo haría con la "Moda" salida de la mano de los grandes dise-

---

[103] Arianna Huffington: *Third World America. How Our Politicians Are Abandoning the Middle Class and Betraying the American Dream"*. Editorial Broadway Books. New York, 2011. En la edición española: *Traición al sueño americano: Cómo los políticos han abandonado a la clase media*. Taurus Ediciones. Madrid, 2012.

143

Una definición de Moda. "Moda, de qué hablamos cuando hablamos de moda hoy"

ñadores del *Prêt-à-porter* internacional, al final de la primera década de nuestro siglo[104].

Cristóbal Balenciaga, referencia donde las haya, cumplió su deseo de retirarse cuando comprobó que el *Prêt-à-porter* tenía sentido, es decir, que resolvía satisfactoriamente el problema al que se enfrentaba: vestir bien a unas élites a las que empezaba a faltarles el espacio y el tiempo (cuarto de plancha, en sus propias palabras, y tiempo de prueba)[105]. Cuando un *Prêt-à-porter* proponía que los costes de creación y desarrollo de una prenda se compartieran, no sobre la pieza única, sino sobre 99 copias más, no estaba proponiendo ninguna tontería. Una fórmula, conviene sugerirlo, que había copiado del Arte –precisamente cuando en su ámbito se "pone de moda" la litografía–. En el *Prêt-à-porter* solo había que probarse una vez, en la Alta Costura –y en la costura misma– dos, tres y hasta cuatro veces. A principio de siglo un coleccionista podía comprar un Picasso, 50 años después ni siquiera el máximo especialista académico en Picasso podía permitirse el lujo de tener un pequeño óleo de su artista favorito. Imposibilidad que se convierte en el territorio abonado para lanzar al mercado el grabado, la serie numerada y certificada de una obra, también "firmada", de ese artista. La serie permite conse-

---

[104] Nos gustaría subrayar el cambio de "*Luxe*", término francés, por el de "*Low Cost*", expresión anglosajona. Como ese aleteo de una mariposa que puede cambiar el curso del mundo, aquí producido el efecto al revés, es el cambio del mundo lo que puede cambiar el aleteo de una mariposa. El cambio del mundo necesita no solo otra palabra sino otro idioma para expresarlo. Es como si la moda ya no fuese francesa, ya no hablase francés, como si la moda fuese inglesa, hablase inglés. No es que los franceses no hablen inglés, es que los ingleses, los italianos, los alemanes, los españoles, los americanos, los japoneses, los árabes, los rusos, lo indios, los chinos, prefieren entenderse en inglés. Una especie de "justicia poética" ajusta las cuentas, pues hace un siglo la conversión del mundo, del mundo de la moda se entiende, fue al revés: el "vulgar" *Ready-to-wear* americano tuvo que elegantizarse en un parisino *Prêt-à-porter* para poder subir a una pasarela.

[105] Pedro Mansilla: "Balenciaga. Una cierta aristocracia del ser". *Revista* FIGURA. Sevilla, 1986. "Balenciaga. La moda considerada como una de las bellas artes o cómo explicar el arte a una liebre muerta". *Revista* PASARELA DE ASFALTO. Madrid, 2019.

guir el precio "perfecto" para la obra original. Otro milagro físico y metafísico del capitalismo que suscribirían todos los Marx, de Karl a Groucho.

Esa "democratización" de los grandes maestros del Arte inspiró probablemente la "democratización" de los grandes modistos de la Alta Costura. No podíamos tener un vestido de alta costura de Dior, pero sí un bolso, un pañuelo, unos zapatos, un perfume o una barra de labios. Después de muchos años de consentir esta "declinación de la marca" en productos más populares, más accesibles, sin que esta marca se depreciase simbólicamente, quizás habría llegado el momento de preguntarse ¿por qué no una prenda...? Con grandes tensiones, porque las hubo entre partidarios y adversarios en la *Chambre Syndical de la Haute Couture*, la batalla terminaría con el triunfo de las razones del *Prêt-à*-porter. El "listo para llevar" había conseguido la legitimidad más prestigiosa, la que le otorgaban las viejas glorias del *Fashion System*. Los "integrados" que se oponían antes, ahora se ponían del lado de los "apocalípticos". La multiplicación de la copia no cuestionaba necesariamente la calidad de la obra, en todo caso cuestionaba la exclusividad, quizás el componente más caro de los elementos que intervienen en la creación y en la repercusión sobre el precio de las prendas de la Alta Costura. El *Prêt-à-porter* no niega la calidad de los tejidos, ni de la mano de obra, ni de la originalidad o de la creatividad. Todos esos elementos tienen un precio que ha de incluir necesariamente el precio final del producto. La verdadera diferencia con la Alta Costura es la reproducción en serie, aunque esta sea limitada, muy limitada. En la Alta Costura todo el coste del objeto ha de ser pagado por su única propietaria, por sus dos o tres exclusivas propietarias[106]. En el *Prêt-à-porter*, sin embargo, el precio del "prototipo" es repercutido entre cien, cientos o miles de copias. Solución, insistiría pletórico Andy

---

[106] Pedro Mansilla: *"Balenciaga. Una cierta aristocracia del ser"*. Obra citada (Nota 105).

Warhol, inspirada en el mundo del Arte[107]. El arte también se reproducía eficazmente.

En el eje del dinero, el Lujo y el *Low Cost* tienen como objetivos últimos proveer de "Moda" a sus consumidores, pero, no nos engañemos, no lo hacen por ningún altruismo, sino para ser rentables, para obtener los máximos beneficios posibles con ese proceso. De hecho, ahí está su mutua admiración y su gran rivalidad. El que de los dos sea, a largo plazo, el modelo de negocio más rentable al suministrar a su cliente el producto que este demanda, ese será el ganador de la batalla moral, y real, que en estos momentos libran tan elegantemente ambas visiones del negocio, disculpándose en la vieja letanía de que abastecen a dos *targets* diferentes. Eso quizás fuese verdad hace veinte años, diez años, cinco años, pero ahora no, ahora sus *targets* se aproximan cada vez más peligrosamente. De hecho, si lo que ambos venden es "moda", ya hace tiempo que han empatado. Hoy los dos venden, innegablemente, "moda". Por el contrario, si lo que venden es "prestigio", entonces sí se puede admitir que siguen muy distanciados, pero entonces el precio no retribuye ya el talento creativo, esa píldora mágica que llamamos la "moda", retribuye, en todo caso, el "prestigio".

Ese prestigio que, evidentemente, tiene todo el derecho moral a cobrar lo que estime oportuno por entregar su marca a sus clientes, por "marcarnos", por dejarnos entrar en su "rebaño marcado". Muchos observadores ortodoxos preferirían que dijésemos en su club psicológico, en su club "invisible pero visible", incluso en su "círculo de prestigio" (Thorstein Veblen, Marcel Mauss o Claude Lévi-Strauss *dixerunt*). No insistiremos en lo "pornográfico" del acto social de pagar –acto sospechosamente masoquista– para ser "marcados"[108], aunque

---

[107] Jean Baudrillard: "*L'échange symbolique et la mort*". Obra citada (Notas 2, 32 y 39). Capítulo II. EL ORDEN DE LOS SIMULACROS. *Lo táctil y lo digital* (Págs. 72 a 83).

[108] Pagar para ser "marcados" no deja de ser una contradicción interesantísima psicoanalíticamente. Pagar –acto doloroso– para ser marcado–acto satisfactorio– nos remite sutilmente al concepto general de masoquismo y al rocambolesco

145

Una definición de Moda. "Moda, de qué hablamos cuando hablamos de moda hoy"

ahora el *modus operandi* sea indoloro, al menos físicamente (otra cosa es el posible dolor producido psicológicamente). Algo que, como hiciera a Donatien Alphonse François de Sade (conde de Sade, aunque él se empeñase en ostentar el título marqués, según una simultaneidad tradicional en su nobilísima familia) en los siglos XVIII y XIX[109], al escritor austriaco Leopold von Sacher-Masoch en el siglo XIX o al antropólogo, pensador (rechazaba la etiqueta de filósofo) y escritor francés

origen histórico del término. Leopold Ritter von Sacher-Masoch fue un escritor austriaco de la segunda mitad del siglo XIX reconocido por sus descripciones de los paisajes y costumbres de las diferentes regiones del Imperio Austrohúngaro. En nuestros días este hijo de una familia aristocrática nacido en 1836 en Galitzia, es mucho más apreciado por su novela *La Venus de las pieles* y por la imparable utilización de su primer apellido –a partir del libro *Phychopathia Sexualis*, publicado en 1886 por Krafft-Ebing– para referirse a las conductas sexuales relacionadas con el placer de recibir dolor durante sus prácticas. Richard F. J. Krafft von Festenberg auf Frohnberg, un psicólogo, médico y psiquiatra formado en las universidades de Zúrich, Viena y Heildelberg, autor también de un estudio sobre la melancolía (*Die Melancholia. Eine Klinische Studie*) publicado en 1874, propuso la palabra, *masochist*, en honor a los comportamientos sexuales de los protagonistas de las novelas de Sacher-Masoch. Richard von Krafft-Ebing: *Psychopathie Sexualis. Klinisch-Forensische Studie*. Verlag von Ferdinand Enke. Stuttgart, 1886. *Psychopathie Sexualis. The Classic Study of Deviant Sex*. Bloat Books (Edition Reisue), 1999.

[109] Donatien Alphonse François de Sade, Marquis de Sade: *Juliette, Justine, La philosophie dans le boudoir, Les cent vingt journées de Sodome*. Oeuvres Complètes. Cercle du Livre Précieux. Paris, 1963. Jean-Jacques Pauvert éditeur. Paris, 1967-1968. *Histoire de Juliette ou les prospérités du vice, Œuvres* T 1. Bibliotheque de la Pleiade. Nº 371. Éd. Gallimard. Paris, 1990. En la edición española: *"Juliette"*. Editorial Fundamentos. Madrid, 1977 (1998. 5ª Edición). *Justine ou les Malheurs de la Vertu, Œuvres* T 1. Bibliotheque de la Pleiade Nº 371.Éditions Gallimard. Paris, 1990. Edición española: *Justine o los infortunios de la virtud*. Editorial Tusquets. Barcelona, 1994. *La Philosophie dans le boudoir ou les instituteurs moraux*. Éditions Gallimard. Paris, 1976. *Œuvres* T 1. B de la P. Nº 371. En la edición española: *La filosofía en el tocador*. Editorial Tusquets. Barcelona, 1988. *Les Cent Vingt Journées de Sodome, ou l'École du libertinage"* (1785). *Œuvres* T1. Bibliotheque de la Pleiade. Nº 371. En la edición española: *Los ciento veinte días de Sodoma*. Editorial Tusquets. Barcelona, 1991.

Georges Bataille en el XX[110], a nosotros –antropólogos, sociólogos, psicólogos, psiquiatras, neurólogos—también nos fascina. No quisiéramos olvidarnos de Richard von Krafft-Ebing[111] (autor de la palabra *masochismus* en homenaje a las peculiares aficiones de los personajes de las novelas de Sacher-Masoch), ni del médico y psicoanalista húngaro Sándor Ferenczi[112], el médico neurólogo y psicoanalista austriaco Sigmund Freud[113], el artista, ensayista, traductor y escritor francés

---

[110] Georges Bataille: *L'Érotisme, Les Larmes d'Éros. Oeuvres Complètes*. 12 Vols. Éditions Gallimard. Paris, 1970. *L' Érotisme*. Les Éditions de Minuit. Paris, 1957. En la edición española: *El erotismo*. Tusquets Editores. Barcelona, 1979. *Les Larmes d'*Éros. Jean-Jacques Pauveurt éditeur. Paris, 1961. En la edición española: "*Las lágrimas de Eros*". Tusquets Editores. Barcelona, 1981.

[111] Richard von Krafft-Ebing (1840-1902) fue un psiquiatra alemán autor de numerosas obras entre las que destacan: *Grundzüge der Kriminalpsychologie für Juristen* (1882), *Die Melancholie. Eine Klinische Studie* (1874) y especialmente para nuestro interés *Psychopathia sexualis* (1886), el primer intento de sistematizar todas las llamadas perversiones sexuales desde el punto de vista clínico. Richard von Krafft-Ebing: *Psychopathia sexualis. Eine klinischforensische studie*. Verlag Ferdinand von Enke. Stuttgart, 1886. Edición Francesa: *Psychopathia sexualis. Étude médico-légale, psychopathia sexualis. Avec recherches spéciales sur l'inversion sexuelle. Trad. de la 8ème édit. Allemande*. Georges Carré, Éditeur. Paris, 1895. Capítulo III. *Neuropathologie et Psychopathologie Générales de la Vie Sexuelle*. Edición Inglesa: *Psychopathia sexualis, with special reference to Antipathic Sexual Instinct. A medico-forensic study*. Rebman Company. New York, 1892, 1900. En la edición española: *Psychopathia sexualis. 69 historias de casos*. Prólogo de Luis García Berlanga. Editorial La Máscara. Colección Malditos Heterodoxos. Valencia, 2000.Alberto Bustos: *Psychopathia sexualis. Richard von Krafft-Ebing*.

[112] Sándor Ferenczi: *Confusión de lenguas entre los adultos y el niño. El lenguaje de la ternura y de la pasión* (1933). Obras Completas Espasa Calpe Madrid, 1981-1984. Vol. IV *Psicoanálisis* (Págs. 139 a 149). *Sex in Psychoanalysis. Contribution to Psychoanalysis*. Badger. Boston, 1946. Robert Brunner. New York, 1950. En la edición española: *Sexo y Psicoanálisis*. Horme-Paidós. Buenos Aires, 2010.

[113] Sigmund Freud: *Drei Abhandlungen zur Sexualtheorie* (1905). Franz Deuticke. Leipzig und Wien, 1922. En la edición española: *Tres ensayos sobre teoría sexual*. Alianza Editorial. Madrid, 1972. *Tres ensayos de teoría sexual y otras obras* (1905). Obras Completas Vol. VII. Amorrortu Editores. Buenos Aires, 2012. (*Standard Edition of the Complete Psychological Works of Sigmund Freud*. The Hogarth Press. London, 1948)

Pierre Klossowski[114] (hermano para más señas del pintor Balthus), el filósofo francés Gilles Deleuze[115], el psiquiatra y psicoanalista francés Jacques Lacan[116], el filósofo, psicólogo sócial y picoanalista alemán Erich Fromm[117] (miembro de la Escuela de Frankfurt) o el filósofo, historiador, sociólogo y psicólogo francés Michel Foucault[118].

Ese prestigio que podríamos llamar el "prestigio de la marca" o incluso el "prestigio de la etiqueta" es innegociable para las grandes marcas de antes y de ahora. Las casas de *Prêt-à-porter* se deshacen de su restos gracias a la promociones especiales, las ventas privadas a sus mejores clientes y los *Outlets*, pero cuando estos no son capaces de disolver sus estocajes sobrantes de cada colección pasada, se destruye el producto o se desplaza hacía canales de distribución no reconocidos para evitar el compromiso que significaría una etiqueta "fuera de lugar". (El coste de esa eliminación del mercado asciende a 100 000 millones de dólares anuales según el informe del 2018 de la Fundación Ellen MacArthur.) Las casas de un cierto prestigio "arrancan" la etiqueta de esas prendas, así los amantes de esas prendas disfrutan de la calidad del producto, incluso del

---

[114] Pierre Klossowski: "Sade el filósofo infame". En VV AA: *El pensamiento de Sade*. Ed. Paidós. Buenos Aires, 1969.

[115] Gilles Deleuze: *Présentation de Sacher-Masoch. Le froid et le cruel*. Les Éditions de Minuit. Paris, 1967. Collection Arguments. (*Avec, en annexe, le texte intégral de La Vénus à la fourrure*). En la edición española: *Presentación de Sacher-Masoch (Lo frío y lo cruel)*. Taurus Ediciones. Madrid, 1973.

[116] Jacques Lacan: *Le séminaire livre VII. L'éthique de la psychanalyse*. Éditions du Seuil. Paris, 1986. En la edición española: "*Seminario 7. La ética del psicoanálisis*". Ed. Paidós. Barcelona, 1991.

[117] Erich Fromm: *The Art of Loving*. Harper Collins. New York, 2006. Edición española: *El arte de amar (Una investigación sobre la naturaleza del amor)*. Ediciones Paidós. Buenos Aires, 1966. "Sexo y carácter". REVISTA DE PSICOANÁLISIS Vol 6. (Págs. 21 a 31) Buenos Aires, 1943.

[118] Paul-Michel Foucault: *Histoire de la sexualité* (*"La volonté de savoir", "L'usage des plaisirs", "Le souci de soi", "Les aveux de la chair"*). Éditions Gallimard. Paris, 1976. En la edición española: *Historia de la sexualidad*. ("La voluntad de saber", "El uso de los placeres", "La inquietud de sí", "Las confesiones de la carne"). Siglo XXI Editores. México, 1977, 1984, 1987 y 2019.

149

Una definición de Moda. "Moda, de qué hablamos cuando hablamos de moda hoy"

placer de saber de dónde proviene este (su marca), aunque su Marca les niegue el privilegio último de que su compra esté respaldada por la marca de sus sueños. En esos canales alternativos nunca aparecen las marcas Chanel, Hermès o Prada, aunque sí puedan aparecer Givenchy, Armani, Zegna, Burberry, Pedro del Hierro, Cortefiel, El Corte Inglés o Zara. En algunos *Outlets* venden el producto siguiendo un cierto ceremonial y, desde luego, respetando un precio mínimo, pero le han quitado la etiqueta. Compramos un producto en un punto de venta oficial, pero no podremos exhibir la marca. La Marca preserva así la exclusividad de sus clientes reales y alimenta las cohortes de sus aspiracionales. En algunas casas, como en Prada, ese "castigo", desmarcar su prenda, desenmascararla, pues quitar la marca es quitar la máscara (ese símbolo que enmascara el producto ya que no solo le pone una máscara, también la hace más cara), se hace para un público privilegiado, pues a pesar de optar por un Prada rebajado no dejan de ser un cliente "admirable", alguien que aprecia la diferencia de esa marca. ¿Quién se ha de ser para estar en esa cola?

La relación de la Moda y el Arte

El eje de los valores espirituales (intentemos no considerarlos monetarios) tiene como objetivo inspirar, consolidar y hasta "legitimar" el negocio de la Moda, una legitimación que, recordando la influencia del título y de la obra de Jürgen Habermas *Legitimación tardía del capitalismo*[119], podríamos utilizar también nosotros. Antes, por supuesto, esos valores se han encargado de inspirarla, de

---

[119] Jurgen Habermas: *Legitimationsprobleme im Spätkapitalismus*. Suhrkamp Verlag. Frankfurt am Main, 1973. En la edición española: *Problemas de legitimación del capitalismo tardío*. Ed. Cátedra. Madrid, 1999.

enriquecerla o de dotarla de valores. La Moda –aunque a König parezca a veces costarle trabajo admitirlo[120]– es un producto capi-

---

[120] En el punto de vista de fondo de René König parece atragantarse la posible relación entre la Moda y el Capitalismo, por no decir entre moda y clases sociales, sinónimo complejo, pero sinónimo al fin y al cabo, de la estructura social que conforma el sistema capitalista. König parece asumir la calificación de "falsa" que hace el sociólogo holandés Steinmetz* a la teoría atribuida a Spencer –citada por él mismo**– que explica la moda como el efecto del enfrentamiento entre los símbolos de ostentación de las clases altas y bajas, remitiéndolo a un problema concreto de los sistemas Antiguos y Medievales, con férreas separaciones, incluso jurídicas, de las clases sociales. Es decir, literalmente pre-capitalistas. El capitalismo disolvería, según él, esas separaciones o, en el menor de los casos, la necesidad misma de esas separaciones evidenciadas formalmente por la moda. Incluso descontando la euforia "anti-clases sociales" que el mundo occidental pudo vivir durante las indiscutibles décadas de progreso socialdemócrata europeo (1945-1975 *grosso modo*), resulta extraño que König desprecie una explicación que, consiente inconscientemente, él mismo llega a reproducir varias veces en su extraordinario texto de referencia***.

*"Es evidente que dentro de las clases superiores existe una lucha por la moda; pero tal lucha no se desarrolla entre clases diferentes, a no ser que el antiguo orden se encuentre en completa descomposición. Así, Sebald Rudolf Steinmetz, al que ya citamos anteriormente, llega a la siguiente conclusión: «En una sociedad dominada por la oposición de las clases, la moda se manifiesta muy escasamente: solo aparece en el nivel más elevado de la escala social, de forma que no existe competencia alguna entre las clases, pero si ese orden se debilita, aparece la moda, y triunfa en el caso de que los fundamentos de esa sociedad desaparezcan. Así, pues, clase social y moda no se desarrollan paralelamente; donde la primera es fuerte, falta la segunda, donde es fuerte la segunda, falta la primera. La consecuencia de ello […] es que el orden social no es la causa primera de la moda, y que, a pesar de estar aceptada generalmente, la teoría de Spencer es falsa»." S. R. Steinmetz: *Die Mode* KolnerVierteljahrshefte für Soziologie. 1926. "*Mode*" en "*Handwörterbuch der Soziologie*". [A. Vierkandt org.] Ferdinand Enke. Stuttgart, 1931 (Primera edición) y 1959. "*Die Mode*" en "*Gesammelte Kleinere Schriften zur Ethnologie und Soziologie*". Groningen, 1935. Capítulo XII. *Los signos de reconocimiento* (Pág. 122).

**"Existe una antigua teoría de la moda (que se remonta a Herbert Spencer), según la cual el movimiento de la moda se produce porque las clases bajas imitan a las altas, y estas –para seguir distinguiéndose frente a las otras– se ven obligadas a un cambio de moda, hasta que vuelven a ser alcanzadas por los otras, y así sucesivamente. Aunque esta teoría sigue persistiendo en numerosos pasajes de la literatura, hoy tiene que ser considerada como insostenible. Lo que tiene de cierto esta idea es, sin duda, que la ropa se puede considerar como un medio de distinción. Sin embargo, una vez que estos signos han cristalizado en costumbre, nos encontramos de nuevo con formas duraderas, que no son imitadas porque no está permitido imitarlas; esto significaría una vulneración del uso sancionado generalmente por la religión. De ello dan prueba las numerosas "disposiciones sobre el vestir" de tiempos pasados, que reprochan a las clases inferiores querer imitar a las superiores. Semejante comportamiento se califica de indecente, no porque los imitadores fuesen inmorales en el sentido estricto de la moral, sino porque desprecian las tradiciones. Por tanto, *el estricto orden de clases de la sociedad solo conoce la diferenciación, y no la imitación; ésta, en el mejor de los casos, solo comienza a aparecer cuando el orden existente empieza a desintegrarse.* Por consiguiente, no se puede afirmar que el origen esencial de la moda se encuentre en la sociedad de clases, en el sentido de que las clases inferiores imitan a las superiores, obligando a éstas a modificar continuamente su estilo de vestir. La imitación sólo entra en acción cuando el orden de clases se desintegra." Capítulo XII. *Los signos de reconocimiento* (Págs. 121 y 122).

***"Cuando, por ejemplo, hace unos ochenta años, la criada comenzó a llevar el sombrero de la señora, amplios sectores de las acomodadas clases altas comenzaron a prescindir del sombrero. Transcurrió mucho tiempo hasta que el sombrero de señora reconquistó su posición, que era, sin embargo, bien diferente de la que tenía antes de la Primera Guerra Mundial. Este sombrero sigue llevándose hoy entre las clases medias bajas y los niveles superiores de las clases bajas, a excepción de la reina de Inglaterra que constituye un caso especial. Más adelante comentaremos otras formas de anti-moda." Capítulo III. *Contenido y forma del comportamiento conforme a la moda* (Pág. 64). "De esta manera, ir a la moda se convierte en un medio de ascensión social; así, encontramos, por ejemplo, en el siglo XX, a determinados grupos de las "nuevas" clases medias, en especial los empleados, que son mucho más susceptibles a las modas que las viejas clases burguesas. Algo parecido ocurre con los trabajadores jóvenes. A éstos podemos añadir también todas las existencias marginales, como el "submundo" de los aventureros, chulos, estafadores matrimoniales, gamberros en general y todos aquellos que no están seguros de su posición." Capítulo III. *Contenido y forma del comportamiento conforme a la moda* (Pág. 62). Naturalmente, la marcada sensibilidad a la moda de ciertos círculos de la sociedad tiene el efecto colateral de que, justamente por esto, se reconocen entre ellos como iguales. Sin embargo, la función de reconocimiento aquí tiene unas consecuencias muy distintas al mero comportamiento de la moda como tal. El reconocimiento solo es posible si se dan ciertos rasgos permanentes. En nuestro caso, el rasgo permanente sería que determinadas clases sociales regularmente se

talista[121], por supuesto, y conviene subrayar que con una enorme capacidad para interiorizar todas sus sutilezas. De hecho, se podría

---

permiten (y se pueden permitir) determinado gasto, que otros círculos o clases o bien rechazan expresamente o por lo menos (casi siempre por razones económicas) no están en condiciones de afrontar. *Aquí, por tanto, el cambio rápido de modas en sí se convierte en un distintivo de reconocimiento; el individuo se siente obligado, por su posición social, a seguir cualquier pequeño cambio en la moda, y por esta razón se considera perteneciente a su grupo.* Todo ello, sin embargo, hace referencia, desde un punto de vista puramente formal, a la rítmica aceleración del cambio de modas y todavía no a los diferentes contenidos. Por consiguiente, debemos diferenciar cuidadosamente estos dos aspectos, aunque a veces se acerquen considerablemente." Capítulo XII. *Los signos de reconocimiento* (Págs. 119 y 120). "La expresión *"New Look"* es un concepto general bastante útil para la descripción de esta evolución; porque lo que cambia no es solamente un atributo secundario, sino el aspecto de la persona en su totalidad. Ya indicamos con anterioridad que las capas burguesas altas, inducidas por determinados modelos, inician el cambio y son alcanzadas después poco a poco por las capas medias.". Capítulo XXI. *Puritanismo masculino contra moda femenina* (Pág. 179). René König: *Menschheit auf dem Laufsteg. Die Mode im Zivilisationsprozeß.* Obra citada (Notas 39, 63, 64, 71, 72, 73 y 74* y 98) En la edición del IEMC.

[121] Lo que hoy entendemos por *moda* es un producto capitalista. Incluso podemos decir que "el producto más significativo de la "sociedad capitalista" –en términos similares a los empleados durante la Guerra Fría por la crítica socialista más elemental–. Todo lo que hoy entendemos por *moda* es un producto capitalista. Probablemente, uno de los más sofisticados, y no solo por la complejidad de sus productos sino, sobre todo, por la complejidad del sistema que regula su producción y consumo. Otra cosa diferente es que nuestra *moda* –inexorablemente configurada por el capitalismo en los siglos XIX, XX y XXI– proceda de fórmulas más elementales, construidas lógicamente para la estricta satisfacción del mismo fin, en épocas históricas anteriores. Si reducimos el concepto esencial de moda a "un cambio regular del vestido aceptado generalmente por la comunidad" –propias del marco teórico de la Antropología– e incluso le añadimos la propiedad de que ese cambio sea "repentino" (condición Steinmetz*), habría moda desde hace unos 20 000 años (König**). Pero si nos atenemos a la enésima variación de esa fórmula "mínima" y le otorgamos las propiedades de "regular", "mediatizada por los medios de comunicación tanto elitistas como de masas", y "producida industrialmente", el espacio temporal de la acepción precisa se reduce considerablemente. Solo con valorar que la *moda* es la primera consecuencia de la Revolución Industrial (de la generalización del mercado que permitió la caída de precios de los tejidos y la acumulación de capital que tal ampliación de la demanda supuso) ya te-

decir que la Moda es uno de los productos, por no decir de los ciclos de producción y consumo de mercancías, más sofisticados

nemos servida la solución, como mínimo "salomónica", al problema. A la rigurosa exclusión de König nos gustaría matizar que "lo *cuantitativo* no niega lo *cualitativo*, más bien lo produce". No es la "necesidad de vestirnos" –psicológicamente o antropológicamente– inherente al ser humano, sino el "modo de hacerlo" –sociológica, económica y tecnológicamente considerado–, lo que establece las diferencias posibles de aquello a lo que en cada momento histórico hemos llamado *moda****.

*König recoge en la pág. 56 de su obra la definición de Steinmetz. «La moda es un cambio periódico de estilo de carácter más o menos compulsivo»

**König recoge en la pág. 20 de su obra diversos ejemplos (M. Contini 1965, François Boucher 1970, Ursula Fehling 1979, Erika Thiel 1982) de ese nacimiento prehistórico de la *moda,* que podría remontarse hasta hace unos 35 000 años.

***Escribimos *moda*, en cursiva, para llamar deliberadamente la atención sobre las diferentes acepciones que podemos usar de la palabra.

"El concepto de "ideología" nos lleva a otro problema que está pendiente de discusión, esto es, la limitación de la moda a una cultura específica, que se ha entregado al comportamiento basado en la moda como a una "ideología", como es el caso en Udo Schwarz (1980), lo que nos llevaría sin remedio a la localización de la moda en el sistema capitalista. Sin embargo, como esto contradice cualquier evidencia empírica, cosa que ya se ha demostrado, porque el comportamiento basado en la moda llega mucho más allá del círculo vital del capitalismo, o sea que, en éste, más que un fundamento, encuentra un "refuerzo", necesitamos hacer todavía una serie de reflexiones, para evitar que el decisionismo inherente al "dictado de la moda" pase al análisis teórico produciendo un estrechamiento de miras que puede resultar fatal. Y más teniendo en cuenta que también las corrientes filosóficas son susceptibles a la moda –como pasa hoy día, por ejemplo, con la teoría neomarxista–." Capítulo III. *Contenido y forma del comportamiento conforme a la moda* (Pág. 74). "Naturalmente, se podría afirmar (y así ha ocurrido) que solo con la implantación de la sociedad industrial "moderna" la moda ha alcanzado el significado destacado que le atribuimos. Más específicamente, también se dice que la moda es el producto más significativo de la "sociedad capitalista." Sin embargo, como esta afirmación, en vista de las circunstancias reales, es absurda, fue necesario –para salvar esta teoría de la moda– fijar los orígenes del capitalismo en épocas cada vez más tempranas, hasta llegar a hablar incluso de un "capitalismo de la Antigüedad". Con ello se habría desplazado el origen de la moda hasta la historia antigua, lo que, sin mucha reflexión, ha sido aceptado por la mayoría de los observadores. Sin embargo, desde el enorme desarrollo que ha vivido la investigación de la historia antigua en el último siglo, se ha llegado a un punto que está mucho

del sistema capitalista. No faltan en una bibliografía mínima reputadas opiniones al respecto[122]. En un extremo de ese eje horizontal encontramos el Arte, representado paradigmáticamente por Prada, una marca muy creativa, aunque no acabe de ser todo lo rentable que sus propietarios quisieran en estos últimos años. Hay quien opina que ambos extremos están relacionados, siguiendo esa ley general que sostiene que cuanto más creativo es un artista, menor es su aceptación comercial y cuanto más estándar es su obra, más fácil será convertirla en un *best seller*.

El Arte ha sido desde siempre una fuente creativa fundamental para la Moda. La Moda se ha alimentado de Arte de una manera que podríamos llamar "inocente" o "elemental" hasta hace muy poco tiempo. En los géneros de la pintura clásica, lo que no eran marinas, naturalezas muertas o paisajes, serían retratos, escenas históricas o de ambiente y desnudos. En muchas de esas cuatro últimas especia-

---

más atrás en el tiempo, lo que hace que toda la construcción artificial de moda y capitalismo se derrumbe sobre sí misma." Capítulo VII. *Raíces y ramificaciones* (Pág. 79). René König: *Menschheit auf dem Laufsteg. Die Mode im Zivilisationsprozeß*. Obra citada (Notas 39, 63, 64, 71, 72, 73, 74* y 120) En la edición del IEMC.

[122] Lejos de las visiones "críticas", casi "clínicas", de Gilles Deleuze o Jean Baudrillard, también König, cándidamente, casi poéticamente, nos advierte de la exponencial importancia de la *moda* en nuestro mundo. Una convicción sin duda inspirada en ese "acto social total" de su admirado Marcel Mauss, pero que, elevada tecnológicamente, adquiere una dimensión absoluta en nuestro tiempo. "*La moda es de hecho una potencia mundial ignorada.* En la ruidosa historia del mundo dirige con voz silenciosa pero penetrante a los humanos. Pero una y otra vez ignoramos su omnipresencia y miramos absortos y cautivados a los actores del día, que seguramente también han sido ensalzados por las corrientes de la moda. Tal vez la moda sea más poderosa que todos los demás poderes de la tierra. Por ello, hoy día, hablamos de modas literarias y artísticas, de corrientes temporales incluso políticas de mayor o menor brevedad, que a menudo transforman el comportamiento humano en su totalidad. [...]De esta manera, la moda se convierte en una potencia mundial, sin la cual ya no se puede concebir nuestra existencia." René König: *Menschheit auf dem Laufsteg. Die Mode im Zivilisationsprozeß*. Obra citada (Notas 39, 63, 64, 71, 72, 73, 74*, 120 y 121) En la edición del IEMC. Capítulo IV. "La moda concierne al ser humano en su totalidad" (Págs. 52 y 53).

lidades aparecen mujeres y hombres vestidos, envueltos en "modas", en "Moda". Incluso en los desnudos puede aparecer algún vestido, alguna "moda". Ejemplo paradigmático de ello, las transparencias femeninas de Lucas Cranach el Joven; el hiperrealismo de Carlo Crivelli, de Antonio Moro, de Sánchez Catón, de Pantoja de la Cruz, de Fernando de Llanos –*Retrato de la infanta Clara Eugenia*–; la debilidad por ella, por la Moda queremos decir, de Dosso Dossi, de Guido Reni o de Francisco de Zurbarán; la afectación "educada por ella" de Petrus Paulus Rubens, de Anton Van Dyck, de Thomas Gainsborough; el interés no disimulado por ella de Diego de Silva y Velázquez, de Francisco de Goya, de Ignacio Zuloaga, de Joaquín Sorolla o de John Singer Sargent.

La Moda se ha inspirado ahí, se ha conservado ahí e incluso ha podido ser propuesta o consagrada socialmente por aparecer ahí. Hoy podemos inspirarnos en Tiziano, Jean-Honoré Fragonard, Antoine Watteau o Giovanni Boldini. Saber que entonces se vestía así, por acta notarial de los retratados por Hans Holbein el Joven, Frans Hals, Hans Memling, Goya –*Retrato de la familia de Carlos IV*–. E incluso poder saber que esa "Moda" concreta se lanzó desde ahí: Joshua Reynolds, Hyacinthe Rigaud, Jacques-Louis David –*El rapto de las Sabinas*-, J. A. Dominique Ingres –*Retrato de madame Moitessier*–, Édouard Manet, Pompeo Batoni o Franz Xaver Winterhalter –*La emperatriz Eugenia rodeada de sus damas de compañía*[123]– respaldarían nuestra opinión.

En los principios del siglo XX, años finales de la *Belle Époque,* se constata un especial entusiasmo, casi una promiscuidad, entre el Arte y la Moda. Incluso muchos artistas se convirtieron en diseñadores de Moda, y viceversa, de Gustav Klimt a Sonia Delonnay, de Erté (seudónimo del polifacético artista multidisciplinar francés de

---

[123] Pedro Mansilla: *Catálogo de la Exposición El Papel de la Moda*. IFEMA. Ayuntamiento de Madrid, 2004. *Catálogo de la Exposición La Luz de la Moda*. Museo de Arte Contemporáneo Unión Fenosa y Museo Provincial de Lugo. *La Luz de la Moda* (Págs. 261 a 272).

origen ruso, Roman Petrovich Tyrtov) a Aubrey Beardsley, de Singer Sargent a Léon Bakst. El maestro indiscutible en cruzar los dos géneros, con permiso de Erté, será Fortuny, el también polifacético artista Mariano Fortuny y Madrazo[124] (1871-1949). Pintor, decorador, escenógrafo, fotógrafo, inventor y también un encomiable coleccionista de tejidos, Mariano Fortuny reunió una gran colección de tejidos y de trajes de la cultura griega y oriental antiguas. Finalmente fue también un "diseñador de moda" –en su acepción moderna, de producto manufacturado en serie. Artesanal, todo lo artesanal que se quiera, pero producido en serie[125]– y, por supuesto, el creador del famoso "plisado Delphos" (su vestido homónimo fue verdadera "moda" entre los años diez y treinta del siglo veinte)[126]. Ortega lo considera uno de los dos españoles más importantes que nuestro país le había dado al mundo en su siglo. Su influencia internacional lo confirma.

Jacques Doucet, Paul Poiret, Gabrielle Chanel o Elsa Schiaparelli ampliarían los ejemplos de esta feliz relación entre el Arte y la Moda. Jackson Pollock y Cecil Beaton, Cindy Sherman y Chanel, Andy Warhol y Dior, Piet Mondrian e Yves Saint Laurent, Salvador Dalí y Elsa Schiaparelli, The Chapman Brothers y Louis Vuitton, Yasumasa Morimura e Issey Miyake, Keith Haring y Vivienne Westwood, Damien Hirst y Alexander McQueen, Merce Cunningham y Rei Kawakubo, Jeff Koons y Stella McCartney son algunos de los hasta veinticinco extraordinarios ejemplos de colaboración entre artistas y diseñadores de moda rigurosamente contemporáneos que Cutler y Julien Tomasello recogen en su obra *Art+Fashion. Collabo-*

---

[124] Guillermo de Osma: *Fortuny*. Editorial Nerea. San Sebastián, 2015.
[125] François Baudot: *Mode du Siècle*. Éditions Assouline. Paris, 2006. En la edición española: *La moda del siglo XX*. Editorial Gustavo Gili. Barcelona, 2008. Françoise Vincent-Ricart: *Raison et Passion. Langages de Société*. La Mode 1940-1990. Textile Art Langage. Paris, 1983.
[126] Guillermo de Osma: *Fortuny*. Obra citada (Nota 124). Capítulo VII. "Los años 20".

rations and Connections[127]. La relación, con ser ya abrumadora, sigue siempre estando incompleta.

La Primera Guerra Mundial (1914-1918), pero sobre todo la crisis financiera que siguió al *Crack* del 29, dejó su huella profundamente marcada en la Moda. Es lógico que se insista en el color negro y en la reutilización sistemática, remiendos incluidos, de la ropa, que se vieron obligados a seguir la inmensa mayoría de los ciudadanos de Occidente, pero en esa crisis, como en otras muchas, a los muy ricos, a los hiperricos, en la terminología Lipovetsky, de aquella sociedad de repente colapsada, les dio por vestirse de forma ostentosa, quizás para mostrar que a ellos todavía les iba bien en la vida, que ellos estaban a salvo del horror y la miseria que ya había alcanzado a los demás. Si Cecil Beaton no nos aporta pruebas en sentido contrario[128], esta promiscuidad entre ambas disciplinas creativas se desinfló después de la Segunda Guerra Mundial, excepción hecha de los años sesenta, donde la Arquitectura y el Diseño Gráfico tuvieron evidentes influencias sobre la Moda (André Courrèges, Pierre Cardin, Paco Rabanne y Emilio Pucci). Ese interés no volvió a surgir después, con algunas gloriosas excepciones individuales, hasta nuestros días. La cadena encabezada por Jacques Doucet –propietario de *Las señoritas de Avignon* desde 1924 (otros hablan de 1921) hasta que sus herederos decidieron vendérselo al galerista americano al que el MOMA se lo adquirió en 1939–, seguida por Paul Poiret, Jeanne Lanvin, Madame Grès, *Mademoiselle* Chanel, Elsa Schiaparelli, Cristóbal Balenciaga e Yves Saint Laurent, los "japoneses en París" (Kenzo, Miyake, Comme des Garçons), Versace, Etro o Prada y, finalmente, los "belgas", con Martin Margiela al frente del reconocido

---

[127] Cutler and Julien Tomasello: *Art+Fashion. Collaborations and Connections.* Chronicle Books LLC. San Francisco, 2015.

[128] Cecil Beaton: *The Glass of Fashion.* Lennart Sane Agency. Londres, 1954. En las ediciones españolas: *El espejo de la moda.* Editorial AHR. Barcelona, 1954 y Editorial Vergara. Barcelona, 2010 (Ediciones B. Grupo Zeta S.A.).

sexteto más famoso de la Escuela de Amberes[129], intensificaron esa relación más y más durante todo el siglo XX.

Paul Poiret se jactaba de su privilegiada relación con el mundo del Arte (el "fabuloso Poiret" le llamaba Man Ray[130]), suponiendo una referencia ineludible en su trabajo. Fue tal vez el seguidor más brillante de Jacques Doucet[131], uno de los destacados protectores de los estudiantes de Bellas Artes de París, un defensor de la tesis que sostenía que la Moda sería el "Séptimo Arte"[132] y el árbitro absoluto

---

[129] Dominique Brabec et Martine Silber: *La Mode 89/90*. La Manufacture. Paris, 1989. *Les belges de l'école d'Anvers* (Págs. 147 a 156). *(Citado en la nota 242 del capítulo VIII: "La construcción de un punto… "). Alex Vicente: *"Dries van Noten, el trasgresor de lo bello"*. S MODA. Madrid, 2 de marzo 2014. Noelia Collado: "Amberes, la ciudad que enciende la moda". S MODA. Madrid 13 de julio 2014.

[130] "Quizás nadie como Man Ray haya retratado la grandeza y caída de Poiret. Man Ray sentía un gran cariño y reconocimiento hacia Poiret, dado que lo había ayudado económicamente a su llegada a París. Desde su *Maison*, donde los jardines eran a la vez un exclusivo cabaret por las noches, sus grandes automóviles con chofer de librea, hasta su muerte trágica, en una pequeña habitación de París donde las paredes estaban repletas de maldiciones escritas por el mismo Poiret, Man Ray retrata no solo el personaje sino también la caída de una época. Fue en la *Maison Poiret* donde Man Ray encontró una nueva idea, frente a la entrada del despacho de Poiret, donde había una escultura de Brancusi, dado que el inventor del entrabe compraba habitualmente obras de los jóvenes artistas surrealistas: «La hice –a una modelo– posar junto a la escultura de Brancusi, que desprendía rayos de luz dorada, y estos a su vez se fundían con los colores de su vestido. Esa era la foto, pensé; iba a combinar el arte con la moda».". *Autorretrato. Man Ray.* Oscar Scopa: *Nostálgicos de aristocracia. El siglo XX a través de la moda, el arte y la sociedad.* Obra citada (Notas 32, 38, 49, 52, 67, 87y 102). "Desde un automóvil hacia los gases de la guerra". Notas (Págs. 51, 72 y 73).

[131] Paul Poiret: *En habillant l'époque*. Bernard Grasset. Paris, 1986. En la edición española: *Vistiendo la época*. Parsifal Ediciones. Barcelona 1989.

[132] Paul Poiret y su obsesiva debilidad por Eduardo García Benito, que dibujó la inmensa mayoría de sus creaciones, sería un buen principio de mi argumentación. El retrato con su esposa, que pudimos ver en la exposición "El gusto moderno" en la Fundación March, es un excelente botón de muestra de esa correspondencia entre artistas, en una época francesa –años diez y veinte–especialmente propensa a esas aproximaciones entre las artes y los artistas. Tim Benton, Guest

–como en su momento lo había sido Worth– de la elegancia de su época. En los años de su reinado, lo importante en la Alta Costura era la pieza finalizada, no solo la creatividad que, indudablemente, esta incluía en ella, así que los estudiantes de Bellas Artes, de Artes y Oficios, o de cualquier otra carrera donde se estudiase dibujo, vendían o regalaban sus dibujos a los diseñadores consagrados. La creatividad no era necesariamente del maestro, podía ser de un alumno, unas veces reconocido y otras muchas sepultado en el anonimato. El maestro garantizaba en todo caso el resultado, el vestido (que nos perdone la comparación Wagner) venía a ser esa "obra de arte total"[133] que subsumía en "su arte" el trabajo de todos sus colaboradores.

Sus desfiles siempre estaban inspirados en grandes recreaciones artísticas, como lo pueden ser el teatro o la ópera. Una gran parte de sus colecciones están inspiradas en escenarios de Oriente, tan es así que los vestuarios para los Ballets Rusos[134] de Serguéi Diáguilev le

---

Curator. Ghislaine Wood, Spacial Advisor: "El gusto moderno. Art déco en París, 1910-1935". *Catálogo de la Exposición de la Fundación Juan March*. Madrid, 26 marzo a 28 junio de 2015.

Otro ejemplo de ese extraordinario interés, mucho menos subjetivo del que pudiera ser el que nosotros ofrecemos, nos lo aporta el mismo Poiret en sus *Memorias*: "Aparecen los modelos con gracia majestuosa, como divinidades cuyos pies no tocan el suelo. Ningún ruido. Nada de música estridente. Nada de fotógrafos. Es un templo de la belleza, y hay que recurrir a toda la sabiduría y a toda la razón de las mujeres para no caer en las tentaciones que las hostigan. A su lado hay una vendedora, controlando su éxtasis. Si es usted fuerte, todavía está a tiempo de levantarse y desaparecer diciendo que volverá pronto. Pero si es una mujer, no puede decir que no desea ponerse al menos una de aquellas maravillas que contienen toda la admiración, toda la ternura, y todo el amor, no nos avergoncemos de la palabra, que puede expresar un artista a través de los tejidos. ¿Soy un loco cuando intento llevar el arte a mis vestidos, o cuando digo que la alta costura es un arte?". Paul Poiret: *En habillant l'époque*. Obra citada (Nota 131) Capítulo I. "Juventud" (Págs. 15 y 16).

[133] Pedro Mansilla: Catálogos de las Exposiciones *El Papel de la Moda* y *La Luz de la Moda*. Obra citada (Nota 123). *La Luz de la Moda* (Págs. 261 a 272).

[134] Paul Poiret: *En habillant l'époque*. Obra citada (Notas 131 y 132).

inspiraron fiestas espectaculares y colecciones inolvidables. Influencias artísticas que llegaban hasta el perfume, no en vano fue el primero en apostar por esa exitosa declinación de la marca en el mundo de las fragancias. Paul Poiret, que presumía de liberar a la mujer del corsé, a la vez le ataba los pies, para obligarlas a que fuesen, como fascinantes *geishas*, elegantes a fuerza de andar con pasos cortos. Una extraña elegancia, como se verá pronto, absolutamente a contracorriente[135]. Las mujeres de su tiempo querían andar, correr, volar.

---

[135] La rivalidad con la "columna jónica" del *Delphos* de Fortuny (aunque este permitía la libertad de movimientos absoluta) y, aún incluso, la posible relación ideológica entre señoras de "derechas" y señoritas de "izquierdas" durante las primeras décadas del siglo XX en algo tan sutil como el "paso por la vida", esto es, la manera de andar solemne o relajada, podrían estar detrás de este complejo desplazamiento de la "retención" del pecho femenino a sus tobillos en las "mujeres Poiret"*. Resulta paradójico que quien se ofrecía como el "liberador de la mujer" (aunque la abolición del *corset* más que ligada a la emancipación sexual femenina, que también, parece vinculada al fantasma del asma, la tuberculosis y hasta de la histeria freudiana) siguiese encantado con el estilo Directorio. Poiret, que era muy "moderno" en todo, sin embargo en esto prefería seguir siendo "antiguo". Tal vez la presión de la "revolucionaria" Chanel le obligaba a mantener algunas "esencias intocables" del *Ancien régime*", aunque en esa postura también se encontrase con la rivalidad de "Lucile". Nombre comercial de Lady Duff-Gordon (1863-1935), por su matrimonio con Sir Cosmo Duff-Gordon. Lucy Christiana Sutherland, su nombre de soltera, era la hija de una modista, que abrió su Maison Lucile en el exclusivo West End de Londres en 1864, escribió semanalmente en periódicos y una columna mensual para Harper's Bazaar y Good Housekeeping y que, unos años antes que Poiret, ya había recorrido todos los estadios -perfumes, licencias para zapatos, viajes a EE. UU. etc., etc.- por los que se hizo famosa la prodigiosa "anticipación" de Poiret (1879-1944)**.

*Oscar Scopa: *Nostálgicos de aristocracia. El siglo XX a través de la moda, el arte y la sociedad*. Obra citada (Notas 32, 38, 49, 52, 67, 87, 102 y 130) "Podríamos decir que en la Francia de la *Belle Époque* había dos tipos de vestidos: el de derechas e imperial (corsé, figura dominante) y el de izquierdas o republicano (libertad de movimientos, estética, caída del corsé). Las contradicciones de este modo entran en el mundo del vestido, y por lo tanto del hábito. Lo catalogado como bien vestir, lo bendito, y por lo tanto el bien hablar y los buenos modales, quedan con los comensales confusos en mesas vacías o a punto de vaciarse. La crisis había llegado a un discurso estratificante, férreo. Nunca mejor dicho dado

161

Una definición de Moda. "Moda, de qué hablamos cuando hablamos de moda hoy"

En esa época se produce otro de los elementos más liberadores para la mujer y, en consecuencia, para la moda que ellas llevarían. Una libertad de movimiento que implicará una libertad de pensamiento. Como por arte de magia, una liberación funcional trajo una liberación intelectual, social, sexual. La mujer quiso ser tan libre como el hombre, y para conseguirlo empezó por vestir tan libre como lo hacía él. Durante la Primera Guerra Mundial, las mujeres se pudieron emancipar porque sus países necesitaban enfermeras, telefonistas o conductoras de autobús. En la retaguardia, ellas se vieron obligadas a reemplazar a los hombres que habían ido al frente, tuvieron que ocuparse de los trabajos civiles que antes hacían ellos. La decoración, pero también el cine, ayudaron mucho a esa mutua influencia. La Exposición Universal del año 1925 y la invitación de Samuel Goldwyn a Coco Chanel para que hiciera el vestuario de Gloria Swanson en la película *Tonight or never*, que ella aceptó solo a cambio de la asombrosa cifra de un millón de dólares de la época, son dos buenos ejemplos de ese estado de gracia en el que se encontraron la Moda y el Arte durante los "felices veinte" en todas sus manifestaciones. *Mademoiselle* Nº5 no sospechaba entonces que el "cartero americano" llamaría a su puerta dos veces. También a ella el cine terminaría convirtiéndola en una inagotable "estrella". La segunda vez gracias a Marilyn Monroe.

Cristóbal Balenciaga, Elsa Schiaparelli e Yves Saint Laurent, descubierto este último por Christian Dior, y autor del vestido, aunque sea parte de la colección de Christian Dior, que luce Dovima —seudónimo de las cuatro iniciales de su verdadero nombre, Dorothy Virginia Margaret Juba— en *Dovima y los elefantes*, una de las fotografías de Richard Avedon —tomada en el Cirque d'Hiver de París en agosto de 1955— más impactantes de la Historia de la Moda,

que estamos hablando de la industria del acero en constante lucha por la supremacía con la industria textil."

Bocetos a finales del siglo XIX (Págs. 19 y 20).

**Paul Poiret: *En habillant l'époque*. Obra citada (Notas 131, 132 y 134).

quizás sean los tres ejemplos "clásicos" de esa admirable relación entre el Arte y la Moda en el siglo veinte. Despedido de la *maison* Dior, tras la muerte de su protector, construyó, gracias a Pierre Bergé, su propia marca. Durante más de medio siglo demostró que era excelente en sastrería y en modistería, excelente mezclando los colores y excelente intentando llevar a su trabajo todas las influencias posibles del mundo del Arte[136]. Bordó obras de Van Gogh, Matisse, Picasso, en las espaldas de sus chaquetas. Hizo patrones sobre obras de Magritte o Picabia. Varias de sus colecciones inspiradas en temas del Arte –especialmente la dedicada a Piet Mondrian en 1965– invaden los años 60 y los 70, aunque los últimos años de esta década ya pertenecerían a la década de Giorgio Armani. Marguerite Duras escribe en su "perfil"[137] las importantes influencias del Arte sobre su sensibilidad y su trabajo. Aunque pueda considerarse un dato anecdótico no nos resistimos a recordar aquí los casi mil lotes de la subasta que Sotheby's realizó a su muerte con las obras de Arte que le rodeaban. Issey Miyake, Christian Lacroix, Jean-Charles de Castelbajac, Vivienne Westwood, Romeo Gigli, Jean Paul Gaultier, Sybilla, John Galliano, Alexander McQueen, D&G, V&L, Ailanto, Amaya Arzuaga, Davidelfin, Ana Locking o Leandro Cano continuarían esa relación en sus mismos términos.

Finalmente, Comme des Garçons impondría su obsesión por el negro, por el minimalismo, incluso por el "expresionismo abstracto". Toda la idea de hacer y deshacer la silueta humana como producto de una convención social es una de sus obsesiones. "No hacemos ropa, hacemos ideas que llevamos puestas encima". No lejos de esa otra declaración podemos encontrar esta otra: "Soy un filósofo que

---

[136] David Teboul: *Yves Saint Laurent. 5, avenue Marceau. 75116 Paris. France.* Éditions de la Martinière Paris, 2002. Harry N. Abrams Inc., Publishers. New York, 2002.

[137] Pippo Ansaldo, Sergi Negrini, Irvana Malabarba, Loredana Meroni y Gianluigi Scotti: *Yves Saint Laurent und die Modephotographie.* Schirmer/Mosel Verlag GmbH. München, 1988. En la Edición Italiana: *Yves Saint Laurent e la fotografia di moda.* RCS Rizzoli Libri S.p.A. Milano, 1989. Prefazione di Marguerite Duras.

no escribe libros para expresar sus ideas, hace *jerseys* para trasmitir esas ideas a su tiempo". Un mantra que Luciano Benetton utilizó para justificar aquellas polémicas campañas de su marca desarrolladas con la complicidad del fotógrafo Olivero Toscani. Otro de los diseñadores que más pudo influir fue Giorgio Armani. "Vamos vestidos de ideas, vamos vestidos de algo que significa alguna cosa", sea esta –podríamos añadir nosotros– ser mayor o ser joven, paria pero queriendo parecer que se es multimillonario, o multimillonario que desea parecer ser un paria. Es indudable que Comme des Garçons revolucionó, como pocos lo han hecho, el mundo de la Moda, empezando porque sus escaparates, sus tiendas, sus obras situadas "escenográficamente" en ellas, las convertían en auténticas galerías de arte contemporáneo. Giorgio Armani, tal vez el gran divulgador de esa nueva estética, se inspiró indudablemente en todo eso. Pero Armani, al ser menos radical, más comercial, quizás fuese más influyente[138]. Otra vez una referencia obligada a la Física, concretamente a la ley óptica que relaciona extensión de campo con profundidad de imagen. Si eres muy "profundo" conceptualmente no puedes ser mayoritario.

Comme des Garçons, con permiso de *Opium* de Yves Saint Laurent, *Obsession* de Calvin Klein, *Au thé vert* de Bulgari y de la serie de perfumes con "fragancia de melón" de Issey Miyake, revolucionó hasta el ámbito de la perfumería. Su *packaging* blanco, solo identificado por el código de barras cuando este prácticamente no existía en nuestras vidas; su frasco, como un guijarro de río transparente, envuelto en una bolsa también transparente, al vacío para preservar su autenticidad, y su originalidad, lo que no es menos importante; la fragancia marcadamente especiada (clavo), tan lejos de los estándares de la perfumería clásica. Todo tan abstracto, tan minimalista, tan conceptual, que marcó un punto de inflexión en la percepción intelectual de la perfumería como antes lo había hecho con la Moda. Por último los "belgas", la "Escuela de Amberes", con Martin Margiela al frente

---

[138] Adrian Lyne: *Nine ½ weeks*. MGM. 1986.

de su generación, también insistieron en esa línea de "conceptualizar la Moda" en la que afortunadamente aún nos encontramos. Quizás solo lo hicieron por una sana envidia de lo que sucedía en el Arte Contemporáneo, intentando emular su capacidad de influencia, de provocación. Margiela introduce la redefinición del "concepto" en la Moda, esa tesis que sostiene que la Moda pueda producir discursos con la misma dimensión intelectual que un museo, una galería de Arte o una crítica de Arte.

Discursos que tengan la capacidad de sacudirnos mentalmente, de hacernos pensar, de constituirse en el instrumento de una vanguardia moral. La Moda no puede conformarse con ser solo consumismo banal, ha de comprometerse con causas más profundas, sean estas éticas o estéticas. (Ahí están los *leitmotiv* de las colecciones de Comme des Garçons con alusiones a los campos de exterminio nazis, de Jean Paul Gaultier al maltrato femenino o de Hussein Chalayan a la opresión femenina implícita en la obligación de ponerse el burka, incluidas. Todas ellas, por cierto, no siempre bien recibidas ni en la crítica especializada ni en la opinión pública.)

Estas conexiones entre Arte y Moda empezaron a aumentar su frecuencia e intensidad en los años finales del siglo veinte. Surgieron así ejemplos relevantes, como la exposición de Giorgio Armani en el Guggenheim de Nueva York en 2000 o Alexander McQueen en el Metropolitan de Nueva York en 2011. Dicho sea de paso, la más exitosa de la historia de ese museo, con 660 000 visitantes. Balenciaga e Yves Saint Laurent en el Metropolitan de Diana Vreeland iniciaron mucho antes, en 1973 y 1983 respectivamente, esa interesante tradición[139]. La batalla intelectual entre el "tiburón en for-

---

[139] *"The fact that fashion has been shown increasingly in museums has done a lot towards blurring the boundaries between fashion and art. This is something that has been going on now especially since the 1980's but growing with enthusiasm in the nineties"* (El creciente fenómeno de mostrar la moda en los museos tiene mucho que ver con que se hayan desdibujado las fronteras entre arte y moda. Esto es algo que lleva ocurriendo desde los años 80 y que ha crecido con especial entusiasmo en los 90). El punto de inflexión quizás sería la exposición *"Yves Saint Laurent. 25*

mol" o el "robot pintando el vestido de la modelo" en mitad de un desfile retransmitido en directo por Internet a todo el mundo, estaba servida. Entre la "provocación" de Damien Hirst y la de Alexander McQueen no debería haber diferencia intelectual. Se trata de manipular el escándalo, de conseguir la notoriedad mediática a toda costa, pues esta es la que reposiciona al diseñador en el mapa de "intelectuales" influyentes de su tiempo, a la vez que dispara el precio de su obra en el mercado, o la demanda de su obra en él. *Nihil novum sub sole* (*"Eclesiastés"* 1:2-10) que diría cualquier influyente comisario de Arte Contemporáneo[140]. Paco Rabanne, Pierre Cardin o André Courrèges también lo habían utilizado para captar la atención mediática sobre sus nombres cincuenta años antes. Sus "metales", sus "absurdos" (*Pacotilles*, esas mercancías que los marineros suben al barco para comerciar con ellas, las llamó el *couturier* vasco) y sus "futurismos pop", eran solo la demostración de que "los medios no importan para conseguir el fin". En las estrategias del *fashion system* tampoco.

La Moda se cansó de que su discurso fuera banal y se encaprichó de un discurso conceptualmente más sólido. Quiso introducirse en el mundo intelectual, proponer la belleza pero en términos no solo

---

years of design" en el Metropolitan Museum of Art en 1983. Florence Müller: A*rt & Fashion*. Collection Fashion Memoir. Thames & Hudson Publishers. New York, 2000 (Pág. 14).

[140] El caso de la exposición antológica de Gilbert & George *The Complete Pictures. 1971-1985*, exhibida entre febrero y marzo de 1987 en el Centro de Arte Reina Sofía de Madrid (Palacio de Velázquez en el Parque del Retiro), fue uno de los primeros en España en el que algunos medios de comunicación se hicieron eco de la posible práctica especulativa que suponía incluir obra de artistas vivos, no solo con obras en el mercado sino también con la posibilidad de seguir produciéndola, en un Museo Nacional. Aunque la itinerancia de la exposición incluyó sedes oficiales de Francia, Suiza, Bélgica y Alemania, en todos se cuestionó la ética profesional de sus comisarios al trasgredir los límites entre lo público y lo privado. Es decir, al aprovechar la posible notoriedad que otorgan los espacios públicos para revalorizar la obra de artistas en manos de galerías privadas. Carter Ratcliff: *Gilbert & George The Complete Pictures. 1971-1985*. Rizzoli International Publishing. New York, 1986.

comerciales y, quizás por eso, se suceden otros dos fenómenos muy interesantes relacionados con ella en nuestros días. Uno, que los grandes grupos de Moda sean grandes coleccionistas de Arte. Sus fundaciones construyen extraordinarios museos de Arte Contemporáneo diseñados por los arquitectos más prestigiosos o, dicho otra vez, más mediáticos del mundo. Frank Gehry en París para la Fundación Louis Vuitton o Tadeo Andō en Venecia para La Punta della Dogana y el Palazzo Grassi, ambos centros de Arte Contemporáneo de la Fundación François Henri Pinault.

Dos, que esos grandes grupos proyecten su propia creatividad confiando en la colaboración de artistas plásticos de enorme prestigio. Pintores, fotógrafos, diseñadores, se han incorporado al proyecto. Recurrimos otra vez a Louis Vuitton porque su ejemplo, contratando a Phillips de Pury & Co., Takashi Murakami, Yayoi Kusama, Jeff Koons o Vanessa Beecroft, para llamar la atención sobre sus propios productos o escaparates es digno de reconocimiento. La obra de Beecroft titulada *VB35*, que fotografía a un grupo de modelos simultáneamente desnudas y vestidas, alineadas en diagonal en una galería de arte en 1999, inicialmente pensada para la Neue Nationalgalerie de Berlín[141], nece-

---

[141] "1. El ocho de abril de 2005 tuvo lugar en la Neue Nationalgalerie de Berlín una *performance* de Vanessa Beecroft. Cien mujeres desnudas (en verdad llevaban *collants* transparentes) estaban de pie inmóviles e indiferentes, expuestas a la mirada de los visitantes que, tras haber esperado en una larga fila, entraban en grupos al vasto salón de la planta baja del museo. La primera impresión de quien se acercaba a observar no solo a las mujeres sino también a los visitantes –quienes a la vez tímidos y curiosos comenzaban a mirar de reojo aquellos cuerpos (que, después de todo, estaban ahí para ser mirados) y, tras haber dado una vuelta, como haciendo un reconocimiento alrededor de las filas casi militarmente hostiles de las desnudas, se alejaban con embarazo– era la de un no-lugar. *Algo que habría podido y, tal vez, debido suceder no había tenido lugar.* […] No sorprende, pues, que tanto en la Neue Nationalgalerie, como en las otras *performances* anteriores, las mujeres nunca hubieran estado completamente desnudas, sino que siempre hubieran portado una huella de vestido (los zapatos en la *performance* de la Gagosian Gallery en Londres, los zapatos y una especie de gasa sobre el rostro en la Guggenheim Collection en Venecia, un *cache-sexe* negro en el Palazzo Ducale en Génova). El *striptease,* es decir, la imposibilidad de desnudez, es, en tal sentido, el paradigma

sitó la colaboración de Tom Ford, ya que el Guggenheim de Nueva York prohibía en su espacio los desnudos integrales. Y toda esa relación entre Moda y Arte, por no hablar de la pasión entre Arquitectura y Moda, tan característica de nuestro tiempo, con Rem Koolhaas, Peter Marino o Herzog & de Meuron en la lista de rutilantes estrellas invitadas al festín de la Moda, no ha cesado de ampliar su influencia.

Decir que la Moda siempre ha comprado Arte sería cierto, pero simplemente banal. La Moda ha nacido del Arte, de la necesidad humana del Arte, incluso, como este, de la debilidad del hombre por la belleza, y quizás morirá en sus brazos, como deliraría Jean Cocteau, pero eso ya es otra historia. La constatación de que la Moda se acerca al Arte no debería impedirnos ver que el Arte también se acerca a la Moda. No hablamos en este caso, claro está, del sentido que "la moda" tenía para Baudelaire[142], ya suficientemente

---

de nuestra relación con ella. Acontecimiento que no alcanza nunca su forma cumplida, forma que no se deja asir integralmente en su acaecer, la desnudez es, al pie de la letra, infinita, jamás termina de acontecer. En cuanto su naturaleza es esencialmente defectiva, en cuanto no es sino el acontecimiento del faltar de la gracia, la desnudez nunca puede saciar la mirada a la que se ofrece y que continúa buscándola con avidez, incluso cuando la más pequeña porción de vestimenta ha sido removida, cuando todas las partes ocultas se han exhibido con desfachatez." Giorgio Agamben: *Nudità*. Nottetempo s.r.l. Roma, 2009.En la edición española: *Desnudez*. Editorial Anagrama. Barcelona, 2011.Capítulo 7. "Desnudez" (Pág. 75). Idea desarrollada a su vez por los fotógrafos Stefano Marini y Romina Raffaelli, más conocidos como Winkler + Noah: *"Les Femmes Hérétiques"*. Winkler + Noah Archives. Website: Winkler-Noah. It., 2010.

[142] No podemos olvidar las connotaciones, incluso próximas a la prostitución, que "la moda" tenía en el mundo Baudelaire. "La clase media, la burguesía, la aristocracia restante, los trabajadores, se pasean. Pero allí, en jardines y paseos explícitos no está la Moda, se está "a la Moda". La moda está en sitios semiprohibidos, inclusive peligrosos según la policía y las sociedades de beneficencia, allí donde algunos pintores y escritores (Mallarmé tuvo sus responsabilidades con la moda en esos sitios) se reúnen con modelos venidas de varias latitudes de Europa y señoras y señores un tanto licenciosos y a veces más. La moda es un peligro y, casi, una indecencia. No era moda de *Les Modes parisiennes illustrées* que en 1866 llevaba por subtítulo en la cabecera "periódico de la buena compañía: *fashion, toilettes*, muebles, teatros, novedades editoriales, novela, poesía, conversación". La

asumido por la *inteligentzia*, sino de su sentido más burgués, esto es, más "comercial". Derivada que incluye el mecenazgo de museos de Arte Contemporáneo propios de la Marca –LVHM, Colección Pinault, PRADA– o la "museoización" de las tiendas, por arriba, y la "artistaización" de los bolsos, por abajo. Esto es, convertir las tiendas de moda en "verdaderas" galerías de arte (para vender en ellas Moda) y los bolsos de moda en "auténticas" piezas de arte (para vender Moda a través de ellas). Una especie de venganza en frío de los *ready made* de Marcel Duchamp. Para escépticos en la materia recomendamos una ojeada a sus *Escritos* (Galaxia Gutenberg. 2019. Págs. 237 y 238).

La relación de la Moda y la Sostenibilidad

El cuarto y último "límite" de nuestro esquema, y diametralmente enfrentado en el eje horizontal, o de los valores morales, al límite que representa el Arte, es la Sostenibilidad. Una palabra que apela a la conciencia del individuo para que no derroche, no malgaste, no desperdicie tanto, para que sea consciente de que los recursos básicos de nuestro planeta se están agotando irremediablemente. Agua, aire puro, olor de la naturaleza y el silencio, podrían ahora considerarse los cuatro verdaderos lujos de nuestro tiempo. Hans Magnus Enzensberger propone en "Lujo. De dónde viene a dónde va", uno de los artículos de su interesante colección de ensayos titulada *Zigzag*[143], hasta seis de estos nuevos lujos (el tiempo, la atención, el espacio, la

---

moda de Baudelaire o de los impresionistas era la de la mala compañía, muchas veces aristocratizada. Como puede leerse ya en aquellos años se diferenciaba *"fashion"* de "moda" inclusive en París." Oscar Scopa: *Nostálgicos de aristocracia. El siglo XX a través de la moda, el arte y la sociedad*. Obra citada (Notas 31, 37, 48, 51, 66, 86, 101, 129 y 134). *Bocetos a finales del siglo XIX*. "Qué se puede esperar de alguien como Baudelaire" (Pág. 23).

[143] Hans Magnus Enzensberger: *Zickzack*. Suhrkamp Verlag. Frankfurt, 1997. Ed. española: *Zigzag*. "Lujo de dónde viene, a dónde va". (Págs. 143 a 161). Anagrama. BCN, 1999.

tranquilidad, el entorno, la seguridad). Ese "límite" pudo ser representado antes con la Ecología, desde su prestigio académico y político a partir de los años sesenta en Norteamérica[144], pero la mera palabra Ecología parece llevarse mal con Moda. No en vano, la Moda implica un cierto despilfarro, el que está en ese placer de la novedad que le es consustancial, en ese extraño placer de estrenar a toda costa, en el placer de desechar la mercancía usada, más por un cansancio intelectual de consumidor (mediáticamente instrumentalizado por la llamada precisamente "sociedad de consumo") que por un agotamiento objetivo de la mercancía. Roland Barthes llama la atención, ya en los años sesenta del siglo pasado, sobre el desplazamiento del sistema de sustitución "real" por el sistema de sustitución "simbólico" del objeto de Moda, en cuanto el individuo, la clase o el país, alcanzan el determinado nivel de renta que se lo permite[145].

Solo los muy pobres agotarían físicamente la ropa y, en ese sentido, se empeñarían en despreciar rencorosamente la Moda, los modos y hasta los modales de la Moda. Esa velocidad o arbitrariedad que consideran prohibitivos y absurdos les llena de razón y de rabia contra ella y sus absurdos caprichos y arbitrariedades. Los ricos, por el contrario, nunca despreciarían la posibilidad de ostentación social, de reconocimiento social, que lucir, exhibir, presumir de la "última Moda", les proporciona. Ese despilfarro es casi inherente a la idea de Moda y a la idea de "emulación" que también es inherente a ella. Cuando se despilfarra moda se termina poniendo de moda el mero despilfarro, el despilfarro *per se*. La Moda solo quiere lo "último". Desprecia lo "pasado de moda" pero también lo que "no pasa de moda nunca" como ya observaría brillantemente Jean Baudrillard[146]. Eso pararía su espiral de sustitución sin fin.

[144] Edward J. Kormondy: *Concepts of Ecology*. Prentice-Hall, Inc. New Jersey, 1969. En la edición española: *Conceptos de Ecología*. Alianza Editorial. Madrid, 1973.
[145] Roland Barthes: *Système de la mode*. Obra citada (Nota 17).
[146] Jean Baudrillard: *Pour une critique de l'économie politique du signe*. Éditions Gallimard. París, 1972. En la edición española: *Crítica de la economía política del signo*. Siglo XXI de Ed. México DF, 1974. *Le système des objets*. Éditions Gallimard.

La Sostenibilidad es, también, imprescindible para definir la Moda de nuestro tiempo. Todo surgió, una vez más, con la caída del banco Lehman Brothers, como consecuencia de la crisis económica mundial que esa "gota en el vaso lleno de agua" precipitó. Empezaron o se destaparon ciertas inquietudes en la Moda que llevaban mucho tiempo larvadas, una de ellas fue formulada por Diane von Furstenberg, como presidenta del comité que organiza la Semana de la Moda de Nueva York, cuando dijo que probablemente una gran parte de la crisis de la Moda se debía a sus precios. Que a mitad de precio, sugirió, la crisis sería la mitad de grande. Invitando así a todos los implicados en este inmenso negocio a revisar sus márgenes comerciales. Las rebajas, las promociones y el fenómeno del *Outlet* vendrían a corroborar sus palabras muy poco tiempo después. Se podía hablar de un "malestar en la Moda", *à la manière* que lo hacía Sigmund Freud en su *Malestar en la Cultura* cien años antes[147]. Como Diane von Furstenberg sugería, en esa entrevista publicada en el periódico *Le Monde*[148] y anunciada en su portada, quizás los márgenes con los que trabaja la industria de la Moda deberían ser sometidos a una profunda revisión. Es imperioso asumir que los costes inherentes de la Moda, como los del libro o los de la música, exigen plantearse otros diferenciales más lógicos. Y, de ahí, los *Out-*

París, 1968. En la edición española: *El sistema de los objetos*. Siglo XXI Editores. México, 1969. *L'échange symbolique et la mort*. Obra citada (Notas 2, 32, 39 y 107). Capítulo III. "La moda o la magia del código" (Págs. 101 a 116). Capítulo IV. "El cuerpo o el osario de signos" (Págs. 117 a 142).

[147] Sigmund Freud: *Das Unbehagen in der Kultur* (1930). Sigmund Freud Copyrights, Ltd. London, 1966. En la edición española: *El malestar en la cultura*. Alianza Editorial. Madrid, 1970.

[148] Diane von Furstenberg: *"Nous étions devenus trop riches, cela nuit à la creativité"*. *"Fin 2008 j'avais prévenu qu'il devenait nécéssaire de faire des efforts sur les produits et de les vendre à des prix raisonnables"*. [Nos habíamos vuelto muy ricos, lo que daña la creatividad. A finales de 2008 había advertido que era necesario hacer un esfuerzo sobre los productos y venderlos a precios razonables]. Joël Morio entrevista a Diane von Furstenberg. LE MONDE. Paris, le 12 *septembre* 2009.

let, las "segundas líneas", los otros canales alternativos de compras y, finalmente, las infinitas variantes del *e-commerce*.

Antes de la quiebra de Lehman Brothers el propio mundo de la Moda buscaba respuestas para entender qué hacer, pues parecía que nos hallábamos sumergidos en una verdadera "burbuja". Tras la crisis financiera que siguió, todos los problemas se agravaron un poco más. Por un lado, la clase media se quedó, de repente, sin renta disponible para esos pequeños caprichos tan necesarios para soportar la rutina mensual del trabajador urbano cualificado[149]. Una conocida depresión de la clase media con empleo, curada en cualquier guión de Woody Allen, con Prozac, alcohol y Moda. Por otro lado, apareció la depresión en la que cayó la clase media sin trabajo, o con miedo a perderlo, un interesantísimo complejo efecto psicológico que hace que las personas involucradas en él no se quieran vestir de ciertos colores e insistan en vestirse de negro, todo de negro, solo de negro, como buenos alumnos de la "escuela japonesa". Dicho sea de paso, la primera sociedad que manifestó esos síntomas contemporáneamente[150], con la única excepción, tal vez, de la generación existencialista francesa[151]. Toda esa cultura de "adhesión subliminal al

---

[149] Lou Marinoff había publicado *Más Platón y menos Prozac,* un gigantesco éxito editorial. Estábamos en el año 2000 y el "*Prozac*"–primer nombre de la Fluoxetina– se había convertido en la estrella de los neurofármacos antidepresivos. *Plato, Not Prozac!: Applying Eternal Wisdom to Everyday Problems.* Quill, 2000. En la edición española: *Más Platón y menos Prozac,* Círculo de Lectores. Barcelona, 2001.

[150] Uno de los indicadores objetivos de la llamada "crisis asiática" podía serlo el cambio de paridad del Yen con respecto al Dólar. En 1997 un Dólar se cambiaba por 130 Yenes. En 1998, por 160 Yenes. Beom Kim, Nicolas Moulin y Laurence Winer. EL PAÍS, marzo 2001.

[151] Se considera generalmente que el movimiento existencialista francés tuvo su máxima influencia en las décadas que siguieron a la Segunda Guerra Mundial (1940-1960). Como sucede casi siempre comenzó siendo "una moda" para la elite intelectual de la época, Jean-Paul Sartre a la cabeza, y terminó convirtiéndose en un fenómeno de masas, ilustradas si se quiere hacer la precisión, pero masas finalmente, que desde París generalizó ciertas posiciones políticas, ciertas lecturas, cierta música, cierto cine y, por supuesto, cierta moda: el "negro absoluto" para

pobre"[152], que tampoco es nueva –ya pasó con Paul Poiret, cuando este quería desacreditar a Gabrielle Chanel diciendo que su *chic look* vestía a los millonarios de pobres–, tenía servido otra vez el escenario. La "*petite robe noire*" y otros "miserabilismos" de Lujo confirmarían que el fenómeno no es nuevo[153]. Como sutilmente había advertido König en Marcel Proust[154], frente a la opulencia irracional de

---

ambos sexos. Entre sus precedentes más o menos directos se encuentran Søren Kierkegaard, Friedrich Nietzsche, Arthur Schopenhauer o incluso Fiódor Dostoyevski. Entre sus estrellas intelectuales Martin Heidegger, Karl Jaspers, Jean Paul Sartre, Simone de Beauvoir o Albert Camus. Henri Lefebvre: *L'Existentialisme*. Éditions du Sagittaire. Paris, 1946. En la edición española: *El existencialismo*. Editorial Capricornio. Buenos Aires, 1954.

[152] En la larga serie de esas adhesiones subliminales al pobre, iniciadas por Chanel en los años veinte del siglo XX contra la ostentación implícita de la silueta "S", es de justicia incluir "*Clochards del Sena*" que podía haberse llamado la colección de *Haute Couture* para la Primavera Verano 2000 de John Galliano para Christian Dior, dada la innegable, y no negada, influencia de la estética de estos marginados sobre su polémica propuesta. Ya entonces podría diferenciarse la silueta estricta, que representaba el orden de "la derecha", y la silueta relajada, que propugnaba el orden de "la izquierda".

[153] En la rivalidad incesante por situarse como el verdadero innovador de la época, Poiret, uno de los candidatos indiscutibles al título, criticaba la sencillez negra de la característica silueta Chanel, acusándola de vestir a los ricos de pobres. Aunque es evidente que había un cierto desquitamiento de clase en la proposición de *Mademoiselle*, no es menos cierto que ambos buscaban la solución al mismo problema, hacer más libres a las mujeres. Tras quitarles las enaguas y el *corset*, Poiret llevó psicológicamente su remordimiento a "atarles" los pies a sus "princesas orientales". Paul Poiret: *En habillant l'époque*. Obra citada (Notas 131, 132, 133 y 135).

[154] "Con ello, se vuelve a confirmar el acierto del pensamiento de Marcel Proust, que dice que la omnipresencia y la continuidad de la memoria se pierde por las exigencias de la rutina diaria. Cuando constantemente hay que estar tomando decisiones se pierde el contexto de la vida. Por otra parte, justamente esta circunstancia, si se me permite expresarlo así, ofrece la salvación de la interminable acumulación de elementos culturales, de modo que cada nueva decisión provoca una revolución cultural en pequeño que va borrando elementos menores o mayores de lo que hasta ese momento fue moda. El dictado de la moda entonces ya no rige solamente con respecto a sus consumidores, sino también con respecto a la moda de ayer que funciona como un bloqueo de lo nuevo. En la historia de las

los fines de ciclo, todas las "alternativas" parecen insistir en la tabla rasa de las revoluciones, en el fuego purificador de las catarsis. Barroco *versus* Clasicismo, Chanel *versus* Poiret, incluso Chanel versus Dior (la segunda Chanel, 1954-1971, claro está), y otros famosos *pas de deux* en el imaginario colectivo[155]. También lo verdaderamente nuevo necesita "matar al padre". Mies, mejor Peter Behrens *versus* Gottfried Semper.

Cinco años después del comienzo oficial de la crisis, el propio mundo de la Moda quería entender qué le pasaba a su añorado consumidor perfecto y buscaba desesperadamente una solución para volver a reencontrarse con él. Iban a ser testigos de cómo el Lujo decidió separarse de la Moda y buscar otra argumentación para su legitimación. Pues para la legitimación tardía del Lujo ya no servía la magia casi infinita que poseía la "Moda". Pero, ¿y la Moda? ¿Por qué necesita la Moda legitimarse? O, mejor dicho, ¿por qué sus anteriores legitimaciones ya no servían? Quizás necesitaba hacerse disculpar de tanto exceso cometido durante la posible "burbuja de moda" de su Edad de Oro de los años 80 y 90, del "fin de siglo", en

---

formas colectivas muchas cosas sobreviven hasta que llega el día del ostracismo. Aquí, la carga de la acumulación se hace más pesada de generación en generación. *En el caso de la moda, la innovación misma libera al presente del pasado, de modo que la libertad aquí es mayor que en ninguna otra parte, lo que también condiciona el carácter generalmente lúdico de la moda, el cual únicamente se retira ante las decisiones extremas de auto-limpieza histórica que se producen en las catástrofes y las revoluciones culturales."* René König: *Menschheit auf dem Laufsteg. Die Mode im Zivilisationsprozeß*. Obra citada (Notas 39, 63, 64, 71, 72, 73, 74*, 120, 121 y 122) En la edición del IEMC. Capítulo III. "Contenido y forma del comportamiento conforme a la moda" (Pág. 76).

[155] Es tan conocida esa rivalidad entre las dos grandes *maisons* francesas que incluso Dominique Brabec y Martine Silber se permitieron el lujo de adornar las guardas de su libro *Mode 89/90* con las caricaturas de las estrellas invitadas al *front row* de sus respectivos desfiles. La *Comtesse* de Malleray le Bane, la *Comtesse* Rossi de Montelarc y Béatrice Dalle en *chez* Dior contra la *Mrs.* Trump, Nan Kemper y Jacqueline Delubac en *chez* Chanel. Dominique Brabec y Martine Silbe: *Mode 89/90*. Obra citada (Nota 129). (Citado en la nota 242 del capítulo VIII: "La construcción de un punto de vista…").

definitiva. La legitimación del nuevo Lujo ya no podía estar en la Moda, esta parecía vacía, desacreditada, perdida, así que lo buscaron en la Artesanía. En la actualidad se ha vuelto a dar otra vez importancia a la Artesanía, a esas manos muy preparadas del Primer Mundo que se "toman su tiempo" para crear. Las del Tercer mundo, retribuidas muy inferiormente, no parecen necesitar protección (espero que disculpen la violencia de la ironía). Tal vez por eso estemos viendo últimamente apologías explícitas o subliminales del "diseño contemporáneo" haciéndose pasar por ella, o tratando de prestarle su nombre, como si la relación del diseño con la artesanía no cumpliese ya un siglo. Incluso en Gucci o en Louis Vuitton, compaginarán su publicidad, marcadamente *fashionista*, con otra que mostraba nostálgicamente su artesanía, un discurso con el que opera habitualmente Hermès y solo Hermès. (Recordemos la fotografía del antiguo taller en la segunda planta de su primera sede o la imagen subrayada con el pie de página: "joven pasando hilo de lino con cera de abeja sobre un bolso")[156].

Parece como si el Lujo se arrepintiera de habernos vendido productos muy caros pero hechos con aquellas dos famosas "pequeñas mentiras"[157] tomadas de la Moda –la novedad y la insustancialidad–

---

[156] Tanto Louis Vuitton como Gucci simultanearon su publicidad marcadamente sexy y *fashionista*, típica de sus inclusiones publicitarias en los magazines de moda más importantes, con otra "imagen", digamos más "ética", insertada en los periódicos económicos o en los semanarios políticos más influyentes del mundo. Esa elegante "esquizofrenia" parecía destinada a convencer a dos *targets* de consumidores muy diferentes, los *fashion victims* y los *bussinesman*, respectivamente. Sin negar definitivamente la "legitimación Moda" de sus marcas comenzó el posicionamiento de su compromiso político con la Artesanía.

[157] Mentiras en sentido figurado, claro está, "mentiras" en el sentido equivalente a esa "ingeniería financiera", también muy típica de los años 80, también muy de moda en la década, con los que el capitalismo financiero arruinó al capital productivo en los EE. UU. y sus áreas de influencia. El famoso exceso de crédito, las hipotecas basura, las maniobras en la oscuridad de los paraísos fiscales, la sobreactuación ideológica del neoliberalismo rampante y hasta el dogma de la austeridad presupuestaria del FMI como única receta para salir de la depresión en la que la mano invisible de Wall Street y la Reserva Federal nos habían situado.

y ahora lo quisieran justificar con la "gran verdad" de la Artesanía. Querían volver a demostrar que el Lujo tiene un precio no arbitrario o especulativo, sino riguroso y hasta "honorable", el que se desprende del eterno valor de un producto producido, mejor dicho elaborado, *comme il faut*. Cuando alguien nos vende algo apelando al código moral de la Sostenibilidad, nosotros tendemos a comprarlo encantados, y quizás no solo por efecto de nuestra mala conciencia sobre nuestro anterior paradigma de consumidor. Hemos comprado demasiada "mentira" y ahora solo queremos comprar "verdad". Hemos dilapidado demasiado alegremente y ahora queremos escatimar miserablemente para hacernos perdonar. (Ineludible la cita de la austeridad calvinista *versus* la exuberancia católica. El idioma alemán comparte la misma palabra, *Schuld*, para deuda y culpa)[158].

Un número extraordinario de la influyente revista semanal *Newsweek*, dedicado monográficamente al tema de la artesanía y los artesanos, se podría considerar como el acta de nacimiento de este nuevo fenómeno de "legitimación tardía del Lujo". Creemos recordar que publicado en abril de 2011, en mitad de la crisis económica mundial más importante desde el *Crack* de 1929[159]. Un ejemplo paralelo de esta sensibilidad lo ofrece Tiffany's, que quiso ayudar a evitar la destrucción de las barreras de coral del Pacífico comprometiéndose a no usar más el coral en sus joyas, o la eliminación de los "diamantes de sangre" de los escaparates de algunas prestigiosas casas de joyería. Pero también la presión de las ONGs por los salarios o las condiciones laborales de los trabajadores en el Tercer mundo, que permiten los incómodos y, a veces, fastuosos beneficios de las grandes empresas de Moda occidentales. Podría considerarse el libro *No*

---

[158] Max Weber: *Die Protestantische Ethik und der Geist des Kapitalismus.* Archiv für Sozialwissenschaft und Sozialpolitik, 1905. Edición española: *La ética protestante y el espíritu del capitalismo.* Ed. Península. Barcelona, 1969 y Fondo de Cultura Económica. México, 2011 (Edición crítica de Francisco Gil Villegas).

[159] Especial Newsweek sobre "*Craftsmanship*". *Newsweek.* New York, 2012.

Logo de Naomi Klein[160] como un elemento más de esta tendencia global hacia la conciencia sostenible y la progresiva implicación de la clase media internacional en ese concepto "tan de moda", si se nos permite la ironía de decirlo así, en nuestro tiempo. Reciclar, evitar contaminar, apoyar económica y políticamente los movimientos ecologistas, están en el nuevo ADN de la clase media internacional, especialmente en sus miembros más jóvenes y más preparados académicamente. La conciencia de la Sostenibilidad a pequeña escala es el granito de arena del ambicioso Pacto de París, firmado por las grandes potencias económicas del mundo para detener, o al menos desacelerar, el ya innegable[161] cambio climático. Decimos "innegable" conscientes de las poderosas razones económicas que siempre se opondrán a ese reconocimiento científico[162]. Tergiversando deliberadamente el inocente sentido cervantino original, con el "gran capital"[163] hemos dado, Sancho[164]. Este no admitirá facilmente que desmontemos solo con ideas su *statu quo* sostenido sobre fascinantes ingenierías financieras.

---

[160] Naomi Klein: *No Logo*. Alfred A. Knopf Canada. Division of Random House of Canada Limited. Toronto, 2000. En edición española: *No logo. El poder de las marcas*. Ediciones Paidós Ibérica. Barcelona, 2005.

[161] Guillermo de la Dehesa: "El problema del cambio climático". EL PAÍS. Negocios, 1 de octubre de 2017 (Pág. 19).

[162] Fernando del Pino Calvo-Sotelo: *"El ecologismo actual, una suma de miedos y falacias"*. DIARIO EXPANSIÓN. Madrid, 19 de septiembre de 2017 (Pág. 55).

[163] Nos referimos a los constantes ensayos de Noam Chomsky para describir el comportamiento antidemocrático de las grandes compañías del mundo occidental, interesadas en sus beneficios aun a costa de causar daños irreparables a las poblaciones de todo el planeta cuando no a sus ecosistemas, en libros como "El nuevo orden mundial (y el viejo)" o "¿Quién domina el mundo?". Noam Chomsky: *World Orders, Old and New*. Pluto Press. London, 1994. En la edición española: *El nuevo orden mundial (y el viejo)*. Editorial Crítica. Barcelona, 2002. ISBN: 84-8432-305-6. *Who Rules the World?*. Hamish Hamilton. London, 2016. En la edición española: *¿Quien domina el mundo?*. Ediciones B. Barcelona, 2016.

[164] Miguel de Cervantes: *El ingenioso hidalgo Don Quijote de la Mancha*. Segunda Parte. Capítulo IX. "Donde se cuenta lo que en él se verá" (Pág. 610). RAE. Edición del IV Centenario. Ed. Alfaguara. Madrid, 2004.

Las denominadas corrientes negacionistas, lo sean de forma ingenuamente altruista o sostenidas financieramente por empresas directamente relacionadas con la extracción, traslado, refino y comercialización de los productos de la energía fósil, intentarán contrarrestar los argumentos científicos con otros argumentos, en general, de dudosa solvencia académica. La deforestación del Amazonas consentida durante la presidencia de Jair Bolsonaro en Brasil o la prórroga a la extracción del carbón permitida por pírricos intereses electorales por la administración Trump son dos pequeños, pero muy preocupantes, ejemplos de cómo el capitalismo americano decimonónico (petróleo) puede retener escenarios ya suficientemente eficaces del capitalismo americano del siglo XXI (inteligencia artificial), como la propia producción de energías limpias, de automóviles eléctricos o de bienes de equipo de huella ecológica cero[165]. La inmensa mayoría de los científicos del planeta, por no decir todos, sostienen la urgente necesidad de tomar medidas políticas globales que paren el, en muchos casos ya irreversible, alarmante deterioro de la Tierra. El frustrado Acuerdo de París, por la incomprensible política exterior de los EE. UU. durante la Administración Trump, hacen casi inútiles las presiones medioambientales de la UE, Japón e incluso China. Solo una excepción tan extraordinaria (y tan nefasta para la humanidad) como la pandemia del COVID-19 consiguió parar temporalmente las altas emisiones de CO_2 a la atmósfera, sencillamente por la reducción de la actividad económica en todo el mundo que las medidas de confinamiento produjeron. Las políticas industriales de todo el mundo, con dolorosas excepciones –por su importancia económica y moral–, ya han decidido el compromiso de la transformación de sus aparatos productivos hacia las energías limpias. En nostálgico homenaje a Ra-

---

[165] "El acrónimo más caro de la historia". La crisis ha reforzado el poder de mercado y el valor en bolsa de Facebook, Amazon, Apple, Netflix y Google, las famosas FAANG, también conocido como "el club del billón" por su capitalización.Miguel A. García Vega. EL PAÍS. Negocios. Madrid, domingo 26 de julio de 2020.

món Folch, pionero de la reflexión ambiental desde el Diseño en España, "siempre nos quedará París". Aunque aquí habría que añadir, "por firmar". Sin esa firma –inútilmente demorada por los EE. UU.– el planeta entrará en un proceso de desequilibrio irreversible. Suponemos que el propio sistema natural tendrá sus mecanismos de reacción, pero no deberíamos esperar escépticamente sentados a verlos venir. Las consecuencias serían desastrosas. Más para los seres humanos que para el planeta.

La victoria de Joe Biden en las elecciones de 2020 permitirá recomponer las relaciones no solo políticas con sus aliados occidentales sino también con la comunidad científica internacional y, en este sentido, esencialmente con los compromisos tecnológicos del nuevo paradigma medioambiental. Los EE. UU. no solo siguen siendo la economía más poderosa del planeta sino también el líder moral de las democracias de Occidente. Éticamente se le presume un compromiso con los valores de la civilización capitalista (aunque a veces haga trampas escandalosas) más estricto que a China, país que, a pesar de su importancia económica, no podrá ser considerado en mucho tiempo un país democrático bajo los mínimos estándares occidentales. Ni su sistema electoral, ni su nivel de transparencia institucional, ni su respeto de los Derechos Humanos, permiten hacerse muchas ilusiones. Incluso su desarrollo económico necesita, *in extremis,* energías contaminantes que EE. UU. ya se puede permitir el lujo de no emplear (no ya por altruismo humanista o egoísmo interesado prescrito médicamente por todas las recomendaciones de la OMS, sino por estricto beneficio empresarial). Ha sido muy decepcionante comprobar cómo la no democrática República Popular China haya sido capaz de asumir compromisos internacionales medioambientales, los famosos Acuerdos de París, que la América Republicana de Trump no suscribió. Su famoso eslogan *"America first"* retumbará algunos años más en esa *Historia de la Infamia* que Jorge Luis Borges no pudo concluir. No por egoísta sino por "estúpido", en la estricta acepción que el profesor de Historia Económica de la Universidad de California Carlo Maria Cipolla, le da al término en su hilarante ensayo *Las leyes fundamentales de la estupidez humana*[166]. Un estúpido, según su ensayo, es aquella persona que, por hacerle daño a alguien, será capaz de hacerse daño a sí mismo.

---

[166] Una persona estúpida es una persona que causa un daño a otra persona o grupo de personas sin obtener, al mismo tiempo, un provecho para sí, o incluso obteniendo un perjuicio. A la vista de esta *Tercera Ley Fundamental*, las personas racionales reaccionan instintivamente con escepticismo e incredulidad. El caso es que las personas razonables tienen dificultades para imaginar y comprender un comportamiento irracional. Pero dejémonos de teorías y veamos qué es lo que nos ocurre en la práctica en la vida diaria. Todos nosotros recordamos ocasiones en que, desgraciadamente, estuvimos relacionados con un individuo que consiguió una ganancia, causándonos un perjuicio a nosotros: nos encontrábamos frente a un malvado. También podemos recordar ocasiones en que un individuo realizó una acción, cuyo resultado fue una pérdida para él y una ganancia para nosotros: habíamos entrado en contacto con un incauto.* Igualmente nos vienen a la memoria ocasiones en que un individuo realizó una acción de la que ambas partes obtuvimos provecho: se trataba de una persona inteligente. Tales casos ocurren continuamente. Pero si reflexionamos bien, habrá que admitir que no representan la totalidad de los acontecimientos que caracterizan nuestra vida diaria. Nuestra vida está salpicada de ocasiones en que sufrimos pérdidas de dinero, tiempo, energía, apetito, tranquilidad y buen humor por culpa de las dudosas acciones de alguna absurda criatura a la que, en los momentos más impensables e inconvenientes, se les ocurre causarnos daños, frustraciones y dificultades, sin que ella vaya a ganar absolutamente nada con sus acciones. Nadie sabe, entiende o puede explicar por qué esta absurda criatura hace lo que hace. En realidad, no existe explicación –o mejor dicho– sólo hay una explicación: la persona en cuestión es estúpida.

---

*. Nótese la precisión «un individuo *realizó* una acción». El hecho de que fue *él* quien inició la acción es decisivo a la hora de establecer que se trata de un incauto. Si hubiese sido *yo* quien inició la acción que determinó mi ganancia y su pérdida, la conclusión sería diferente: en éste caso yo habría actuado como un malvado.

Carlo María Cipolla: *Las leyes fundamentales de la estupidez humana* (Pág. 66 y 67) *Allegro ma non troppo*. Società editrice Il Mulino. Bolonia, 1988. En la edición española: *Allegro ma non troppo*. Editorial Crítica S.A. Barcelona, 1992.

Cerrando el círculo

A modo de conclusión podemos terminar sugiriendo estas últimas características de los cuatro "límites" de la "MODA"[167].

Lujo:

"La Moda fue y volverá a ser aristocrática".
Lo que nos distingue es el "prestigio" de la marca, la etiqueta, no el producto.
El producto firmado, no el "anónimo".

Moda

Sostenibilidad: **Moda**   **MODA**   **Moda**   **Arte:**

Moda

"El Lujo es la artesanía".
Buscando una nueva legitimación
para el Lujo
Newsweek
Naomi Klein
Jurgen Habermas.

"La Moda es un Arte Contemporáneo".
Comme des Garçons
Martin Margiela
Alexander McQueen.

---

[167] Los denominados "límites" de la MODA, esto es el Lujo, el *Low Cost*, el Arte y la Sostenibilidad, permitirían que cada manifestación de "Moda" sea la respuesta sistémica de ese conjunto de relaciones, reflexivas, construidas entre todas ellas en el espacio-tiempo. Todos los "consumidores" del mundo se identificarían con una "moda" que directa o indirectamente incluye los "límites", es decir, las propiedades y las tensiones propias de cada uno de ellos. El lujo se verá modificado por el *Low Cost*, pero también por el Arte y la Sostenibilidad. Y así, respectivamente, todos los extremos con el centro y este con todos aquellos.

"La Moda será democrática…"
Quiebra de Lehman Brothers.
No importa el "prestigio" si se tiene la Moda.
Quieres la Moda, porque el prestigio es demasiado caro.

Si rodeamos con un círculo esa cruz creada con los cuatro "límites" propuestos: Lujo, *Low Cost*, Arte y Sostenibilidad, parecerá que tenemos marcadas las horas 12, 3, 6 y 9 en un reloj imaginario. Si añadimos los signos correspondientes a cada hora, tendremos la imagen del reloj completo. En cada una de esas horas encaja perfectamente una marca como "modelo" de un *target* concreto. Podríamos situar a Chanel en las 12, a Zara en las 6, a Prada en las 3 y a Loewe en las 9. Tendríamos así la imagen perfecta del Lujo por el Lujo, el *Low Cost* paradigmático, el Arte y la Sostenibilidad puros y, por supuesto, todos los estados intermedios que pueden producir sus mutuas influencias. Otra cosa sería discutir si la hora 12 debería estar ocupada por Chanel o por Dior, o incluso por Hermès. Puesto que podemos razonar que quizás Hermès se desplazaría hacia las 11, por su evidente compromiso con la Sostenibilidad y Chanel o Dior podrían desplazarse hacia la 1, por su acercamiento estratégico al Arte. No olvidamos tampoco, claro está, la evidente proximidad de Hermès al Arte durante el siglo XX, pero preferimos resaltar su compromiso moral con la Sostenibilidad. Otras marcas, como Louis Vuitton, Gucci, Versace, Dolce & Gabbana, Trussardi, Calvin Klein o Camper, irán completando todas las horas del reloj. Obtendríamos así el "reloj imaginario" que reflejaría dónde están situadas todas las marcas de Moda del mundo. La esfera de ese reloj sería la representación perfecta de lo que hemos llamado MODA, porque demostraría cómo, cada marca, cada elemento, velando egoístamente por su máximo interés –Adam Smith *dixit*– compone equilibradamente el Sistema, y, de paso, define el objeto preciso de nuestra investigación[168]. Ahí estarían reflejadas las marcas simbólicas (porque cada una representa a otras muchas) que, representando cada una "su moda" representarían, todas juntas, "la Moda": Todas las colecciones hacen la temporada.

---

[168] En este capítulo concreto nos referimos a la construcción teórica de un "sistema de la moda", por emplear una etiqueta inseparable de la memoria de Roland Barthes *("Système de la Mode")* y reconocida desde René König* (pág. 40) a Frederic Monneyron, por todos los autores interesados en la materia que reflexionaron sobre ella después de la publicación de su obra en 1967. Jean Baudrillard o Gilles Lipovetsky, especialmente, por su repercusión internacional. Una construcción teórica que consiga explicar la acción de todas las fuerzas involucradas, sinérgicamente, en el *sistema*. El modelo formal, sus causas *sincrónicas* y sus efectos *diacrónicos* (otra vez es obligada la referencia a Roland Barthes por su liderazgo intelectual dentro de la Lingüística Estructuralista aunque tomase ambos conceptos de la división de enfoques analíticos de la lengua propuesta originariamente por Ferdinand de Saussure) constituyen una parte sustancial de nuestra investigación. El "modelo gráfico" representa de una manera sencilla el mapa, a su vez extremadamente complejo, de todos los elementos que intervienen en la moda en nuestros días, y lo hace en su doble condición de memoria histórica que interactúa con el presente –aparato sincrónico– como en su estricta dimensión atemporal –aparato diacrónico– es decir, como las instrucciones de una máquina en funcionamiento. En el primero, la moda, siendo tecnología, no deja de ser sociología, historia de la civilización**. En el segundo, sin dejar de ser algo lleno de referencias históricas, todo presente las tiene indefectiblemente, es preferentemente una cuestión tecnológica, económica, y sociológica finalmente, en la medida en que lo económico no puede dejar nunca de tener consecuencias sociales, pues todo lo económico sucede en un contexto sociológico que lo "permite" y lo "comprende". Lo económico, produzca automóviles o vestidos, no actúa en el vacío, actúa en una sociedad, desde una sociedad y para una sociedad siempre concreta.

*René König: *Menschheit auf dem Laufsteg. Die Mode im Zivilisationsprozeß.* Obra citada (Notas 39, 63, 64, 71, 72, 73, 74*, 120, 121, 122 y 154) En la edición del IEMC. Capítulo III. "Contenido y forma del comportamiento conforme a la moda" (Pág. 40).

**Lewis Mumford: *Technics and Civilization.* Harcourt, Brace & Company Inc. New York, 1934 & 1963 *(revised editions).* En la edición española: *Técnica y Civilización.* Alianza Editorial. Madrid, 1971.

Esta sería su posible representación:

12 Chanel **12**

Lujo

11 Hermes   Dior **1**

10 Louis Vuitton   Yves Saint Laurent **1**

10 Giorgio Armani

10 Trussardi   Prada **2**

Miyake **2**

Margiela **2**

9 Loewe   **Sostenibilidad:**   **MODA**   **Arte:** Comme des Garçons **3**

8 Stella McCartney   CH **4**

8 Vivienne Westwood   H&M **5**

8 Ecoalf

Low Cost:

6 Zara **6**

El esquema propuesto, de nuevo considerado más allá de su eficacia representativa, nos sirve para verificar teóricamente cómo nuestra Moda, la de ahora, por no hablar del futuro inmediato, será el resultado de esas constantes interacciones entre los denominados "límites". Todos ellos, incluso para defenderse de la desestabilización que suponen las razones de sus alternativas lógicas, se han visto modificados por la mera observación de su contrario (una intuición de la Lógica Clásica elevada a dogma por la Física Cuántica).

¿Cómo negar la influencia subliminal del *Low Cost*, de sus razones morales o estratégicas, sobre el Lujo, y viceversa?[169] ¿Cómo negar la relación del Arte sobre la Sostenibilidad, o de esta sobre aquel? Todo está relacionado y, por lo tanto, todo es susceptible de ser afectado por las leyes de esa relación. El conjunto, como si obedeciese a las leyes de la Entropía[170] es de tal volatilidad, nunca mejor

---

[169] No deja de ser sorprendente que Marta Ortega, hija del Presidente y máximo accionista de Inditex, la empresa líder del concepto *Low-Cost* en todo el mundo, eligiese para su boda un traje realizado exclusivamente para ella por Pierpaolo Piccioli, el diseñador de la línea de *Haute Couture* de Valentino. El vestido de una de las casas más exquisitas e inalcanzables del *Fashion System* posicionaba, en la línea que lo hace Zara en los últimos tiempos, a la Marca elegida. Pues quien podía haberse vestido de Zara "para dar ejemplo", de hecho lo hizo a lo largo de ese mismo día, no pudo evitar la tentación de vestirse de una de las marcas más admiradas, a estos efectos ceremoniales, del mundo. Es evidente que la casa Valentino no necesita este tipo de ayudas subliminales, pero es innegable asímismo que la elección no solo reconoce objetivamente su valor, también contribuye a engrandecerlo. No hay nada más honorifico que la admiración confesada del "enemigo". Ambos nombres, situados en las antípodas del eje vertical Lujo versus *Low-Cost*, representan los "modelos paradigmáticos" de sus respectivos conceptos de la "Moda". Esa "envidia del otro" no hace más que confirmar su admiración.

[170] Entropía es un término polisémico, incluso en la Física puede significar dos cosas diferentes. No nos referimos aquí a su acepción termodinámica sino a la que rinde homenaje a R. Clausius y su observación del desorden de las moléculas de un gas. En tiempos tan "gaseosos" para la *moda* es muy difícil predecir nada. Están por determinar científicamente los resultados del ajuste tectónico al que la MODA será sometida por la pandemia del COVID-19. La normalidad recuperada, la nueva normalidad o la anormalidad absoluta aún están lejos de ser comprendidas en sus términos reales. Los daños sobre las rentas de la clase media internacional, la dispersión de los extremos de la desigualdad, el desapego de las nuevas generaciones a un consumismo al que solo están invitados visual, o virtualmente, y las estrategias para sobrevivir de todos los nombres propios del "sistema de la moda" a su feroz competencia interna son, de hecho, una vez más impredecibles. Los desfiles virtuales, las tiendas preservadas en celofán, las reuniones sociales suspendidas *sine die*, las *fashion victims* encerradas en el angosto espacio de la pantalla de su obsesivo portátil, nos ponen muy difícil calcular su derivada. Indefectiblemente sucederá la solución y es probable, en términos de la "irracionalidad nostálgica" que suceden a estos *shocks* (*Incroyables et Merveilleuses*, *New Look*, *Crack* del 68, espejismo del Fin de la Historia, SIDA), que la supuesta racionalidad vuelva a ser

empleado el término, que todo puede suceder, cualquier cosa por extraña que nos parezca quizás está ya sucediendo. Es curioso cómo, otra vez, los oráculos mejor informados del planeta, WGSN a la cabeza[171], no pudieron ver, o no quisieron compartirlo, el trágico cambio de tendencia que se avecinaba. Como botón de muestra señalaremos que el número de *Vogue US* de enero de este año[172]

185

Una definición de Moda. "Moda, de qué hablamos cuando hablamos de moda hoy"

---

sacrificada en aras de los profundos deseos del inconsciente colectivo, encerrado otra vez en Auschwitz. (Prisión de Guantánamo, Muro de México, campos de refugiados de la isla de Lesbos).

[171] WGSN Group Ltd. es una empresa con sede en New York, fundada en Londres por los hermanos Julian y Marc Worth en 1998, especializada en el análisis de tendencias de moda. Su equipo analiza más de cien pasarelas, miles de imágenes del *Street style* en 95 países y todos los *blogs* de moda del mundo, para proporcionar información a sus clientes, situados en ambos extremos del eje vertical y horizontal del Sistema. Los resultados de su especialidad "La ciencia detrás de las tendencias" puede consultarse en su influyente web o adquirirse como informes de tendencias por diseñadores, estilistas y empresarios. Muchos prescriptores de moda y estilo consideran los "cuadernos" de esta sociedad "la Biblia" de la Moda de nuestro tiempo.

[172] El número de enero 2020 de la influyente revista *VOGUE* USA anunciaba en su portada: *It's Time to Fashion the Future*. Prediciendo a continuación "*In 2020, Vogue promises to: Look ahead with JOY AND OPTIMISM. LIVE MORE*" [Vogue promete: mirar hacia adelante con alegría y optimismo. Vive más]. Sin palabras. Nos resulta difícil aceptar el nivel de desinformación de una empresa dotada de recursos y de experimentado "ojo clínico" para volver a repetir errores de apreciación sobre el inmediato futuro que producen perplejidad. Siempre se podrá argüir que el mundo financiero o la inteligencia militar tampoco lo previeron con suficiente autoridad. Pero ni a uno ni a la otra se le supone ese don de anticipación que la moda reclamaba como propio. El debate está servido: se trata de un exceso de información que impide que las ondas de expansión vuelvan a tener una mínima consistencia o de una renuncia consentida a los efectos de la anticipación de los que antes presumía arrogantemente la moda. Tal vez sea que lo que llamamos "la magia de la moda" necesitaba unos magos, pero sobre todo unos trucos, que requerían su tiempo. Hoy la globalización, tanto a efectos de producción como de consumo, ha impuesto una inmediatez que hace innecesaria esa premonición. Ahora no pensamos a nueve meses vista, sino a quince días. Lo permite la tecnología empleada por el sistema para producir y distribuir sus mercancías (logística del *Low Cost*), y lo permite la tecnología al servicio de la comunicación (*Internet*), ambas son inmediatas. Solo la genialidad puntual de algunos diseñadores consigue

anunciaba sin miedo a ningún remoto "fantasma chino" proceden-
te de Wuhan: "*Vogue promises to: Look ahead with JOY AND OPTI-
MISM. LIVE MORE*" (*Vogue* promete: mirar hacia adelante con
alegría y optimismo. Vive más). No quisiéramos hacer leña del árbol
caído, pero la reputación de la cabecera más influyente del mundo
quedó seriamente dañada, otra vez.

Resulta muy interesante observar, complementariamente, la relación entre los otros dos extremos del eje horizontal, producidos ya
en los tiempos previos al impacto sobre el sistema del "COVID-19":
el Arte como "límite" en el ámbito creativo, estético, de "la Moda"
sometido por la Sostenibilidad[173], el "límite" ecológico, ético, de una
manera también inimaginable cuando se apagaron las luces de los
últimos desfiles Primavera Verano 2021 en septiembre del año pasado en París, Milán, Londres, Madrid o New York. Sean 19 meses

---

devolver por unos instantes el prestigio a la antigua fórmula, la que adivinaba el
futuro. Pero, aunque suceda el milagro alguna vez, el espionaje es de tal intensidad
que difícilmente podrá ocultar su propia revelación nueve meses a todo el mundo.
La capacidad tecnológica del otro gran proveedor del mercado le hará el *spoiler*.

[173] Siempre dentro de las relaciones que formula nuestro esquema general de
"la MODA", principio y fin de nuestra Tesis, encontramos contrapuestos el Arte,
como "límite" en el ámbito creativo, estético, de "la Moda" frente a la Sostenibilidad, el "límite" ecológico, ético, marcando en nuestro tiempo (2008-2018) un
verdadero punto de inflexión con el anterior equilibrio, donde el Arte –verdadero
motor del espíritu creativo– dominaba sobre las incipientes preocupaciones por la
Sostenibilidad. El impacto COVID-19 alteró profundamente ese *estatus quo* ace-
lerándolo de forma exponencial, ahora hay una apremiante necesidad de que todo
sea "ecológico", lo que necesariamente implica un repliegue de las posiciones más
creativas. Como limites incompatibles, uno se manifiesta a expensas del otro: en
la "euforia artística" la Sostenibilidad se desprecia como una murga izquierdista,
en la "euforia sostenible" la tentativa artística se considera un despilfarro insensible
de la derecha. En las décadas de progreso económico no hay "rencor" hacia la alta
costura, en todo caso frustrada admiración. En las décadas de retroceso no hay
admiración sino odio, polaridad quizás explicada por lo profundamente que pueden estar relacionados psicológicamente ambos sentimientos en el inconsciente
colectivo. El electorado satisfecho tolera la desigualdad, el insatisfecho la considera una bomba de relojería. (María Antonieta, Nicolás II, Alfonso XIII, Fulgencio
Batista, Reza Pahleví).

consecutivos o diez años, como en el caso Lehman Brothers, los que tardemos en recuperarnos de esta nueva prolongada recesión económica, lo que es seguro es que dejará una profunda huella en las relaciones humanas y, consecuentemente, en la Moda que las satisface. La dimensión virtual –en términos económicos y quizás sociológicos también– superará por primera vez a la real y, aunque la Moda tiene una enorme capacidad de reacción, en el estricto sentido reaccionario del término (opuesto a las innovaciones)[174], los cambios en muchos casos serán irreversibles[175]. La presencia virtual condicionará profundamente las pasarelas, las tiendas y hasta los *dress codes* preceptivos de todas las convocatorias sociales. El auge de la imagen que cabe en una pantalla será inversamente proporcional al que pisa la

---

[174] Como diría Walter Benjamin esto no es una "calle de dirección única", pueden darse, en efecto, avances no reversibles, pero también hay que considerar, dos mil años de historia nos contemplan, que otras veces los progresos tecnológicos o morales en el vestido, y sobre todo en la moda, pueden dar un paso atrás en reacción al cambio de ciclo económico. Siempre nos resultó paradigma de esta contradicción que a la "modernidad blanca" que representaron los utópicos años 60, la "crisis del petróleo" de los 70, reintrodujese la "nostalgia británica" que lideraba la boutique BIBA o la película *Bonnie and Clyde* (Arthur Penn: *Bonnie and Clyde*. Warner Bros, 1967).

[175] Resultan proverbiales las palabras de Ramón Folch, escritas ya hace más de veinte años, a propósito de la evidente contradicción entre los intereses políticos y académicos que suscita el debate sobre el "calentamiento global" –pensamiento ecologista radical– o "cambio climático" –pensamiento políticamente correcto–; es decir, entre oligarquía financiera internacional y presión democrática nacional, entre Política de hechos consumados y Ética de la responsabilidad. "Creo que, ante todo, estamos en un malentendido colosal, explotado, desde luego por los aprovechados de siempre. En todo caso, más que dar con los malos, se trata de saber primero cómo deberían ser los buenos. Lo cual no es imposible sin un código ético al que remitirse. Código que, a su vez, exige conocer los referentes fenomenológicos del momento considerado. De ahí la inquietud holística, el interés por la concertación y el deseo de equidad. Una equidad, todo hay que decirlo, difícilmente compatible con el más escorado panorama socioeconómico instaurado por la sociedad industrial occidental, que no acaba de entender lo que está pasando, pero que no deja de hacer lo que está haciendo." Ramón Folch: *Ambiente, emoción y ética. La cultura de la sostenibilidad*. Ariel Editorial. Barcelona, 1998. RBA Libros. Barcelona, 2012. "Introducción" a la Primera edición (Pág. 23).

calle. Arquímedes no puede, tampoco en este fluido –lo catódico no deja de serlo–, estar equivocado: "Todo cuerpo sumergido en una pantalla desalojará, *contrario sensu*, el volumen equivalente de la realidad ocupada".

La mejor definición posible de "la Moda" en nuestro tiempo, dicho más exactamente, de la Moda de nuestro tiempo (1975-2025) requiere –como primera norma del método– saber lo que buscamos. (Barthes suponía que nada explica *la méthode scientifique* tan bien como aplicarlo). Un historiador solo insistiría en la sucesión del tiempo y, por lo tanto, de cómo los pequeños cambios que se van acumulando en el sistema terminan por producir un desajuste que requiere una transformación profunda para que todos los elementos participantes del conjunto vuelvan a su posición de equilibro. 1975-2025 sería pues medio siglo de moda, *a priori*, como otro cualquiera (ahí están los prodigiosos 1775-1825 o 1875-1925) en el que las siluetas obedecerían, y por lo tanto explicarían[176], lo que ha sucedido en su mundo durante la fecha estimativa de medio siglo. "Frontera" tan válida aquí para nosotros como lo es en la Historia del Arte (pensemos en la segunda mitad del siglo XVII para la Pintura, en la primera mitad del XIX para la Música o en la primera mitad del siglo XX para la Arquitectura). Pero algo la hace diferente de una forma "radical", como tal vez la imprenta cambio la Literatura y la penicilina cambio la Medicina para siempre.

Todos los cambios operados en la moda, desde que la vistiera el primer *arbiter elegantiarum* hasta que la desnudase Richard Avedon, podían consistir en una espiral que cambia ritualmente el color, la silueta, el sentido y hasta la artesanía que la produce socialmente. La

---

[176] Las siluetas obedecen a las leyes económicas de su contexto, no marxistamente, si queremos introducir esa sutil matización, pero las obedecen "capitalistamente" sin ninguna duda. Al hacerlo, "cristalizan" esas leyes, se convierten en la memoria visual de su tiempo. literalmente en su escaparate. Por eso su lectura infiere aquellas estructuras donde sucedieron. Como cualquier forma de arte la moda pertenece a su tiempo. Pasado este, lo retiene aunque solo fugazmente. Walter Benjamin.

aceleración de la Revolución Industrial y la aparición de los grandes medios de comunicación (del periódico a la televisión pasando por las revistas y el cine) también hicieron "diferente" otras mitades de siglo (especialmente 1875-1925 para la *Haute Couture*). ¿Qué razón hace excepcionalmente importante la nuestra (1975-2025), más allá de que nos brinde la oportunidad de haberla vivido en directo, sin "mediadores" historiográficos? Tal vez, la extraordinaria concentración de accidentes, empezando por la muerte de la *Haute Couture* a manos del *Prêt-à-porter* (resurrecciones Arnault *versus* Pinault aparte), siguiendo por la muerte del *Prêt-à-porter* a manos del *Low Cost*, y terminando con la muerte definitiva de un "sistema real" que está siendo sustituido en riguroso directo por un nuevo "sistema virtual". Si la realidad aumentada impone su modelo, el nuestro, el que heredamos del siglo XIX, habrá llegado a su fin. Chanel, esta vez la Casa no las "memorias" de su provocadora fundadora, dice que ninguna epidemia le hará renunciar a su desfile en París, pero "la marca" solo representa el uno por ciento del Sistema[177]. ¿Qué hará el otro 99%? ¿Vestirse en Amazon

---

[177] Según el último informe anual de la EAE Business School*, el Lujo mundial factura 260 000 millones anuales, datos que certifican un incremento del 340% en las últimas dos décadas. Hemos pasado de 77 000 millones en 1995 a 262 000 millones en 2017. Si la cifra es impresionante por sí misma, aún podríamos compararla con la alcanzada entre 2008 y 2012, los cuatro años más duros de la crisis Lehman Brothers, cuando su facturación pasó de 167 000 millones a 212 000 millones de euros. Que el Lujo mundial creciese un 30% en el peor escenario posible para la inmensa mayoría de los habitantes del planeta –la cada vez más eufemísticamente llamada "clase media"– lo confirma una certeza merecedora de estar anotada hace mucho tiempo en la *Historia de la infamia* de Jorge Luis Borges. Las enormes desigualdades que han permitido, cuando no creado directamente, las últimas dos crisis mundiales (Lehman Brothers y COVID-19) nos sitúan ante el espejismo de una inminente recuperación siempre pendiente también de una virtual tercera y última crisis sobre nuestro presente inmediato.
El gestor de fondos Francisco García Paramés, conocido como el Warren Buffett español por su metodología y amistad con el inversor estadounidense, revelaba en septiembre del año pasado en el diario *El País* bajo el preocupante titular «La burbuja en la Bolsa es similar a la del año 2000 y las "puntocom"», que "estamos en un entorno de burbuja parecido al que hubo en el año 2000 con los valo-

res puntocom". Añadiendo para incrédulos en la materia "que compañías como Tesla valgan 400 000 millones de dólares me parece insano". Aunque aclaraba que "su estilo de inversión está muy alejado de este tipo de estrategia". Y confiesa que "debemos esperar pacientemente a que los flujos de dinero vuelvan a mirar a otros sectores", la sensación de peligro que reconocía era evidente. No hemos salido de una y ya hemos entrado en otra, por eso no nos extrañaría nada que algún próximo Premio Nobel de Economía fuese para aquel sabio de la Macroeconomía que confirmase que el futuro del capitalismo es sostenerse sobre una crisis permanente. En otras palabras, que este es el futuro. Es evidente que en él no ganamos todos pero es innegable que alguien muy poderoso sí gana siempre. De nuevo el capitalismo tiene la posibilidad de traspasar su razón instrumental y convertirse en ideología: *It is what it is*. Lo canta literalmente Jami Miller.

En el incansable *tour de force* entre Lujo y *Low Cost* o entre Arte y Sostenibilidad, resulta paradójico, como advertía recientemente Yves Michaud***, que el futuro tenga dos caras tan antagónicas: "Algunas experiencias muy demandadas, como el turismo, ponen en peligro los equilibrios del planeta. Por supuesto, podemos soñar que algún día las experiencias de la abstinencia y el ascetismo lleguen a convertirse en un lujo, pero lo que es seguro es que la perspectiva de una población de más de 7.000 millones de consumidores es y será el desafío principal."

Como si fuésemos nosotros los que estuviésemos encadenados al mito de Sísifo resulta melancólico leer las reflexiones que el influyente periodista francés Jean Daniel**** publicaba ahora hace treinta años: "El crecimiento demográfico no conoce límite y los hombres no han sido jamás tan desiguales. La población del globo era de 252 millones en la época de Jesucristo, 253 millones en el año 1000, 400 millones en el 1200, 680 millones en 1700, 954 millones en 1800, 1.634 millones en 1900, 2.530 millones en 1950, 3.637 millones en 1970. Hoy somos 5.400 millones; en el año 2000 seremos 6.400 millones; en el año 2100 nos acercaremos a los 10.000 millones. El demógrafo Hervé Le Bras ha llegado a esta penetrante conclusión: "Si en los próximos cien años Alemania conserva su actual fecundidad, no quedarán más que 15 millones de alemanes. Y si, por su lado los kenianos mantienen su intensa reproducción, en la misma época serán 900 millones". Siempre pensando en una evolución en ese sentido, Le Bras prevé que las masas africanas y asiáticas se desbordarán hacia la vieja Europa mientras que América latina invadirá Estados Unidos y Canadá."Afortunadamente, su conclusión también sigue siendo válida, como escribiría García Márquez, muchos años después, los que le han permitido comprobar la lucidez de sus previsiones: "No nos queda más que acompañar este pesimismo de la inteligencia con un optimismo de la voluntad, según una frase célebre atribuida a Gramsci, que cada vez es más difícil aplicar". El fundador de Le *Nouvel Observateur* y referente de la izquierda francesa moría en febrero del pasado año.

o irse a la Amazonia?[178] Et in Arcadia ego de los Goethes de nuestro tiempo.

191

Una definición de Moda. "Moda, de qué hablamos cuando hablamos de moda hoy"

---

*La EAE Business School es una escuela de negocios privada, con sedes en Madrid y Barcelona, que está considerada en el ranking de su especialidad como una de las mejores de Europa.
**Francisco García Paramés. (Cobas Asset Management). EL PAÍS. Domingo 27 de septiembre de 2020. Negocios. (Pág. 18).
***Yves Michaud. EL PAIS SEMANAL. Domingo, 29 de abril de 2018. ESPECIAL LUJO (Págs. 84 a 90).
****Jean Daniel: *"1993, El tiempo que viene"*. EL PAÍS, jueves 31 de diciembre de 1992.

[178] Ineludible la referencia a esa dicotomía de nuestros días, dicho por la rapidez a la que se desarrolla nuestro tiempo, pues una de las derivadas más del hiperconsumo de moda que ha permitido nuestra tecnología y también nuestra "cultura de consumidor", nuestra cultura al fin y al cabo (cada vez más la primera amenaza con subsumir a la segunda), ha sido la de permitir una globalización estratégica en virtud de la cual Amazon, su modelo, puede convertirse en la sublimación del modelo Zara (la "distribución", al desplazar el centro de gravedad del sistema, sustituye a la "producción", los porcentajes de dominio de una economía sobre la otra queremos decir). A imagen y semejanza del conocido estrangulamiento de la economía productiva por la financiera, durante el siglo XIX, así sucederá con el dominio de la distribución sobre la producción. Sabemos que Zara ya distribuye su producto, forma parte indisociable de su fórmula de éxito, pero Amazon es el modelo que puede distribuirlo todo, distribuir la moda de todos los productores a todos los consumidores, es como el inevitable revés de la "inteligencia capitalista" al gran golpe que el modelo español dio al *statu quo* del sistema vigente a su llegada al mercado. La otra opción es irnos a la Amazonia, hoy más en peligro que nunca. Irnos "físicamente", esto es renunciar a nuestro mundo a cambio de una vida primitiva, natural, radicalmente comprometida con el planeta (el mundo rural conectado por internet), o al menos "moral", es decir, modificando nuestra percepción de las necesidades reales del ser humano a comienzos del siglo XXI y, en consecuencia, haciendo un consumo más responsable de todos los bienes, incluido paradigmáticamente el de moda. Cualquiera de las dos coherencias representaría la opción alternativa, el famoso plan B que los movimientos ecologistas advierten que "no hay". Todo ello antes de que Amazon ponga a trabajar a los últimos indígenas del Mato Grosso. Distopía que ya había previsto Lévi-Strauss en su prodigioso *Tristes Trópicos*. Tiene gracia el nombre elegido "Amazon". ¿El hombre más rico del mundo habría pensado un día en el hombre más pobre de la Tierra? Naomi Klein: *No logo*. Obra citada (Nota 160). Claude Lévi-Straus: *Tristes tropiques*. Librairie Plon. Paris, 1955. En la edición española: *Tristes trópicos*. Ediciones Paidós Ibérica. Barcelona, 2009.

El último desfile de Chanel (*Collection Haute Couture Prin-temps-Ete* 2021) efectivamente se realizó en un espacio físico, el *Grand Palais* habitual, las modelos cumplieron con el ritual "sagrado", sentándose tras el desfile en las sillas de los invitados, ausentes por las restricciones que ha impuesto la prevención de la pandemia en París, y algunas estrellas mediáticas vieron *in situ* el desfile, el resto del mundo pudo asistir en directo, vía *streaming*, "al mayor espectáculo del mundo". Tiene su lectura freudiana que un diseñador de moda del siglo XX[179], Karl Lagerfeld, alemán para tenerlo todo en cuenta, haya llevado hasta sus últimas consecuencias el sueño de Richard Wagner, otro alemán en París, de la "obra de arte total"[180] ¡*Das Gesamtkunstwerk!*

[179] Aunque las últimas colecciones de Chanel están firmadas por la diseñadora de vestuario Virginie Viard, mano derecha de Karl Lagerfeld durante tres décadas desde que fueron presentados por el príncipe de Mónaco, el "estilo", tan cercano al espíritu *Gesamtkunstwerk*, es indiscutiblemente del diseñador que hace cuarenta años, tras pasar por Pierre Balmain y dirigir Jean Patou, comenzó en 1983 una extraordinaria resurrección de la legendaria marca francesa propiedad de los hermanos Wertheimer, situando su obsesión por la belleza a la cabeza de una responsabilidad que ascendió a 10 000 millones de euros anuales en 2019, el año de su fallecimiento y último de los que se conocen sus resultados empresariales.

No quisiéramos dejar pasar la oportunidad de señalar que con la llegada de Virginie Viard a la dirección creativa de Chanel, al mismo tiempo que Maria Grazia Chiuri dirige Dior, la dirección artística de las dos grandes *maisons* francesas están en manos de mujeres. Si sumamos Nadège Vanhee-Cybulski en Hermès, todo parece confirmar la vuelta de la mujer al "poder" (al menos, al "poder creativo de la moda", tesis que proponemos como conquista feminista en nuestro capítulo 4).

[180] A propósito del gran wagneriano que fue Fortuny, para cuyas óperas ideó una ingeniosa máquina escénica, nos gustaría matizar que la delicada frontera entre artesanía e industria a principios del siglo XX estaría, como quizás todavía lo está hoy, en la producción "en serie" de los objetos, las mercancías, en este caso los vestidos, cosidos, plisados y tintados, "uno a uno", lo que implica que la obra es producida por unas solas manos, las del maestro, o por varias, especializadas cada una de ellas en una fase del proceso. Las manos del artesano, o de sus ayudantes, frente a las del operario "enajenado" según la conceptuación marxiana. Fortuny, aún pegado al "retorno nostálgico" de William Morris, no deja de ser un "industrial moderno". Fortuny o Henriette Negrin, su mujer, como nos recuerda Guillermo de Osma en la Fundación March en 2018.

En recuerdo de Jean Daniel, atento observador de las tendencias profundas de nuestra sociedad durante muchos años a través del prestigioso *Le Nouvel Observateur* que él fundara en París en 1964, concluiremos nuestro capítulo con sus emocionantes palabras: "Al viajar al espacio, hemos contemplado, desde otros planetas, el nuestro con ternura y desencanto. Hemos sabido que el universo actual tendría 15.000 millones de años. Hubo que esperar 10.500 millones de años para que se formara el sistema solar, y 11.000 millones de años para que la sopa terrestre diera a luz la primera célula viva. En cuanto a nuestro antepasado el primer hombre, el Homo sapiens, no ha aparecido más que hace 200 millones de años. Somos los minúsculos ciudadanos de una Tierra minúscula a la que llamamos nuestro mundo. Esto no resta importancia pero nos ata más a nuestro planeta". He ahí una verdadera tendencia: la Sostenibilidad. Tras el *Crack* de 1929, los economistas hablaban del efecto *lipstick index*: la subida de las ventas de los pintalabios en tiempos de depresión[181]. Aunque pudiese parecernos una tendencia absurda, tiene su lógica implacable. "El carmín no es un artículo de primera necesidad, pero es barato, anima el rostro más apagado y transmite un grito de rebeldía personal frente a las privaciones". ¿Terminarán los hombres pintándose los labios también?

---

[181] Luz Sánchez-Mellado: "Maquillando la crisis". EL PAÍS. Madrid, domingo 7 de febrero de 2016. Economía.

Epílogo

Manuel Blanco Lage
Director de la ETSAM.

A la tesis "Sociología de la Moda. La construcción de un punto de vista privilegiado" de Pedro Mansilla, le ha correspondido el raro honor de definir un campo. Muy pocas veces incumbe a una tesis esa misión completa de definir un campo de la investigación y del saber humano siendo en su gran mayoría aportaciones parciales que hacen un despliegue en una dirección determinada que no había sido aún explorada en su campo o son un fino trabajo de acupuntura en una estructura ya consolidada.

Esta tesis, además, encarna, a la perfección, uno de los cometidos del programa de doctorado Arquitectura, moda, diseño y sociedad y del grupo de investigación de la Universidad Politécnica que está en los orígenes de su creación, esto es, dotar al campo de la moda, del diseño de moda, de una estructura académica científica. Este cometido ha sido un esfuerzo de un gran equipo de investigadores y docentes, acelerado con su refundación en esta última década, como enseñanza universitaria, cuando asumí su dirección académica en 2013, y que culmina el trabajo que el Centro Superior de Diseño de Moda de Madrid, el CSDMM de la Universidad Politécnica de Madrid, ha venido realizando desde sus inicios hace 40 años.

Pedro Mansilla ha estado ligado al Centro desde su origen y su trabajo profesional como crítico, como referente del mundo de la moda se ha superpuesto con su trabajo en la docencia de la Sociología de la Moda impartida en nuestras aulas. En él se superponen la larga reflexión sobre todo lo visto, sobre todo lo estudiado, sobre las tendencias y las diferentes evoluciones que se han producido en paralelo en cada país, de todo lo cual ha sido un testigo privilegiado. Lo ha visto desde las pasarelas y revistas, pero también desde dentro de la industria, de cuyos protagonistas ha sido compañero, consultor y consejero, y ha participado en su difusión en los medios y ha visto también cómo, también, estos afectaban al devenir de los creadores.

Su formación de sociólogo le había hecho entender lo que veía de una forma muy precisa. En su cabeza estaba ya construido este discurso, pero había que articularlo, negro sobre blanco en un documento. A mí simplemente me ha correspondido el honor de abrir la botella del mejor champán y dejar que este llenara la copa que es esta tesis sin desbordarla y de ofrecerle la estructura y la seguridad de un programa de doctorado que entiende la especificidad de un campo que él mismo ha contribuido a crear.

Hay un antes y un después con la elaboración de este trabajo.

Es una tesis extremadamente personal incluso en su formato, tan particular que es meramente escrita. Me refiero a su propuesta, aceptada por mí y refrendada por el tribunal, de que la tesis hablara, refiriera, describiera, analizara y explicara todo lo sucedido sin imágenes. Es puro texto que cumple a la perfección con su cometido, pero que nos ha llevado a todos sus lectores a consultar en paralelo las mil imágenes a las que se refiere. No por necesidad de una mayor comprensión, ya que el texto la satisface, sino devorados por la curiosidad de ver también con nuestros propios ojos ese mundo que él está tratando.

* * *

Mansilla ha llevado su meticulosidad a convertir en obras literarias sus notas a pie de página con una erudición aplicada que le ha llevado a hacer notas a sus propias notas, cosa que yo nunca me había encontrado.

Pero no nos confundamos. No estamos solo ante una monumental obra de investigación y erudición. Estamos ante un instrumento de futuro. Ante la Sociología que estudia las bases de manejo de una de las estructuras económicas más importantes del mundo contemporáneo, que compone la economía de muchos países.

El conglomerado LVMH es la empresa más valiosa en bolsa de toda Europa e Inditex el líder del mercado español por capitalización bursátil (superando según los últimos datos de los que disponemos los 98.45 mil millones de Euros, lo que representa el 9.1 % del total de la bolsa española, por delante incluso de Iberdrola con 60.65 mil millones, un 5.6 %, y del Banco Santander con 58 000 millones, un 5%). Estamos en estas páginas ante un instrumento de análisis, reflexión y comprensión de este fenómeno.

La Universidad Politécnica de Madrid y nuestras Escuelas, y Centros, han sabido siempre posicionarse las primeras en los nuevos terrenos y esta tesis es una cabeza de puente tan evidente que ha obtenido el Premio de Tesis Doctoral de nuestra Universidad.

No les estoy hablando del placer de su lectura, que espero que compartan conmigo en esta selección de sus textos que aquí se publica, editada en la colección que dirige el actual Director, desde el 2017, del CSDMM, Guillermo García-Badell. A mí me hizo pasar un gran verano después de la pandemia, después de esa pandemia que le dio a Mansilla el tiempo y la concentración necesarios para su escritura final. Verano en el que paseé su tesis por los pinares y arenales de la costa gallega, ¿qué mejor lugar para leer una tesis de moda que las tierras de donde salió Inditex?, o para poder terminar su corrección, como a Pedro le divierte mucho hacer notar, en la ciudad de Praga.

Escribo, ahora, estas notas, en París, en homenaje a su trabajo, agradeciéndole esa compañía, que es una tesis doctoral, de director y doctorando que se aventuran por los caminos investigando. Gracias por compartir conmigo tus análisis y reflexiones, y esa visión de un testigo privilegiado que te ha permitido analizar y crear el paisaje de un nuevo campo y producir, así, este bello libro.